U0633108

"十四五"国家重点出版物出版规划项目

浙江文化艺术发展基金资助项目
PROJECTS SUPPORTED BY ZHEJIANG CULTURE AND ARTS DEVELOPMENT FUND

国家出版基金项目
NATIONAL PUBLICATION FOUNDATION

海洋强国战略研究

张海文 —— 主编

中国海洋
法治建设研究

贾 宇 编著

浙江教育出版社·杭州

图书在版编目（ＣＩＰ）数据

中国海洋法治建设研究 / 贾宇编著. -- 杭州 ： 浙江教育出版社，2023.7
（海洋强国战略研究 / 张海文主编）
ISBN 978-7-5722-5173-3

Ⅰ．①中… Ⅱ．①贾… Ⅲ．①海洋法－研究－中国 Ⅳ．①D922.694

中国版本图书馆CIP数据核字(2022)第258352号

海洋强国战略研究
中国海洋法治建设研究
HAIYANG QIANGGUO ZHANLÜE YANJIU
ZHONGGUO HAIYANG FAZHI JIANSHE YANJIU

贾　宇　编著

项目策划	余理阳
责任编辑	施懿真　赵晨辰
美术编辑	韩　波
责任校对	操婷婷
责任印务	沈久凌
封面设计	观止堂
出版发行	浙江教育出版社
	（杭州市天目山路40号　电话：0571-85170300-80928）
图文制作	杭州林智广告有限公司
印刷装订	浙江海虹彩色印务有限公司
开　　本	710 mm×1000 mm　1/16
印　　张	23.25
字　　数	300 000
版　　次	2023 年 7 月第 1 版
印　　次	2023 年 7 月第 1 次印刷
标准书号	ISBN 978-7-5722-5173-3
定　　价	78.00 元

如发现印、装质量问题，影响阅读，请与承印厂联系调换。
（联系电话：0571-88909719）

主编

／张海文

　　北京大学法学博士，自然资源部海洋发展战略研究所所长、研究员，享受国务院特殊津贴，武汉大学国际法研究所和厦门大学南海研究院兼职教授、博导，浙江大学海洋学院兼职教授。从事海洋法、海洋政策和海洋战略研究三十余年。主持和参加多个国家海洋专项的立项和研究工作，主持完成了数十个涉及海洋权益和法律的省部级科研项目。曾参加中国与周边国家之间的海洋划界谈判，以中国代表团团长和特邀专家等身份参加联合国及其所属机构的有关海洋法磋商。已撰写和主编数十部学术专著，如《〈联合国海洋法公约〉释义集》《〈联合国海洋法公约〉图解》《〈联合国海洋法公约〉与中国》《南海和南海诸岛》《钓鱼岛》《世界各国海洋立法汇编》《中国海洋丛书》等；发表了数十篇有关海洋法律问题的中英文论文。

作者 /

/ 贾 宇

　　贾宇，清华大学法学博士，自然资源部海洋发展战略研究所二级研究员，享受国务院特殊津贴。2014—2023年任自然资源部（国家海洋局）海洋发展战略研究所党委书记，2009—2023年任自然资源部（国家海洋局）海洋发展战略研究所副所长；曾兼任中国海洋法学会常务副会长、秘书长。国家海权、外交等部门咨询专家，最高人民法院涉外商事海事审判专家库专家，最高人民法院"一带一路"研究中心研究员。多次获得"海洋创新成果奖"特等奖、二等奖。

　　长期从事海洋战略、海洋政策、海洋法律和权益问题研究。作为中国代表团专家组专家和顾问，长期参加我国与周边国家的海洋法磋商、海域划界谈判、《联合国海洋法公约》缔约国大会、联合国海洋大会、国际海底管理局会议、南海行为准则磋商等重要国际会议和国际学术研讨会，并作重点发言。

作为首席专家，主持多项国家社科基金重大项目和重点项目。深研南海问题的国际法理，在核心专业期刊发表多篇学术论文，代表篇目有：《中国在南海的历史性权利》（《中国法学》，2015 年），"International Perspective on the Dotted Line in the South China Sea"（*CHINA LEGAL SCIENCE*，2013），《历史性权利的意涵与南海断续线》（《法学评论》，2016 年），《试论历史性权利的构成要件》（《国际法研究》，2014 年），《中国与国际海洋法——从〈万国公法〉到〈联合国海洋法公约〉》（《中国国际法年刊》，2023 年），"The Outer Continental Shelf of Coastal States and the Common Heritage of Mankind"（*OCEAN DEVELOPMENT & INTERNATIONAL LAW*，2011）等。

编著、主编、共同主编和翻译著作多部，主要包括《中国海洋发展报告》（2009—2023 年）、《中国的大洋事业》（中英文）、《海洋发展战略文集》、《海洋国策研究文集》、《极地周边国家海洋划界图文辑要》、《极地法律问题研究》、《中国海洋法年刊》（2015—2020 年）、《1982 年〈联合国海洋法公约〉评注（第 5 卷）》等。

总序

　　21 世纪，人类进入了开发利用海洋与保护治理海洋并重的新时期。海洋在保障国家总体安全、促进经济社会发展、加强生态文明建设等方面的战略地位更加突出。党的十八大报告中正式将海洋强国建设提高到国家发展和安全战略高度，明确提出要提高海洋资源开发能力，大力发展海洋经济，加大海洋生态保护力度，坚决维护国家海洋权益，建设海洋强国。党的十九大报告再次明确提出要坚持陆海统筹，加快建设海洋强国。党的二十大报告从更宽广的国际视野和更深远的历史视野进一步要求加快建设海洋强国。由此可见，加快建设海洋强国已成为中华民族伟大复兴路上的重要组成部分。我们在加快海洋经济发展、大力保护海洋生态、坚决维护海洋权益和保障海上安全的同时，还应深度参与全球海洋治理，努力构建海洋命运共同体，在和平发展的道路上，建设中国式现代化的海洋强国。

　　作为从事海洋战略研究三十余年的海洋人，我认为应当以时不我待的姿态探讨新时期加快海洋强国建设的重大战略问题，进一步提升国人对国家海洋发展战略的整体认识，提高我国学界在海洋发展领域的跨学科研究水平，丰富深化海洋强国建设理论体系，提高国家相关政策决策的可靠性和科学性。为此，我和自然资源部海洋发展战略研究所专家团队组织撰写了《海洋强国战略研究》，以期为加快建设海洋强国建言献策。

丛书共八册，包括《全球海洋治理与中国海洋发展》《中国海洋法治建设研究》《海洋争端解决的法律与实践》《中国海洋政策与管理》《中国海洋经济高质量发展研究》《中国海洋科技发展研究》《中国海洋生态文明建设研究》《中国海洋资源资产监管法律制度研究》。在百年未有之大变局的时代背景下，丛书结合当前国际国内宏观形势，立足加快建设海洋强国的新要求，聚焦全球海洋治理、海洋法治建设、海洋争端解决、海洋政策体系构建、海洋经济高质量发展、海洋科技创新、海洋生态文明建设、海洋资源资产监管等领域重大问题，开展系统阐述和研究，以期为新时期我国加快建设海洋强国提供学术参考和智力支撑。

我们真诚地希望丛书能成为加快建设海洋强国研究的引玉之砖，呼吁有更多的专家学者从地缘战略、国际关系、军队国防等角度更广泛、更深入地参与到海洋强国战略研究中来。由于内容涉及多个领域，且具较强的专业性，尽管我们竭尽所能，但仍难免有疏漏和不当之处，希望读者在阅读的同时不吝赐教。

丛书的策划和出版得益于浙江教育出版社的大力支持。在我们双方的共同努力下，丛书列入了"十四五"国家重点出版物出版规划，并成功获得国家出版基金资助，这让我们的团队深受鼓舞。最后，浙江教育出版社的领导和编辑团队对丛书的出版给予了大力支持，付出了辛勤劳动，在此谨表谢意。

张海文

2023 年 7 月 5 日于北京

目 录

01 第一章

中国与海洋法

《朝阳法科讲义》恰当地解释了一百多年前中国学者对国际法的认识:"上古之世,国与国不相往来,异族异国,无从结合,俯视他国,皆出己下,不足以言独立,亦不足以言平等,国际法之观念,奚从而发生。"[1] 国际法在中国的发展,有一个外力作用下的演变过程,国人从懵懂无知到体认运用,开始逐步以此维护国家权益。

第一节 国际法在中国的历史沿革

一、古代中国的疆域观与海洋国土意识的演变

古代中国独特的国家观念,是一种"在理想状态中一统天下的国家观念"[2]。西周时代关于王权应当及于整个"天下"的概念,极其深刻地影响了其后各历史时代的国家观念。中文典籍中有着研究古代中国和东亚国际事务最丰富的文献。奏表、上谕、实录等官方文献全面记载了古代中国与周边国家和地区的交往,舆图为这种记载提供了辅证。作为政治、经济、文化最发达的大国,中国周边地区的发展受到历代中原王朝的深刻影响,形成一种"带有中国中心主义和中国优越的色彩"[3]的独特的"国际关系"。以朝贡、册封和贸易为主要内容的宗藩关系是古代中国与周边国家和地区政治关系的表现形式,是古代中国对外关系的基本框架。正如滨下武志所言,"以中国为核心的与亚洲全境密切联系存在的朝贡关系即朝贡贸易关系,是亚洲而且只有亚洲才具有的唯一的历史体系"[4]。

---

① 李秀清,陈颐.朝阳法科讲义:第八卷[M].上海:上海人民出版社,2013:9.
② 姚大力.追寻"我们"的根源:中国历史上的民族与国家意识[M].北京:生活·读书·新知三联书店,2018:76.
③ 费正清.中国的世界秩序:传统中国的对外关系[M].杜继东,译.北京:中国社会科学出版社,2010:2.
④ 滨下武志.近代中国的国际契机:朝贡贸易体系与近代亚洲贸易圈[M].朱荫贵,欧阳菲,译.北京:中国社会科学出版社,1999:5.

这种"中国中心主义"认为，中国是文明的天朝大国，居于世界的中心，周边则是不开化的"夷""戎""蛮""狄"。中国的皇帝是"君天下"的"天子"，"是天与地之间的协调人、宇宙中的重要坐标、文明的顶峰、天下独一无二的人"①，拥有统治世界的权力。因而，"溥天之下，莫非王土；率土之滨，莫非王臣"。"人们效忠和敬畏的具体对象是天子，而不是'国家''民众''人们'等任何非人格化的抽象概念。"② 这与基督教文化区内国家的彼此独立、主权平等、疆界清晰是完全不同的。

中国古代的疆域有多种，包括有行政机构加以管理的正式行政区，实行比较松散管理的特殊行政区，用以控制、监护、管理当地的政权或一部分行政事务的军事驻防屯垦区，在少数民族、非汉族聚居区或新控制的地方政权范围内设置的民族或地方自治地区，以及没有行政区划或机构、没有固定界限的实际统治区。③ 舆图是中国历史上各封建王朝普遍采用的重要而独特的行政工具。历朝历代的舆图都体现出"中国中心主义"天下观的影响。这些舆图具有两个鲜明的特征，一是以中国为中心，二是大都没有明确的国界。

虽然舆图一定程度上表现了封建王朝时代的中国疆域，但其中的"国土"与国际法意义上的"领土"有着本质的区别。舆图上表现的疆域，除了中原王朝主权清楚明确的行政区域外，还至少包括了大部分的藩属国等附属或自治区域。费正清将"中国的世界秩序"所包括的其他民族和国家分为三个大圈：第一个是汉字圈，由朝鲜、越南等最邻近且文化相

---

① 马克·曼考尔. 清代朝贡制度新解[M]//费正清. 中国的世界秩序：传统中国的对外关系. 杜继东，译. 北京：中国社会科学出版社，2010：58-59.

② 费正清. 中国的世界秩序：传统中国的对外关系[M]. 杜继东，译. 北京：中国社会科学出版社，2010：6.

③ 葛剑雄. 历史上的中国[M]. 上海：上海锦绣文章出版社，2007：34-36.

同的属国组成。第二个是内亚圈，由亚洲内陆游牧或半游牧民族等属国和从属部落构成。第三个是外圈，由远隔重洋、关山阻绝的"外夷"组成，如一些东南亚、南亚国家。理论上，它们都应向"中央之国"的天子朝贡。[①] 但在实践中，这些国家、部落或部族的属地，却难以在历朝历代的舆图上得到清晰的标绘。

作为宗主国的中原王朝对这些区域的控制程度各异。秦汉以降，交趾（今越南北部与中部地区）久列中国封建王朝统治下的郡县，其地尽入中原王朝的版图。[②] 中国封建王朝对内藩有比较完整的掌控权，对边远外藩在一定程度上加以控制，还有的则只是名义上的归属。反映在舆图上就出现这样的情况——舆图所展示的全部中国疆域，中原王朝不一定有非常完全的主权归属——呈现出一种有疆无界的状态。

17 世纪之前，欧亚大陆的统治者们对其所辖之地还没有明确的边界意识。"（西方）以罗马教廷为中心的基督教普世社会……并不重视国家边界的意义。"[③] 17 世纪以后，世界格局发生了急剧的变化，欧洲主要国家都划定了明确的、线状的边界。这种形势对清朝的边疆产生了影响，使中国传统的疆域观念受到严重的挑战。[④] 1689 年的中俄《尼布楚条约》是中俄两国通过和平谈判签订的第一个边界条约。该条约不仅是中国历史上第一个具有近代民族国家意义的边界条约，而且使中国封建王朝统治者眼中的"天下"开始有了地理上的轮廓，促进了首次采用地理坐标的

---

① 费正清. 中国的世界秩序：传统中国的对外关系[M]. 杜继东，译. 北京：中国社会科学出版社，2010: 2.

② 吕一燃. 中国近代边界史：下卷[M]. 成都：四川人民出版社，2007: 817.

③ 陈玉刚，袁建华. 超越威斯特伐利亚：21 世纪国际关系的解读[M]. 北京：时事出版社，2004: 78.

④ 白鸿叶，李孝聪. 康熙朝《皇舆全览图》[M]. 北京：国家图书馆出版社，2014: 17.

方法进行全国范围测绘的《皇舆全览图》的诞生。① 继中俄《尼布楚条约》确定中俄两国的东段边界之后，1727 年中俄又签订了划分中段边界的《布连斯奇条约》。② 此后，清王朝开始逐渐具备清晰的边界概念。据《大清高宗纯（乾隆）皇帝实录》记载，"天朝尺土俱归版籍，疆址森然，即岛屿沙洲，亦必划界分疆，各有专属"。这在清朝的舆图中亦有所体现，清朝的版图开始有疆有界。根据清朝《嘉庆重修大清一统志》所附《皇舆全图》，当时中国的疆界"北到外兴安岭，西到帕米尔和后藏的阿里地区，东到库页岛，南到南海"。这表明清朝统治者对主权、领土、边界有了清晰的界定与认知。"始知不披海图海志，不知宇宙之大，南北极上下之浑圆也。"③

欧洲三十年战争之后，1648 年缔结的《威斯特伐利亚条约》（*Treaty of Westphalia*）"承认国家主权平等原则，具有里程碑的意义"④，"标志着近代国家——民族的、领土的、主权的国家——的诞生"⑤。条约确认"国家不论领土大小、人口多寡，或是信仰新教或是旧教，地位均一律平等，这种国家平等的概念，被认为是奠定了近代国际法发展的基础"⑥。以主权平等的民族国家为主体的国际关系，是一种平等的横向秩序。没有一个凌驾于其他国家之上的强大的中心，各国在法律上是平等的，这是国际法产生和适用的基础。

在地球另一端的古老东方，历史则以另一种方法书写。中华先民世

---

① 白鸿叶，李孝聪. 康熙朝《皇舆全览图》[M]. 北京：国家图书馆出版社，2014: 18.

② 吕一燃. 中国近代边界史：上卷[M]. 成都：四川人民出版社，2007: 71-126.

③ 夏剑钦. 中国近代思想家文库：魏源卷[M]. 北京：中国人民大学出版社，2013: 451.

④ 杨泽伟. 国际法史论[M]. 北京：高等教育出版社，2011: 56.

⑤ 陈玉刚，袁建华. 超越威斯特伐利亚：21世纪国际关系的解读[M]. 北京：时事出版社，2004: 201.

⑥ 丘宏达. 现代国际法[M]. 台北：三民书局，2014: 29.

世代代在南海捕鱼、航行，南海诸岛在事实上是属于中国的。历朝历代的中央政府，通过命名、列入版图、巡视海疆、开发经营和行使管辖等方式，取得和巩固了对南海诸岛的主权。南海周边国家与中国友好交往，逐渐形成和完善了中国历代王朝与南海周边国家之间的"朝贡—册封"或"朝贡—贸易"秩序。这种"以中国为中心的国际秩序"①，既是中央王朝"羁縻"四夷、"怀柔"远人的重要手段，也是本地区国家关系的基础。②"天朝"上国与藩属国、附庸国之间的关系并非主权平等的国与国关系，而是"在华夏中心意识和大一统理念的支配下，中国内部封建身份等级制在对外关系上的延伸"③，是一种等级分明的纵向秩序。中华帝国是唯一的核心，周围夷狄各国前来朝贡，接受封赏，这种怀柔蛮夷的方法"充分成熟"。④ 不论是慕义而来，还是慕利而来，这些周边国家在政治、经济、文化、习俗等方面深受中国的影响是不言而喻的。尽管"1884—1885 年的中法战争，……中国人在经费、人力、物力和威望上都遭受了巨大的损失。中国丢失了对安南（中国人对越南的称呼）传统的宗主权"，"日本使朝鲜脱离（中国）"⑤，但几百年的朝贡史已给原来的藩属国深深打上了中华文化的烙印。

朝贡制度既有和平性质，也有不平等性和封闭性。⑥ "中国和其他国家的关系不是属于国际的性质，而是伦理的性质；没有主权和平等的概

---

① 莫翔. "天下—朝贡"体系及其世界秩序观[M]. 北京：社会科学出版社，2017：2.

② 李云泉. 朝贡制度的理论渊源与时代特征[J]. 中国边疆史地研究，2006（3）：37-42.

③ 李云泉. 万邦来朝：朝贡制度史论[M]. 北京：新华出版社，2014：259.

④ 费正清，费维恺. 剑桥中华民国史（1912—1949年）：下卷[M]. 刘敬坤，叶宗敉，曾景忠，等译. 北京：中国社会科学出版社，1994：79.

⑤ 费正清，刘广京. 剑桥中国晚清史（1800—1911年）：下卷[M]. 中国社会科学院历史研究所编译室，译. 北京：中国社会科学出版社，1985：247、69.

⑥ 李云泉. 万邦来朝：朝贡制度史论[M]. 北京：新华出版社，2014：256-259.

念，而是按照孔子的仁义和以父子、夫妻和君臣三纲为依据的学术发展起来的。"[1] 如果如同部分学者所言中国古代也有国际法的话，[2] 这就是本地区的"伊斯特伐利亚体系"（East-phalian），是东方历史文化传统背景下的"国际关系"和"国际法"。

作为一个强大的东方大国，中国一直在和平有效地开发、经营、管理、管辖南海，其范围涵盖了南海诸岛中的主要岛礁和海域，对此周边国家是承认且无异议的。"近代前，中国在东亚从未遭遇任何民族或国家的挑战。"[3] 周边国家"在文化上受中国的影响，在政治上以一种特殊的关系从属于中国"[4]。这种以中国为中心的世界秩序反映在海洋问题上，表现为缺乏明确划定海界的必要性。考察国际法、海洋法、海洋国土、海洋权益以及海洋争端等问题，不能不考虑东方独特的历史文化传统的背景，不能不考虑中国与海上邻国关系的历史渊源。

二、国际法和海洋法在中国的传播与发展

（一）古代中国国际法之有无

古代中国有没有国际法？对此存在着两种截然不同的说法。一种观点认为有，那就是春秋战国时期的"国际法"。当然，持论者所论证的中国古代的国际法，与今人所谓之国际法有较大差异。[5]

美国长老会派往中国宁波的传教士丁韪良（William A. P. Martin），是最早将国际法论著系统地译介到中国的关键人物之一，对国际法系统输

---

① 邓正来.王铁崖文选[M].北京：中国政法大学出版社，2003：230.

② 有学者认为中国古代也有国际法，此国际法非本文所探讨的"国际法"。关于中国古代的国际法可见刘达人、袁国钦著《国际法发达史》第18—30页。

③ 莫翔."天下—朝贡"体系及其世界秩序观[M].北京：社会科学出版社，2017：12.

④ 邓正来.王铁崖文选[M].北京：中国政法大学出版社，2003：229.

⑤ 刘达人，袁国钦.国际法发达史[M].北京：中国方正出版社，2007：18-30.

入中国作出了重要贡献。1881 年，丁氏在《古代中国国际法遗迹》中提出，中国古代先秦时期的国家与近代欧洲的国家很相似，彼时的古籍文献中有很多词句与近代国际法的概念相同或近似，存在着关于国家间关系的规则、惯例的体系，古代中国的国际法"早寓于封建之初，而显著于春秋之世"。①

中国学者中较有代表性的是宁协万先生驳斥美国学者戴维斯（G.B. Davis）关于"西洋古代有国际法，东洋古代则无之"的论点。宁氏忿然作色："恶，是何言也？乃井蛙不可以语于海，夏虫不可以语于冰之言也。"宁氏认为，"东洋古代有国际法，西洋古代则无之"。他从国际法上国家独立和平等两大原则展开论述，列举中国古代的伐聘、会盟、折冲、樽俎、救灾、恤邻、通商等，"足证明东方之国际关系，与国际法意，实较西方产生为早"。宁氏还认为"齐桓葵丘之会""晋文践土之盟"，即如同和平会议与和平条约。②

陈顾远先生从大法制史的视角，"就史言史"，将春秋战国时期各诸侯国与周天子及各诸侯国相互之间的关系和相关规则等史实，与国际法理论的基本问题相结合，对国际法的主体、客体和国际争端等进行全面梳理与分析。陈氏认为，"周以前有'际'而非'国'，秦之后有'国'而无'际'"③。他并不否认现代国际法肇基于欧美，更着重探究中国古代（周室）关于国际法的表现，"既不欲让欧美独有其光荣，亦期于诸侯国法系内容，有所阐发"④。陈氏对其间争议最大的"主权""周天子"等概

---

① 李秀清，陈颐. 朝阳法科讲义：第八卷[M]. 上海：上海人民出版社，2013：11-15.
② 宁协万. 国际法学发达史论[J]. 北京大学月刊，1992（9）：73-75.
③ 宋理健. 论陈顾远之先秦国际法研究及启示——基于《中国国际法溯源》[J]. 潍坊学院学报，2021，21（4）：47-51.
④ 陈顾远. 中国国际法溯源[M]. 上海：商务印书馆，1933：1-4.

念和史实作出"对等行为权与独立权"[①]和"国际联盟会"[②]（即国际组织）的独特解释，而不是简单地附会于近现代国际法概念，令人耳目一新。

当代学者朱奇武先生认为："古代中国的国际关系的规则和行为，颇带有国际法的性质，至少是有国际法萌芽状态，而不能说古代中国与国际法毫无关系，或古代中国完全没有国际法。只是古代中国的国际法行为是零星的、分散的，不甚确切，忽断忽续的而已。我们不能要求古代中国出现近代欧洲国家主权平等的情况。"[③]

另一种观点是古代中国没有国际法。奥本海（Oppenheim）认为，国际法是近代基督教文明的产物，在中国古代没有国际法，但"可能存在着各国间这种如此频繁和经常性的接触而产生对外关系上应当遵守的某些相当一贯的规则和惯例"[④]。王铁崖先生认为，春秋战国时代，各国虽遣使、订盟、缔约，也斡旋、调停、仲裁，即便两国交兵也不斩来使，但"古代中国并不是一个国家林立的世界，当时的所谓'国'与近代的国家迥然不同。而且，当时国际关系中的一些原则、规则和规章、制度都是零星的而没有系统化"[⑤]，不能称之为国际法。秦始皇统一中国之后，中国基本上都是一个统一的多民族国家。中原之外的"东夷、西戎、南蛮、北狄"都是天朝的"藩属"，与中国间并不存在平等的国与国关系，当然就没有调整平等的主权国家之间关系的国际法可言。从国际法主体和国际法系统化的角度，王铁崖认为，古代中国（主要是春秋战国时代）

---

① 陈顾远. 中国国际法溯源[M]. 上海：商务印书馆，1933：44.
② 陈顾远. 中国国际法溯源[M]. 上海：商务印书馆，1933：19.
③ 朱奇武. 中国国际法的理论与实践[M]. 北京：法律出版社，1988：36.
④ 劳特派特. 奥本海国际法：上卷 第一分册[M]. 王铁崖，陈体强，译. 北京：商务印书馆，1971：49.
⑤ 王铁崖. 国际法[M]. 北京：法律出版社，1981：15.

没有近现代意义上的国际法。

政治和法律与特定的历史环境密不可分。中国封建社会的政治、法律是农业经济、皇权至上的自我运行的封闭形态，"对外关系只不过是中国内政的外延"[①]。16世纪后期，大量西方传教士进入中国。17世纪，中国通过海上贸易，以瓷器、茶叶和丝绸等换取西方的香料和白银。海上丝绸之路进一步扩大了中西交流，东西法律文化发生接触，"每种外国思想都会与不相协调的中国思想相碰撞"[②]。尽管中俄《尼布楚条约》是根据西方国际法的国家主权平等原则缔结的，"在鸦片战争之前，中国与国际法有过极为零星和偶然的接触"[③]，但"在中国传统的大一统的封建社会内，没有孕育国际法的政治、经济和文化基础"[④]。

（二）早期国际法"实践"

既有研究多提及早在17世纪中叶中国已经开始接触近代国际法。所举之一例为1648年马丁·马提尼（Martin Martini）神父，曾将西班牙的国际法学者苏阿瑞兹（Suarez）的拉丁文著作翻译到中国。[⑤]另一例为1662年至1690年间，在与荷兰的关系中，清朝曾接触到国际法。[⑥]但两个例子迄今未找到足够的证据。

中俄《尼布楚条约》和《布连斯奇条约》对中俄东段、中段边界的划分，有助于清王朝确立清晰的边界概念。据《嘉庆重修大清一统志》所附

① 费正清. 中国的世界秩序: 传统中国的对外关系[M]. 杜继东，译. 北京: 中国社会科学出版社，2010: 10.
② 田涛，李祝环. 接触与碰撞: 16世纪以来西方人眼中的中国法律[M]. 北京: 北京大学出版社，2007: 11.
③ 田涛. 国际法输入与晚清中国[M]. 济南: 济南出版社，2001: 3.
④ 惠顿. 万国公法[M]. 丁韪良，译. 北京: 中国政法大学出版社，2003: 2.
⑤ 丘宏达. 中国国际法问题论集[M]. 台北: 台湾商务印书馆，1972: 2.
⑥ 王铁崖. 中国与国际法——历史与当代[M]//中国国际法学会. 中国国际法年刊（1991）. 北京: 中国对外翻译出版公司，1992: 22.

《皇舆全图》，中国的疆界"东到库页岛，南到南海"。清朝统治者对边界的界定与认知已经开始"涉海"。

1961 年，意大利天主教神父赛比斯（Joseph Sebes）根据当时参加《尼布楚条约》谈判的耶稣会士彼理拉（Thomas Pereira）的葡文日记，提出康熙帝可能从作为中方办事人员的耶稣会士那里得到国际法知识，间接地了解国际法的存在。作者进而从中俄双方缔约使节的平等关系和平等地位、康熙帝意图使条约尽量符合国际法以有助于约束俄方，以及《尼布楚条约》在写法、签字、盖章、交换等形式和程序诸方面都基本合乎欧洲各国缔约的要求，证明康熙帝对国际法有所了解。[①]"在每个细节上，即条约的写制、签署、盖印和互换，都严格遵守了国际惯例，以至于在条约中加入法令，这是自《威斯特伐利亚和约》以来条约中都曾使用的办法。条约的正式文本使用了拉丁文，又是另一证明。"[②]

"到了 19 世纪，从海上涌进中国的势力已不可抗拒……在整个远东地区，西欧及美洲的主要海权国家按照它们的意志发展其势力。"[③]林则徐在广东主持禁烟期间，接触到瑞士法学家瓦特尔（Vattel）著名的国际法著作《万国法》，并翻译了部分章节，后相关内容被收入魏源的《海国图志·卷五十二》之"大西洋 英吉利国广述中"。[④]林则徐出于实际的需要，将国际法的有关内容翻译成中文，客观上促进了国际法传入中国。作为近代开眼看世界的第一人，在国际法输入中国的过程中，林则徐的贡献是具有开创性意义的。

---

① 丘宏达. 书生论政：丘宏达教授法政文集[M]. 台北：三民书局，2011：387-388.

② 约瑟夫·赛比斯. 耶稣会士徐日升关于中俄尼布楚谈判的日记[M]. 王立人，译. 北京：商务印书馆，1973：116.

③ 拉铁摩尔. 中国的亚洲内陆边疆[M]. 唐晓峰，译. 北京：江苏人民出版社，2010：5-6.

④ 魏源. 海国图志[M]. 长沙：岳麓书社，2011：1466.

尽管有论者认为，明末清初来华的耶稣会士就将国际法介绍到中国，耶稣会士也曾以国际法知识对中俄《尼布楚条约》的谈判产生过影响，[①]但将西方国际法原则带入中国的，应属 1864 年在中国刊印的《万国公法》。[②]《万国公法》的出版标志着国际法知识系统地输入中国。

（三）留日学生对国际法传入中国的贡献

留日学生对促进国际法在中国的传播也发挥了重要作用。20 世纪初，一些在日本的中国留学生把日本的国际法讲义译介到中国，进一步丰富了晚清国人的国际法知识。20 世纪的头十年，约有 20 余种日文国际法图书被翻译成中文，种类之多，超过此前几十年输入中国之国际法著作的总和。例如，1902 年杨廷栋编写的《公法论纲》，王鸿年编写的《国际公法总论》；1903 年汪郁年翻译的《国际法学》，范迪吉等翻译的中村太郎所著《国际私法》、北条熊谷和元笃直太所著《国际公法》；1905 年张福先编辑的《战时国际法》，郭斌编辑的《国际私法》，廖作勋翻译的《平时国际法》，潘承锷翻译的《国际民商法论》；等等。[③]

这些译介著述涉及国际公法、平时国际法、战时国际法、国际私法和国际民商法等科目，多为学校课程讲义，条理清晰，内容简洁，在中文中确立了主权、权利、义务等国际法词汇，包括领海、公海等海洋法专词，取代了"万国公法""交涉公法""交涉便法""内洋""外洋"等陈旧术语。留日学生译介国际法图书，以图挽救民族危亡的"法理救国"之举，不仅体现了忧思国家和民族命运的赤子之心，还丰富了晚清国人的国际法知识，对中国国际法学的建立和发展也有积极的促进作用。

---

① 田涛 . 晚清国际法输入述论 [J]. 天津社会科学，1999（6）: 99-103.

② 惠顿 . 万国公法 [M]. 丁韪良，译 . 北京: 中国政法大学出版社，2003: 21-22.

③ 田涛 . 晚清国际法输入述论 [J]. 天津社会科学，1999（6）: 99-103.

尤其值得一提的是，中国共产党的重要创始人李大钊，在天津北洋法政专门学堂（辛亥革命后改称"天津北洋法政专门学校"）学习期间，系统修习国际公法、外交史等30多门课程。李大钊留日学习归国后，与他人合作，将昔日老师今井嘉幸的《中国国际法论》译成中文，出版发行。

中国近代著名的爱国主义者蔡锷，留日期间对国际法进行了比较系统深入的研究，编译出版了《国际公法志》，系统介绍国际公法的基本原理、基本法则，还选取了中外案例、作者论述和评论。蔡锷认为，国际公法的渊源，除国际习惯、法令和判例外，还有历史和公论。国家财产包括土地和非土地两种，前者分为国家领内的土地及河湖、沿海水带及海峡江湾、沿海之岛屿洲渚，船舶和建筑物则属于后者。①

虽然蔡锷"从国际法的角度，表达了对受列强侵略的东方各国人民奋起抗争，维护国家主权的希望"②，但就处于半殖民地半封建社会、积贫积弱、战乱频仍的旧中国而言，一系列不平等条约如同枷锁挥之不去。李大钊也不禁感叹："嗟呼！国之不竞，法于何有？经此世局巨变之后，列国在吾华势力之进展，吾华在世界国际法上之地位，变转迁流，正未知其夷于胡似？"③

尽管1648年缔结的《威斯特伐利亚条约》奠定了近代国际法发展的基础④，但"直到19世纪中叶，在中国始终没有国际法的痕迹"⑤。"作为法律的一个特殊体系的国际法应该是在19世纪60年代由西方传到中国

---

① 邓江祁.护国元勋蔡锷传[M].长沙：岳麓书社，2015：50-60.
② 邓江祁.护国元勋蔡锷传[M].长沙：岳麓书社，2015：58.
③ 李大钊.李大钊全集[M].北京：人民出版社，2013：230.
④ 丘宏达.现代国际法[M].台北：三民书局，2014：29.
⑤ 邓正来.王铁崖文选[M].北京：中国政法大学出版社，2003：228.

来的。"①

（四）《万国公法》中的海洋法

1864 年 8 月，美国传教士丁韪良主持翻译惠顿（Henry Wheaton）的《国际法原理》（*Elements of International Law*），以《万国公法》的书名，由清政府出资，在北京崇实馆刊印。"中国总理衙门现已将公法一书择要译出，凡遇交涉西洋之事，亦常征诸公法以立言，但事须行之以渐，目下断不能锱铢必合者。"② 由此开启了中国全面、系统地引入、译介国际法的历程。

《万国公法》共四卷十二章，比较全面地涉及了国际法的主要方面和问题。第一卷"释公法之义，明其本源，题其大旨"，第二卷"论诸国自然之权"，第三卷"论诸国平时往来之权"，第四卷"论交战条规"。内容涉及国际法的基本要义、国际法的渊源、国家主权（包括进贡藩属所存主权）、管辖权、立法权，和平时期国际交往的规则，以及战时的交战条规，包括中立、签订合约等内容。

第二卷中的很多章节是关于海洋法的内容。第二章"论制定律法之权"的第十节"船只行于大海均归本国管辖"，是关于船舶管辖权的内容。"各国之船只无论公、私，在大海与各国之疆外者，均归其本国管辖。"进而解释属于各国的领土，不仅指陆地，"凡可行权之处皆是也"。所以，航行于大海之上的船舶，也是属于该国的土地。但"海乃万国共用，不能专属一国"，国家只有使用权。

国家对航行于海上的本国船只的管辖权是专属的，"其本国皆得操专权以管制之"。但对于海盗等"海外犯公法之案各国可行审办"，不论哪

---

① 王铁崖. 国际法[M]. 北京：法律出版社，1981：15.
② 曾纪泽. 出使英法俄国日记[M]. 长沙：岳麓书社，1985：225.

个国家都有管辖权。对于公务船，则"无论何故皆不能稽察"。① 第十五节还专门叙述了"审断海盗之例"。②

第三章"论诸国平行之权"的第七节"航海礼款"，阐述了航行于大海之上或进入他国"狭海"海域的船舶，遇见该国军舰或进入海口卫所时，应该遵守"下旗、下蓬、放炮"等礼仪。③

第四章"论各国掌物之权"的第六节"管沿海近处之权"、第七节"长滩应随近岸"、第八节"捕鱼之权"、第九节"管小海之权"、第十节"大海不归专管之例"、第十一节"疆内江湖亦为国土"、第十二节"无损可用之例"、第十三节"他事随行之例"、第十五节"同享水利之权可让可改"和第十六节"同航大江之例"，比较系统地阐述了海洋法和相关方面的内容：

1. 近海管辖权。国家对近海的管辖权，包括海面、海湾，并以大炮射程为依据，阐述离岸向海十里的近海归属国家管辖。这种管辖是专属的，其他国家无权置喙。虽然没有提出领海一词，但以十里作为管辖的范围。

2. 无人滩沙的所有权。海边不适宜人类居住的滩沙，归属于沿岸国。

3. 捕鱼权。各国有捕鱼的权利，在本国管辖海域的捕鱼权专属于该国，外国渔民不能在此海域捕鱼。

4. 对海湾、海峡、港口的管辖权。对于两岸都属于一国领土、两岸的炮台火力能够控制其宽度的海峡，不应阻碍其他国家的正常航行。有关国家可以通过条约作出具体规定，包括"准各国商船进港，不准兵船

---

① 惠顿. 万国公法[M]. 丁韪良, 译. 北京：中国政法大学出版社, 2003：101-106.
② 惠顿. 万国公法[M]. 丁韪良, 译. 北京：中国政法大学出版社, 2003：112-114.
③ 惠顿. 万国公法[M]. 丁韪良, 译. 北京：中国政法大学出版社, 2003：129-130.

进港"。书中还列举了黑海、波罗的海的例子。

5.公海。茫茫大海如同日月天光，由各国、人民共用，不能由哪个、哪些国家专属控制，这在国际法上是没有疑问的。"大海本万国公用，与天气、日光理同，无人可私据之，而阻万国通行往来耳。"

6.河流、界河及国际河流。陆地上的江河湖泊，属于国家领土的组成部分。国际河流的入海口的海湾，也属于该国领土。两国之间的界河应由两国共用，以"中流"为界。但如果这样的河流早已属于一国，"则按理仍当归其专辖"。流经数国的国际河流，沿河国家的居民都可以利用，商船可以在河上航行，包括停船、登岸、起卸货物。国家可以订立章程予以规范。

7.过境通行。如果一国境内有通往大海或邻国的"狭海"，不能阻止其他国家的"无损而往来"。

《万国公法》还包括了和平解决争端、武装冲突、拿捕、封锁、中立、缔约等方面内容。

《万国公法》之后，大量的国际法著作被译介到中国。例如，1876年的《星轺指掌》，1878年的《公法便览》，1880年的《公法会通》，1883年的《陆地战例新选》，1902年的《公法新编》，等等。[①]

（五）晚清中国的海洋法

1. 旧约章里的海洋法

王铁崖编的《中外旧约章汇编》，收录了从1689年中国开始对外订立条约起，到1949年中华人民共和国成立止，所有对外订立的条约、协定、章程、合同。

其中，关于五口通商、英军退还舟山等条约多涉及海洋。1899年

---

① 田涛.国际法输入与晚清中国[M].济南：济南出版社，2001.

17

12月14日（清光绪二十五年十一月十二日），清廷和墨西哥签订的《通商条约》，有关于领海、缉私等方面的规定。条约第11款在详述两国商船往来贸易的内容中，突兀地规定："彼此均以海岸去地三力克（每力克合中国十里）为水界，以退潮时为准，界内由本国将税关章程切实施行，并设法巡缉，以杜走私、漏税。"① 从字面看，"水界"似乎是指领水（领海），"退潮时为准"似有领海基线为低潮线之意。退潮时向海30里（约9海里），究竟是领海，还是含有今天的毗连区之意？多数观点认为这9海里是"海关缉私的专门管制区"。此条的后半句"设法巡缉，以杜走私、漏税"似乎更说明了这一点。而且，就当时清政府对国际法、海洋法的认识而言，尚且不明领海为何物，也没有明确过领海宽度，更谈不上在与大洋之外的墨西哥之间的双边条约中规定领海的宽度。

1844年7月3日（清道光二十四年五月十八日），清廷与美国所签订的《五口贸易章程：海关税则》（即中美《望厦条约》），严重侵犯了中国的主权和海洋权益。美国的贸易船只进入中国可以自雇引水，贸易船只进入中国通商港口湾泊，由美国领事、船主经管，"中国无从统辖"。如果遇到天灾人祸，中国官员还"应设法拯救，酌加抚恤"。美国兵船可以到中国各港口巡查贸易，港口当地的文武大员要"以平行之礼相待"。② 1858年中英《天津条约》第52款规定，"英国师船别无他意，或因捕盗驶入中国无论何口，……地方官妥为照料"③。由此，英美等西方列强攫取了外国军舰在中国内河的航行权。在中英《虎门商约》之下，各口岸的英国领事均参与中国的海关行政，可以调用兵船到中国的通商口岸。"外

---

① 王铁崖. 中外旧约章汇编：第一册[G]. 上海：上海财经大学出版社，2019：871.
② 王铁崖. 中外旧约章汇编：第一册[G]. 上海：上海财经大学出版社，2019：47-52.
③ 王铁崖. 中外旧约章汇编：第一册[G]. 北京：生活·读书·新知三联书店，1957：690.

国船舶在中国领海自由活动，沿岸航运也无保留，并且外国商船和军舰根据或者借口有关通商口岸的条约规定，深入中国内河港口；这样它们就享有了在中国内水上的航行自由。"① "时人以此为便，实在是中国主权的丧失。"但"那时的中国人，在外交上，尚无主权的观念，不过求办事的便易而已"。② 中美《望厦条约》还攫取了"最惠国待遇"。此后，这种条款"作为中外条约制度中的普遍特征，使中国权利受到巨大损害"③。

有一点值得注意，诸多不平等条约中文本的语句半文半白，其实不适宜准确表述法律含义。尤其是遇到关键之处，这种表述含混不清，难以执行。如上述中墨《通商条约》"以退潮时为准"，以今天的观点看，何时、何地的退潮，是最低潮还是平均数，都不能准确把握。

2. 士人眼中的国际法

将惠顿的《国际法原理》翻译为中文的《万国公法》而将国际法正式传入中国后，丁韪良在《古代中国国际法遗迹》中，将《春秋》等儒家经典与国际法相附会，激起了晚清士大夫和知识分子对国际法的兴趣。一些晚清学人寄望于以中国的传统思想来重新阐释国际法，甚而直接将儒家经典视为国际法，欲通过"春秋之义"重塑国际法的精神。然而，作为屡遭列强蹂躏的弱国之臣，即便是在《盛世危言》中要求清廷"立宪法""开议会"，实行立宪政治，由此开启中国最高法意义上的宪法理念时代的郑观应④，虽将国际法视为对抗列强的理论工具，却又并不相信国际法可以为弱国匡扶正义。他认为，国家"惟有发奋自强，方可得公法

① 周鲠生. 国际法：上册[M]. 北京：商务印书馆，1983：379.
② 蒋廷黻. 近代中国外交史资料辑要[M]. 长沙：湖南教育出版社，2008：123.
③ 费正清，刘广京. 剑桥中国晚清史（1800—1911年）：下卷[M]. 中国社会科学院历史研究所编译室，译. 北京：中国社会科学出版社，1985.
④ 王宏英. 新中国宪法史与协商民主制度的发展[J]. 国家行政学院学报，2015（6）：5.

之益：倘积弱不振，虽有公法何补故？"[1] 这个认识在今天来看仍然是精辟的。

第一个出使西方国家的中国公使郭嵩焘认识到，现在处理洋务事宜，熟悉国际公法是非常重要的。"近年英、法、俄、美、德诸大国角立称雄，创为万国公法，以信义相先，尤重邦交之谊，致情尽礼，质有其文，视春秋列国殆远胜之。"[2] 出访过英、法、俄、日等多国的清代著名外交家曾纪泽，在出使英国前曾向丁韪良咨询国际法事宜。曾纪泽喟叹："西洋各国，以公法自相维持，保全小国附庸，俾皆有自立之权，此息兵安民最善之法。"[3] 作为洋务运动的主要领导者之一，出使过英、法、意、比四国的外交家薛福成，深感"西人辄谓中国为公法外之国，公法内应享之权利，阙然无与"。他主张中国在与西方国家办理交涉时，应改变"与公法有格格不相入之势"[4]。1879 年，针对日本侵占琉球、染指朝鲜的侵略行径，驻日公使何如璋"援公法据条约与争"。何向清廷力陈："日人蓄志求逞，不如因此乘其国力未完，先发制之，以绝后患"。[5]

早期驻外公使对国际法知识有所了解之后，在对外交涉、外交谈判等过程中，也开始注重运用国际法。但他们对国际法所抱持的希望越大，失望就会越多。列强将清朝排除于基督教文明之外，初时恼恨中国人也知道了国际法，担心这会使中国达到西方的法律水准。[6] 在对华关系中

---

① 程鹏. 清代人士关于国际法的评论[J]. 中外法学杂志，1990（6）：23-26.

② 郭嵩焘. 郭嵩焘日记：第三卷[M]. 长沙：湖南人民出版社，1982：136.

③ 曾纪泽. 出使英法俄国日记[M]. 长沙：岳麓书社，1985：85-86、108、187.

④ 薛福成. 论中国在公法外之害（一八九二年）[M]// 丁凤麟，王欣之. 薛福成选集. 上海：上海人民出版社，1987：414.

⑤ 温廷敬. 茶阳三家文钞[M]. 台北：文海出版社，1973：11-13.

⑥ 刘禾. 普遍性的历史建构——《万国公法》与十九世纪国际法的流通[M]// 李陀，陈燕谷. 视界：第一辑. 石家庄：河北教育出版社，2000：69.

列强并不遵守国际法，不但将一系列不平等条约强加于中国，而且傲慢地拒绝中国引用国际法。郭嵩焘"向以英国律法平恕，凡事皆可循礼而行"，但在处理中英《烟台条约》等事务的过程中，时任英国驻华全权公使威妥玛竟称"中国交涉事宜，不能援引西洋律法"。郭嵩焘对威妥玛的霸道蛮横无可奈何，"果如威氏所言，则中国律法既不能行，西洋律法又不得援引，中国实无自处之道"。《郭嵩焘先生年谱》的作者感叹郭过信"循礼"二字，高估英人。威氏言行令郭大为失望，极感焦急。

清末的驻外使节们对国际法的了解当然是与外交工作直接相关的部分。浮光掠影的一知半解反倒使他们更加困惑：这些不平等条约是如此不堪地损害了中国的尊严、主权和权益，一方面如同缠在中国颈项上的绞索，直欲除之而后快；另一方面，既已签约，即应遵守。之所以会造成这种两难的矛盾境地，是因为他们对国际法知之甚少、略懂皮毛，而对其本质无从了解。遗憾的是，尚未发现他们对海洋法有更多的研究和运用。

3. 建立领海制度的尝试

1908 年，英国驻江宁领事向两江总督端方询问中国处理海洋方面事务的法律依据，其中涉及官兵等的律章，船舶航行、停泊、碰撞处理以及海上捕获的审判等内容，端方支吾其词，含混作答。几桩体现列强对东沙岛、刘公岛、田横岛等中国沿海岛屿之窥伺和觊觎的案件，清政府处理起来也是力不从心，左支右绌。凡此种种，促使清政府进行了建立领海制度的尝试。

在因为日船走私军火被查办而起的"二辰丸"事件中，中日之间几番交涉，后外务部照会各国驻华公使，宣布："粤海三洲、七洲、九洲各洋均在中国领海权力范围内，可以实施中国之海界禁例，不得指为公海。"①

虽然上述照会局部、粗糙、笼统，但这毕竟是中国最早宣布领海界限的表述，也是中国建立领海制度的初步尝试。遗憾的是，尽管部分处理对外事务的地方官员援引了3海里的领海宽度等相关的国际海洋法规则，但清政府并未明确宣布中国的领海宽度，上述照会也未明言。日俄战争爆发后，清政府颁布了《局外中立条规》②。即便以当时的眼光看，清政府在中国领海里维持对日俄交战双方的中立，也荒谬之极，但它毕竟是清朝唯一一个有关领海主权的法律。

受"二辰丸"案件的影响，清政府开始进行主要针对捕获案件的海洋立法方面的准备。除捕获法外，还考虑了海盗惩治、海底电线等方面的立法工作。然而，天不假年，一切都来不及了。

三、运用海洋法维护海权

长期沉迷于"天朝帝国世界中心论"的清政府，在英使马戛尔尼（Macartney）觐见乾隆帝的礼仪问题上尚且纠缠不休，③如何能以平等者的心态与西方国家交往？清廷对英使礼遇有加，"但对主要各点——商务、进贡和跪拜——却决不肯稍微通融"。尽管马戛尔尼被"优蒙礼遇，备承款待"，但"严被监护，和礼让遣去"。此外，"实在没有得到一点真正的好处"。④东方大国一次次失去与世界交往、与世界同步的机会，逐渐被快速发展的西方工业文明甩在后面。

① 刘利民.试论晚清领海主权意识的形成与发展[M]//李育民.近代湖南与近代中国：第二辑.长沙：湖南师范大学出版社，2008：211.
② 朱寿朋.光绪朝东华录：第五册[M].北京：中华书局，1958：159-161.
③ 何伟亚.怀柔远人：马嘎尔尼使华的中英礼仪冲突[M].北京：社会科学文献出版社，2002.
④ 马士.中华帝国对外关系史：第一卷[M].张汇文，姚曾庚，杨志信，等译.上海：上海书店出版社，2000：60-61.

公元 19 世纪，西方列强对中国的入侵多来自海上。1840—1949 年，日、英、法、美、俄、德等国从海上入侵中国超过 470 次，其中规模较大的有 84 次，动用舰艇 1860 多艘次。① 来自海上，进而导致中国国运改变的侵略战争主要有两次鸦片战争、中法战争、中日甲午战争以及八国联军侵华战争。西方列强由炮舰开路，通过不平等条约，攫取在中国沿海与沿江驻扎海陆军、内河航运、贸易、港务、海关等方面的特权，严重侵犯中国的主权，使中国"万里海疆，战备废弛，藩篱尽失"。切肤之痛令近代中国的有识之士清醒向洋看世界，深刻认识到"兴邦张海权"的道理。② 但是，屡次惨败也没有完全打掉腐朽没落的清王朝的"自信"。清王朝虽然开始学习运用国际法以维护国家权益，"凡遇交涉西洋之事，亦常征诸公法以立言"③，但主观上，恐怕还是从功利主义的态度出发，试图"师夷长技以制夷"地将国际法作为对付西方列强的工具。

（一）大沽口扣船事件

在处理普鲁士在中国"内洋"拿捕丹麦商船一事的交涉过程中，总理各国事务衙门（以下简称"总理衙门"）以国际法为依据，认为普鲁士军舰在大沽口拿捕丹麦商船之举"系显夺中国之权"。几番交涉，终使事件得到和平解决。④

第二次鸦片战争之后，西方列强闻风而动，纷纷窜来中国"掘金"。1860 年普鲁士政府派使团来华，趁机迫使中国签订不平等条约。据《筹办夷务始末（同治朝）》记载，1864 年，普鲁士驻京公使李福斯（Guido von Rehfues）所乘军舰"羚羊号"到达天津大沽口后，在大沽口拦江沙外

---

① 张序三. 海军大辞典 [M]. 上海：上海辞书出版社，1993：1255.
② 刘达材. 兴邦张海权：刘达材将军海权论文集 [M]. 台北：海军学术月刊社，1996：1.
③ 曾纪泽. 出使英法俄日国日记 [M]. 长沙：岳麓书社，1985：225.
④ 王铁崖. 国际法引论 [M]. 北京：北京大学出版社，1998：379.

扣留了三艘丹麦商船。彼时普丹两国正在欧洲交战，所以普鲁士军舰拿捕了敌国商船。总理各国事务衙门大臣奕訢等感到"李福斯初次奉使来京，一抵海口，即在拦江沙外滋事，若不令其将此事先行办结，即与会商公事，不但无以折该使臣虚骄之气，且恐各国以中国置之不较，将来藉口执此为拦江沙外各国公共洋面之据，其势可以无所不为，不可不就此豫防其渐"。①

总理衙门查阅《万国公法》，第二卷第四章第六节《管沿海近处之权》规定："各国所管海面，及海口、澳湾、长矶所抱之海，此外更有沿海各处，离岸十里之遥，依常例亦归其管辖也。盖炮弹所及之处，国权亦及焉，凡此全属其管辖，他国不与也。"又有"外国持论，往往以海洋距岸十数里外，凡系枪炮之所不及，即为公共之地，其间往来占住，即可听各国自便"。因而，大沽口拦江沙外"实系中国洋面，并非各国公共海洋"。

总理衙门在给李福斯的复照中明确指出，李福斯所乘军舰，"现在中国洋面，将丹国商船扣留，殊深诧异。查外国在中国洋面，扣留别国之船，乃系显夺中国之权，于中国大有关系"。是故，应先解决侵犯中国领海主权的问题，再论其他。李福斯狡辩称："扣留该船系属按照欧罗巴所定军法。其扣留处所，相去海岸远近，亦属万国律例准拿敌船之处。"总理衙门的驳斥指出，普鲁士扣押丹麦货船的地方是"中国专辖之内洋"，这在"贵国和约内，载有中国洋面字样"，不能说不明确。至于"欧罗巴所定军法，则不能强中国以必知"。总理衙门的交涉运用了国际法，有理有据，逻辑清晰，李福斯只得接受，承认"咎在"其国，释放了所扣丹麦商船。清政府运用国际法对外交涉，难得地没有败下阵来，实属特例。

---

① 中华书局编辑部，李书源. 筹办夷务始末（同治朝）[M]. 北京：中华书局，2008：1144-1155.

（二）中法勘界

清王朝被动运用国际法的另一个例子是中法勘界。北部湾连通内地与外洋，自古就是开洋重地。秦始皇统一六国后实行郡县制，在西南部设立了桂林、象郡、南海三郡，将北部湾纳入大秦版图。汉承秦制，北部湾在汉代基本上隶属合浦郡管辖，彼时的交趾、九真、日南三郡即今之越南。汉武帝时，中国的船队从合浦等地出发，开始跨洋远航，远抵印度半岛和斯里兰卡。公元 968 年（宋开宝元年）越南独立后，中越边界多因循以前郡县辖地的界限。1885 年中法战争后，越南成为法国的殖民地，中法之间就中越边界问题签署了一系列条约，包括 1887 年 6 月 26 日（光绪十三年五月初六日）中法《续议界务专条》、1893 年 12 月 29 日（光绪十九年十一月二十三日）中法《广东越南第二图界约》。在划分粤越陆地边界的过程中，涉及一些近岸岛屿的归属问题。[①]

中法《续议界务专条》就广东界务规定："现经两国勘界大臣定边界之外，芒街以东及东北一带，所有商论未定之处，均归中国管辖。至于海中各岛，照两国勘界大臣所划红线，向南接划，此线正过茶古社东边山头，即以该线为界（茶古社汉文为万注，在芒街以南，竹山西南），该线以东，海中各岛归中国；该线以西，海中九头山（越名格多）及各小岛归越南，若有中国人民犯法逃往九头等山，按照光绪十二年三月二十二日和约第十七款，由法国地方官查访，严拿交出。"[②]

这条两国勘界大臣所画红线是北纬 108° 03′ 13″。条款中所谓"茶古社"（万注）、"九头山"（格多）是中越交界处北仑河口附近海上的岛屿。

---

① 王铁崖. 中外旧约章汇编：第一册[G]. 北京：生活·读书·新知三联书店，1957：512、569.

② 王铁崖. 中外旧约章汇编：第一册[G]. 北京：生活·读书·新知三联书店，1957：513.

中越陆地边界广东段以北仑河口为界，根据中法《续议界务专条》上述条款，接着北仑河口界点向南画一红线，这条位于北纬108° 03′ 13″的红线正好通过茶古社东边的山头。该线以东海中各岛归中国，该线以西包括九头山在内的各小岛归越南。显然，这条红线划分的是中越陆地边界北仑河口附近的近海岛屿的归属，不是海域界限。

一百多年后，中越两国谈判北部湾划界之初，越南方面犹自搬出这条108度线，主张中越之间已经划过海界。这当然是无理狡辩的高要价，最终的划界结果是"大体对半分"。

（三）对日交涉

明治维新以后，日本国力大增，意欲打开朝鲜国门。朝日关系紧张，日本蠢蠢欲动以开启战端，故寻衅滋事于前。1875年，日本派出军舰到朝鲜沿海"测量"，并借口军事演习，在釜山海域肆意放炮挑衅，朝鲜抗议无果，被迫还击。彼时朝鲜尚属中国藩属国，日本驻京公使森有礼向清政府提出抗议，李鸿章援引国际法进行驳斥："查万国公法近岸十里即属本国境地，日本既未通商，不应前往测量，高丽发炮有因。"[①]

1908年，日本的"二辰丸"号船走私军火，在珠江口路环岛2海里处停泊卸货时被中国水师截扣。日本船主承认犯罪事实，日本政府却无理纠缠，声称"拿捕发生在距离三浬之外"，查获地点不在中国领海之内，故向中国政府提出抗议。两广总督张人骏提出具体经纬度，驳斥日方故意"挪移"案发地点的企图，证明查获之地位于当时国际公认的3海里宽度的中国领海之内。日本心有不甘，又提出查获地路环岛附近水面究竟是属于中国还是属于葡萄牙"无法确定"。葡萄牙当局乘机浑水摸鱼，照会中国政府，称案发地属于葡国领海。张人骏驳斥葡萄牙非法侵

---

① 黄刚.中华民国的领海及其相关制度[M].台北：台湾商务印书馆，1973：48.

占中国岛屿，该岛并非葡国领土，该岛周边 3 海里范围的水域也不是葡国领海，此案"与葡界并无牵涉"。

在"二辰丸"军火走私案的交涉过程中，作为清朝官员的张人骏，面对来势汹汹的日、葡当局，能够比较准确地运用海洋法进行交涉，驳斥对方的无理狡辩，保卫中国的领海主权。

渤海属于中国，中国行使管辖，本无疑义。日俄战争后，日本夺得旅大，又开始觊觎渤海渔业资源，常有日本渔船出没渤海湾捕鱼。清廷官员交涉，动辄被蔑视不懂国际法，坚称日本渔船捕鱼作业是在 3 海里之外的公海。虽因没有领海制度、没有制海权而屡遭列强欺侮，但彼时清政府仍未曾明确领海宽度为 3 海里，也没有正式宣布过领海界限。

国际法尽管已被译介到中国，但在现实中的运用却十分有限。一方面，愚昧的清政府先是闭关锁国、迷之自信，认为自己不需要国际法；在被西方列强的坚船利炮大肆入侵之后依旧颟顸无能，抱残守缺于"天朝上国""华夷尊卑"，并不真正相信、运用国际法。在义和团运动期间发生了围攻使馆区、杀死德使等违反国际法的行径，从而招致八国联军的野蛮报复后，丁韪良哀叹中国人并没有学到公使的生命不可侵犯。

另一方面，西方列强并未将东方这个残败的老旧帝国视为所谓"文明社会"的一员，从而平等地对其使用调整国家间关系的国际法，更未像郑观应所期待的"公法一出，各国皆不敢肆行"。公法对清廷而言，"公于何有？法于何有？"[1] 西方列强自然不再担心中国了解欧洲的国际法之后，会反向适用于列强从而给列强自己带来无尽的"麻烦"了。[2]

① 夏东元. 郑观应集·救时揭要: 外八种[M]. 北京: 中华书局, 2013: 66、179.
② 刘禾. 普遍性的历史建构——《万国公法》与十九世纪国际法的流通[M]//李陀, 陈燕谷. 视界: 第一辑. 石家庄: 河北教育出版社, 2000: 69.

尽管国际法传入中国后也偶有适用，但它并不能保护落后的国家和民族，反而成为列强要挟清政府的工具。晚清时期的中外关系并不是以国际法来调整和规范的，而是建立在列强强加于中国的不平等条约之上的。

四、争取图们江出海权

图们江发源于中国的长白山东南部，干流总长 525 千米，绝大部分是中朝界河，长约 510 千米。图们江在吉林省延边州珲春市敬信镇防川村中俄边界"土"字界碑处的最下游约 15 千米为朝俄界河，最终流入日本海。日本海是西北太平洋的半封闭边缘海，与中国的东北地区紧密相连。图们江是中国与日本海的唯一关联通道，是中国东北地区重要的出海口。1689 年中俄《尼布楚条约》规定中俄两国东段边界以额尔古纳河、格尔必齐河、外兴安岭至海为界，线之南归属中国，线之北归属俄国。黑龙江、乌苏里江都是中国内河，两河流域及滨海地区都是中国领土，中国是日本海的沿岸国。

1858 年和 1860 年，清廷被迫与沙俄签订《瑷珲条约》和《北京条约》。沙俄割占了中国黑龙江以北、外兴安岭以南 60 余万平方千米和中国乌苏里江以东、以南滨海地区图们江口到黑龙江口 40 万平方千米的土地，中国还丧失了日本海沿岸大片领土和海域。

按照中俄《北京续增条约》的有关条款，"两国交界与图们江之会处及该江口，相距不过二十里"，标示边界的"乌"字牌在图们江口东北日本海沿岸 3 千米处。中国应拥有图们江口"土"字牌以下到"乌"字牌之间的领土，称为"罕奇海岸"。"上所言者，乃空旷之地，遇有中国人住之处及中国人所占渔猎之地，俄国均不得占，仍准中国人照常渔猎。"①

---

① 王铁崖. 中外旧约章汇编：第一册[G]. 北京：生活·读书·新知三联书店，1957：149.

清朝勘界官员昏聩无能，竟将勘界立碑之事交予俄方勘界代表包办。俄方将倒数第二个界碑"土"字界牌埋设于距离图们江45华里的地方，少立了"乌"字牌，轻松夺得"罕奇海岸"，借此与朝鲜半岛隔江相连。此举既封锁了中国通往日本海的通道，又使沙俄获得了侵略朝鲜的立足点。

1886年，吴大澂受命与俄方再次勘界。鉴于"罕奇海岸"是中国传统的盐场、渔场，吴大澂要求俄方予以归还。索还"罕奇海岸"而不得，吴大澂又多次就"土"字界碑的埋设位置问题进行交涉。因为俄方将"土"字界碑埋设于距离图们江45华里的地方，吴大澂强调："应照《条约》记文，由海口量准中国里二十里，即在江边补立'土'字界牌，方可与《条约》相符。"[1]几经交涉，"土"字碑得以向江口方向前移，位于今珲春东南20华里的位置。根据中俄《珲春东界约》的记载，新立的"土"字牌，如顺图们江至海滩，为30华里，径直到海口的话，则为27华里。

在与俄方的交涉过程中，吴大澂还提出"图们江出海之口，应作中俄两国公共海口"。经过反复辩驳，终在中俄《珲春东界约》的附件中规定，"如有中国船只由图们江口出入者，并不可拦阻"，从而恢复了中国由图们江东出日本海的权利。吴大澂认为："虽不能作为中俄公共海口，而珲春本地商船、渔船可以自由出入，不必向俄方领照，较为方便。"

此后，中国边民和船只行使出海权，经过"土"字碑自由出入日本海，捕鱼运输，通商贸易。作为中国唯一的日本海沿岸城市，20世纪初，珲春开放设埠，运营大豆、木材等商品。船只北抵符拉迪沃斯托克（海参崴），南达上海，并横穿日本海，向东往来于日本各港口。

然而，来之不易的图们江出海权又遭苏日军事冲突的阻断。不论是

---

① 张宗海，张临北. 吴大澂与《中俄珲春东界约记》[J]. 俄罗斯学刊，2013（6）: 75.

按照清朝与沙俄签订的不平等条约，还是按照苏联军方的地图，张鼓峰都是中国领土。1938 年，日苏为争夺军事战略要冲，在张鼓峰发生武装冲突，给饱受蹂躏的中国带来了灾难性影响。日本侵略军在防川附近的图们江上立桩封锁，人为堵塞图们江的出海通道。从此，中国利用图们江航道出海的正当活动被迫完全中断，日本海可望而不可即。

清朝腐败无能，中国国力衰萎，沙俄扩张、日本大举侵华，以东北为甚。不平等条约使中国丧失了大片日本海沿岸的国土和图们江出海口，仁人志士争得的图们江通海航行权仅昙花一现。1998 年，中、朝、俄三国签署确定图们江三国国界水域分界线的协定，规定图们江上中、朝、俄国界交界点位于"三国国界水域分界线与图们江主流中心线的相交处"，且"图们江发生任何变化，三国国界水域分界线和三国国界交界点的位置不变，除非缔约三方达成其他协议"。中国行使图们江出海权不再存在国际法障碍。

第二节 民国时期的海洋法实践

20 世纪初，遭受西方列强坚船利炮侵略蹂躏的中国，山河破碎，民不聊生，海洋国土意识几无，孤悬海外的蕞尔小岛不被关注。随着人们对南海认识的深入、国际关系的发展变化、外国势力的介入和入侵，南海诸岛和海洋安全引起国人的关注和警觉。1933 年"法占九小岛"事件使国人的海洋国土意识，特别是南海海洋国土意识大大增强，各界人士强烈呼吁保卫南海岛礁。把中国在南海的领土和海洋权益的范围在地图上表示出来显得必要而迫切，这对南海地图的编印产生了直接的重大影响，也刺激和促进了国际法、海洋法在中国的发展。

一、海洋法制度建设的尝试

1911 年辛亥革命推翻了腐朽的清王朝的统治，结束了帝制，建立了中华民国。随着西学东渐，中国的海权意识开始萌芽和发展。著名士绅张謇提出"渔权即海权"，伟大的先行者孙中山从民族存亡的高度关注海洋。"惟今后之太平洋问题，则实关乎我中华民族之生存，中华国家之命运者也。盖太平洋之重心，即中国也；争太平洋之海权，即争中国之门户耳。""人方以我为争，我岂能付之不闻不问乎。"[1] 在府院、知识界对国际法、海洋法了解的基础上，民国时期的政府对国际法、海洋法的认知和运用有所进步。

（一）北京政府确定领海界限的尝试和努力

1912 年，海军、外交和农林三部讨论领海界限问题，以保护渔业免遭外人侵犯。海军部认为，虽然一般比较公认的领海宽度是 3 海里，但

---

[1] 孙中山. 孙中山全集：第五卷[M]. 北京：中华书局，1985：119.

随着大炮射程的增大，领海宽度也应该扩大，"方足以保我海权"①。讨论无果而终。

1921年6月，海军部呈请设立海界委员会，以讨论确定领海界限，应对国际海洋形势发展的需要。海界委员会主要由海军部、税务处和外交部等有国际视野、丰富的中外交涉经验和西方法学基础的人员组成。

海界委员会成立后，召开会议研讨领海宽度问题、公海和私海（领海）的划分问题。海界委员会通过决议，参照既有国际成例，中国领海的宽度应定为3海里，从沿海大地凹凸之处，按照落潮的地点外推。海界委员会还研讨了远洋海岛和近海海岛的领海界限问题、海股（海臂）海湾情形下的海界问题。所谓海股海湾似应指今天如渤海之类的封闭的内海湾，湾口直线距离不到3海里的海湾，属于"私海"。1921年9月，海界委员会向海军部递交关于确定包括海湾、海岛在内的3海里宽的海界范围的决议。有反对意见认为，应该结合东方特点而不应步他人后尘，故要求重修海界，导致决议未得颁布。

研定领海宽度与领海界限与海洋测量直接相关。1921年10月，海军部成立海道测量局，厉行海政，严禁外国人进行海界测量，在制度上禁止了鸦片战争之后外国人对中国海洋测量的把控，收回了外国人掌控的海关测量权，收管了海关测绘体系，开启了近代中国的海界测量事业。海界委员会的设立和其后一系列积极维护中国海洋权益的举措，收到一定的效果，使"领海主权，遂稍有独立之基础"，在处理中外海事纠纷方面也有所依据，而不至如清末那般既无海权，亦无海界。当然，彼时中国国力衰微，引水、海洋测绘等很多重要的海洋领域的工作，是不可能仅凭一两个机构的成立就能全面推进的。"引水关系国防"，直到20世纪

---

① 黄刚. 中华民国的领海及其相关制度[M]. 台北: 台湾商务印书馆, 1973: 50.

30 年代，国民政府还在为继续收回引水权而努力。[①]

（二）参加 1930 年海牙国际法编纂会议

早在 1926 年和 1927 年，国际法编纂会议就曾两度致函北京政府，征求中国对国际法有关问题的意见。北京政府没有及时答复第一次征询，对于第二次征询意见，海军部给外交部的回复中主张 15 海里宽的领海。1928 年，国际联盟行政院再次就有关问题征询各国政府意见。

1930 年 3 月 13 日，第一次国际法编纂会议在海牙召开。会议设立了国籍、领水和国家责任三个专门委员会。领水专门委员会讨论了领海的地位、领海宽度及测定和毗连区等问题。委员会认为"领水"一词不如"领海"妥当，故以后者取代前者。委员会未能就领海宽度等问题达成一致，但确立了沿海国对领海的主权和航行自由原则。

国民政府重视此次会议，派遣驻美公使伍朝枢为代表参加会议，发表了中国政府关于相关问题的看法，表示中国政府赞同 3 海里的领海宽度。虽然渤海主权、渤海渔业资源已被觊觎和染指，但中国代表并没有就渤海湾问题发表意见。

中国国内国际法学者、舆论界等也积极关注海牙国际法编纂会议。一些报界文章认为会议拟将讨论的问题极为重要，都与中国有密切关系。其中领海问题事关中国的渔业和国防，建议根据中国近海盐匪土贩充斥的现状，在会议上提出扩大 3 海里的领海宽度。

二、建立领海制度

（一）确定领海宽度

19 世纪 30 年代前后，日本对华侵渔严重。日本渔船不但常年在渤

[①] 中国第二历史档案馆. 中华民国史档案资料汇编：第五辑 第一编 外交[G]. 南京：江苏古籍出版社，1994：108-109.

海湾盗捕，而且抵近江浙沿海侵捕，甚至将渔获运往上海大肆倾销。[①]因为中国没有明确的领海范围，外交交涉中总被日本以公海自由为借口反对和搪塞。[②]农矿等相关部门也赞同尽快确定领海范围。海军部门虽注意到国际上有扩大领海宽度的趋势，但又自限于怪圈：一方面坚持领海范围应以国际公法的 3 海里为原则，另一方又认为领海界限划定与否并不重要，重要的是有足够的实力巡视防守，"徒法不能自行，而事后控诉越界弋捕又全无证据"。海军部困于领海基线未曾确定，渔区范围无从划起，遂转而请示行政院指示。问题又回到原点。

1931 年 1 月 10 日，实业部（由工商、农矿两部组合而成）召集海军部、参谋本部、外交部、内政部、财政部等相关部门会商关于管控日本侵渔、确定领海范围和沿海渔区等问题。会议通过多项决议，包括确定领海界限，"以沿岸水落处所现出地为起点计算"，领海宽度确定为 3 海里；由海军部拟定打击海盗和护渔办法，由财政部核办缉私问题。决议经行政院会议、国民政府会议、中央政治会议等多轮会议审查，再交由海军部、外交部和参谋本部讨论修改，几经反复，最终经行政院国务会议通过，确定"领海范围为 3 海里，缉私界程定为 12 海里"。1931 年 6 月 24 日，中国政府颁布《中华民国领海范围为三海里令》，标志着中华民国领海制度的正式建立。这在中国海洋法治发展史上具有重要意义。

法令颁布后，主张大领海制的持论者批评其局限性，认为作为海军弱国，小领海制于我国不利，中国的领海至少应规定 12 海里。此外，对于十分关键而急需的渔区界限，仍然没有作出规定。

---

① 刘利民. 不平等条约与中国近代领水主权问题研究[M]. 长沙：湖南人民出版社，2010：231-252.

② 中国第二历史档案馆. 中华民国史档案资料汇编：第五辑 第一编 外交[G]. 南京：江苏古籍出版社，1994：1072.

3 海里领海宽度是建立在大炮射程论基础上的，当大炮射程越来越远时，当然会遭到挑战。在海牙国际法编纂会议上，领海宽度问题并没能得到解决。虽然扩大领海范围正在发展为一种新的趋势，但以中国海军衰弱的军力，恐不足以保卫宽阔的领海。大领海制持论者的愿望，在当时也只是空望而已。

（二）建立缉私区

1928 年，经过政府的斗争，列强承认中国关税自主权。自 1929 年 2 月 1 日起，中华民国开始实施国定进口税率。当时走私活动日渐猖獗，有必要建立缉私制度，加强缉私管理。

缉私区的建立有赖于领海范围的在先确定。1930 年 1 月 30 日，行政院第 55 次会议指定外交部牵头召集，与财政、海军等部门共同讨论领海宽度确定和缉私等问题。会议认为，应采纳世界多数国家都规定的 3 海里领海宽度，予以明文规定。至于在领海之外再划定缉私区，海军部出于对中国实际巡防能力的担心而不赞同明文规定缉私区的范围。此后，由于战争等原因，关于缉私区设立等问题被搁置。

现实中，海关以 3 海里作为缉私的暂定范围。对于 3 海里范围内拒绝停船接受检查并企图外逃的走私嫌疑船，海关巡逻艇可以追往公海并将其就地扣留。这近似于今天的紧追权的行使。1931 年国民政府在颁布领海范围为 3 海里令的同时，规定"缉私里程为 12 海里"，但明了"领海范围与缉私必要界程系属两事，不能并为一谈"。[①] 1934 年，国民政府颁布法令，宣布为执行海关法，将管辖范围扩大到沿海 12 海里范围。

---

① 中国第二历史档案馆. 中华民国史档案资料汇编：第五辑 第一编 外交 [G]. 南京：江苏古籍出版社，1994：1071–1072.

三、南海海洋权益的维护

论及民国时期的海洋法实践，关于海洋权益的维护更多地体现在南海问题上。中国是最早发现南海诸岛的国家，中华先民世世代代在南海捕鱼、航行。历朝历代的中央政府，通过命名、列入版图、巡视海疆、开发经营和行使管辖等方式，取得和巩固了对南海诸岛的主权。数千年的文献记载和历史事实证明了这一点。1730 年，陈伦炯编撰《海国闻见录》，书中所附《四海总图》明确标绘有南海四大群岛的地名和位置，称为"气""长沙""石塘"和"七州洋"，分别指称东沙群岛、中沙群岛、南沙群岛和西沙群岛及其附近海域。① 后来，清政府在开展大规模全国地图测量的基础上编绘了多种地图。这些地图包括但不限于 1716 年的《大清中外天下全图》、1724 年的《清直省分图》之《天下总舆图》、1755 年的《皇清各直省分图》之《天下总舆图》、1767 年的《大清万年一统天下全图》、1800 年的《清绘府州县厅总图》、1810 年的《大清万年一统地理全图》、1817 年的《大清一统天下全图》、1895 年的《古今地舆全图》等。这些地图都将海域包括在内。

（一）水陆地图审查委员会的成立

19 世纪 30 年代，法国不断扩张在东亚的势力范围，并开始觊觎中国的南海岛礁。1931 年 12 月 4 日，法国声称安南对西沙群岛拥有"先有权"，遭到中国政府的有力驳斥。中国驻法使馆为抗议法国阴谋侵略我西沙群岛向法国外交部致送节略。② 1933 年 4 月 7 日，法国派军舰侵占南威岛。1933 年 7 月，法国政府公开宣布占领南海九小岛。法国武力侵占

---

① 陈伦炯编撰的《海国闻见录》成书于 1730 年（清雍正八年），内有《南洋记》《南澳气记》等文，附有《四海总图》。1823 年易理斋藏版。

② 中国第二历史档案馆. 中华民国史档案资料汇编：第五辑　第一编　外交[G]. 南京：江苏古籍出版社，1994：1301.

南海岛屿，引发中国政府、全国人民的强烈抗议。全国各地、各界人士纷纷要求中国政府与法国进行严正交涉，收回被占岛礁，"以全国土，以固南疆"。中国各界，包括各地的工会、农会、船员和渔民团体等纷纷集会、上书、致电和发表抗议信，抗议法国的侵占行径，要求中国政府据理力争，保卫中国的领土完整。广东省政府亦奉命向法国当局提出抗议，并将此事昭告世界，请伸公道。[①] 这就是"法占九小岛"事件。

1935 年 7 月 25 日，汉口党务整理委员会致电南京国民政府外交部，指出法国侵占南海九小岛"有损我领海主权更足影响全部海防"，要求"切实查明严提抗议以保领海主权而杜绝侵占之渐"。此后不到一周的时间，就有来自全国各地的几十封电报表达抗议。这些抗议电报中，有些没有分明被法国侵占的是哪些岛礁、具体情况究竟如何，还有一些人认为法国占领的是西沙群岛。

事发之初，中国政府也不能肯定被法国武力侵占的岛礁究竟确指何处。中国政府令外交部电告驻法大使馆调查真相，并令参谋部和海军部会商调查。1933 年 8 月 4 日，外交部照会法国驻华公使韦礼敦（Wilden），要求将所占岛礁及其经纬度分别查明。在此之前，中国政府对"法占九岛宣言"保留权利。1933 年 8 月 10 日，法国驻华使馆照复国民政府外交部，并抄送其宣布占领的南海各岛礁的名称和经纬度。及至此时，中国政府才清楚知道被法国侵占的岛礁的具体位置等情况。这说明当时政府对南海诸岛，特别是对南沙群岛的认识是不足的。

多年来，中国学术界对于法国侵占了南海九个小岛礁这一史实几无异议，但对于侵占的九小岛的名称有不同的观点。这说明人们对"法占九小岛"事件究竟涉及哪几个小岛是存疑的。实际上，法国侵占的"九

① 韩振华. 我国南海诸岛史料汇编[G]. 北京：东方出版社，1988：262.

小岛"并非 9 个，也不在西沙群岛，而是南沙的 7 个岛礁，包括斯巴拉脱来（Spratly，今南威岛）等。其中，"双岛"系南子岛和北子岛的名称。历史的真相是：法国武力侵占的是南沙群岛的岛礁，在列名上是 6 个（南子岛和北子岛作为 1 个），实际是 7 个。所谓"法占九小岛"，不过是以讹传讹、将错就错地延续下来的固定说法。

19 世纪 30 年代，中国政府开始对地图出版进行统一的规范和管理。地图的立法、对南海岛礁进行近现代意义上的标准化命名、以出版官方地图的方式公布断续线等行为，都明确宣示了中国在南海的权利主张。1931 年 8 月 24 日和 1932 年 1 月 18 日，国民政府分别制定、公布了《修正水陆地图审查条例》和《水陆地图审查委员会规则》。

以"法占九小岛"事件为代表的外国势力的介入和入侵，使包括南海诸岛在内的海洋国土的安全引起了国人的关注和警觉，把中国在南海的领土和海洋权益的范围在地图上标示出来既必要且迫切。"法占九小岛"事件促使国民政府加强海疆管理，对中国南海地图的编印也产生了重大影响。

1933 年 6 月 7 日，国民政府设立由参谋本部、内政部、外交部、海军司令部、教育部和蒙藏委员会代表组成的水陆地图审查委员会，负责审查全国各地出版的水陆地图，出版《水陆地图审查委员会会刊》。会刊对委员会的成立作了如下说明："我国因向乞全国实测详图，故坊间出版图籍，年来有如雨后春笋，类多抄袭陈编，以讹传讹，甚至翻印外国出版之中国图，不加审查，致国疆界线，任意出入，影响所及，关系匪浅。"有鉴于此，该委员会成立后，着意编制标准地图，审查各类舆图，"纠正方法，尤贵统一"。

1933 年 6 月 7 日召开的委员会第一次会议决议，编制标准地图由参谋本部负责。1934 年 12 月 21 日召开的第二十五次会议，"审定中国南海各岛屿华英岛名"，并在 1935 年 1 月编印的会刊上较为详细地罗列了南海诸岛 132 个岛礁沙滩的名称及中英地名对照表。这是近代史上中国政府对南海诸岛的第一次标准化命名。其中所言之"南沙"系今中沙群岛，"团沙"系今南沙群岛。

1935 年 3 月 12 日，委员会召开第二十九次会议。会议决议：政区疆域地图必须标明东沙群岛、西沙群岛、南沙群岛和团沙群岛。1935 年 4 月，委员会出版的《水陆地图审查委员会会刊》附图（第二期），登载《中国南海各岛屿图》。图中较为详细地标明南海四组群岛和大部分岛屿、礁石、暗沙、沙洲的名称和所在位置，将曾母滩（今曾母暗沙）标在北纬 4°、东经 112°附近的位置上。这是中国政府第一次公开出版的南海地图。此后出版的地图都将南海的四组群岛完整标绘，并在周围绘出断续线，最南端标绘在北纬 4°附近。

从几百年前的"气""长沙""石塘"和"七州洋"，到东沙群岛、西沙群岛、南沙群岛和团沙群岛，南海岛礁都是以群岛为单位的。南海四组群岛久列中国疆域，置于中国的管辖之内。

（二）对南海岛礁恢复行使主权

抗日战争时期，日本军队侵占了南海岛礁。第二次世界大战结束以后，根据《开罗宣言》《波茨坦公告》等国际法律文件，日本必须将所窃取的中国领土归还中国，包括南海诸岛。[①]

---

① 《开罗宣言》规定："三国之宗旨，在剥夺日本自从一九一四年第一次世界大战开始后在太平洋上所夺得或占领之一切岛屿；在使日本所窃取于中国之领土，例如东北四省、台湾、澎湖群岛等，归还中华民国。其他日本以武力或贪欲所攫取之土地，亦务将日本驱逐出境。"

《波茨坦公告》第 8 条规定："《开罗宣言》之条件必将实施，而日本之主权必将限于本州、北海道、九州、四国及吾人所决定其他小岛之内。"

中国政府为西沙、南沙群岛的接收和主权的恢复采取了一系列行动和措施。1946 年 4 月,国民政府内政部召集有关部委研究接收方案,确定由海军派军舰运送官兵到西沙群岛、团沙群岛(今南沙群岛)等岛驻守的方案。1946 年 8 月 13 日,国民政府行政院电令内政、国防二部会商,以讨论协助广东省政府接收西沙群岛和团沙群岛。1946 年 9 月 2 日,行政院向下属有关机构发出节京陆字第 10858 号关于接收南海诸岛的训令。

1946 年 9 月 13 日,内政部、外交部、国防部及海军总司令部的代表会商接收团沙群岛的具体事宜。会议决定下列三项内容:第一,由国防部协助广东省政府从速接收团沙群岛,接收之地理范围由内政部拟定。第二,关于该群岛之地理位置及所属各岛之名称,由内政部绘制详图重新拟订。第三,目前不必向外国提出该群岛的主权问题,惟为应付将来可能发生争执起见,应由内政国防两部暨海军总司令部将有关资料即送外交部以备交涉时用。①

1946 年 11 月,国民政府派出内政部、国防部、海军总司令部及广东省政府等部门的 13 名代表,乘坐海军军舰前往南沙群岛和西沙群岛,开始接收工作。1946 年 10 月,林遵率"太平""中业"两舰,姚汝钰率"永兴""中建"两舰分别向南沙群岛、西沙群岛进发。1946 年 11 月 24 日,姚汝钰一行在西沙群岛的伍德岛登陆,将伍德岛更名为"永兴岛"。1946 年 12 月 12 日,林遵一行在南沙群岛的长岛登陆,将长岛更名为"太平岛"。内政部方域司和广东省政府测量局派赴南海诸岛的工作人员实测了太平岛、永兴岛、石岛等主要岛礁。

中国政府在收复了这些岛礁后,在太平岛、南威岛、西月岛等主要

---

① 据《关于接收团沙群岛(即南沙群岛)一案会议记录》,中国第二历史档案馆,全宗号二(2),卷号 2222。

岛屿上重新树立主权标志,核准并改定各岛、沙、礁、滩的名称,复由内政部公布实行,归属广东省管辖。接收后留军队驻守太平岛等地,负责对西南沙群岛及其周围海域的防卫。1947 年 3 月 15 日,国民政府以处字第 442 号令,准内政部所请将西沙群岛和南沙群岛"暂行交由海军管理"。1949 年 4 月 1 日,海南特别行政区成立,西沙群岛和南沙群岛改由海南管辖,但仍由海军代管。[①] 1949 年 5 月,国民政府颁布《海南特区行政长官公署组织条例》,把"海南岛、东沙群岛、西沙群岛、中沙群岛、南沙群岛及其他附属岛屿"划入海南特区,由海南特区行政长官公署负责行政管辖。

中国政府通过一系列法律程序和符合国际法的行动,向全世界宣示和重申中国恢复对南海诸岛的主权。对于中国恢复行使主权的行为,南海周边及其他国家并无任何异议。

(三)划设南海断续线

国民政府完成对西沙群岛、南沙群岛的进驻和收复后,根据内政部的指示,广东省地政局测量、绘制了《南海南沙群岛图》《南沙群岛之太平岛图》《西沙群岛图》《永兴岛及石岛图》等地图。1947 年 1 月,广东省地政局又派出专门人员前往南沙群岛,再次进行测量后,完成了《太平岛之万分之一地形图》的绘制及对《南沙群岛总图》的核对。广东省将这两张图上报内政部。1947 年 2 月,内政部长张厉生致广东省密函,就上述两图的保存和统一名号等问题作了批复。[②]

这些地图成为国民政府以后绘制有关南海的一系列地图的重要依据和"蓝本"。

---

① 丘宏达 . 关于中国领土的国际法问题论集[M]. 台北: 台湾商务印书馆,2004: 236-237.
② 据广东省政府档案馆档案,全宗号 14,目录号 4,案卷号 2。

1. 从八段线到十一段线

在接收西沙群岛、南沙群岛的同时，为了准确确定收复范围，国民政府采取了两项重要措施。

第一，内政部提交了第一幅绘有南海断续线的地图:《中华民国领南海诸岛位置略图》。这张产生于 1946 年 10 月 4 日的南海诸岛位置图首次画出了包括南海四组群岛在内的断续线，此线为八段。"八段线"有五个主要特征:①采用国界线的标绘方式;②断续而非连续;③包括了南海诸岛以及南海海域范围;④第一段位于西沙群岛与越南海岸之间;⑤确定了南海断续国界线的基本格局。

第二，核定南海诸岛名称。主要包括两部分内容:①将南海诸岛名称列表。内政部制作了"南海诸岛名称一览表"。②更名。内政部将原"南沙群岛"更名为"中沙群岛"，将原"团沙群岛"更名为"南沙群岛"，将"曾母滩"更名为"曾母暗沙"。

此举使南海四组群岛名称的基本格局得以形成。自此，包括中沙群岛和南沙群岛在内的南海四组群岛的名称一直沿用，未再变更。

2. 国民政府讨论审议

1947 年 4 月 14 日，国民政府内政部会同国防部、外交部、海军总司令部等有关部门，讨论《西南沙范围及主权之确定与公布案》，讨论结果包括:

①南海领土范围最南应至曾母滩，此项范围抗战前我国政府机关学校及书局出版物，均以此为准，并曾经内政部呈奉有案，仍照原案不变。

②西南沙群岛主权之公布，由内政部命名后，附具图说，呈请国民政府备案，仍由内政部通告全国周知，在公布前，并由海军总司令将各该群岛所属各岛，尽可能予以进驻。

③西南沙群岛渔汛瞬届，前往各群岛渔民由海军总司令部及广东省政府予以保护及运输通讯等便利。[①]

同日，国民政府内政部提交了第二幅南海断续线图：《南海诸岛位置略图》。该图有以下几个特征：①八段线改为十一段线；②北部湾内有一段与中越陆地边界相连，海南岛和越南海岸之间增加一段；③南部线段有长度的调整和段数的增加；④十一段线依然是断续的；⑤线内标上"中華民國"字样。"中"字标在广东所在位置的陆上，"華"字标在西沙群岛附近的海上，"民"字标在南沙群岛的北部海域，"國"字标在南沙群岛南部岛群中；⑥将南海各岛礁地名规范化，改为中国地名。

1947年8月7日，国民政府内政部提交了第三幅南海断续线图：《南海诸岛位置略图》。该图上的断续线仍为十一段，但有重大变化：①取消了第二幅图对"中華民國"四个字海陆交替的标绘方式；②将"中華民國"四字沿广东、广西两省陆地呈东北—西南走向标示；③附有全部标绘中国名称的《南海诸岛新旧名称对照表》。至此，十一段的南海断续线最终划定。

（四）公开发布标绘断续线的南海疆域图

国民政府审议批准内政部提交的第三幅南海断续线图后，1947年12月，内政部方域司编绘、国防部测量局代印了《南海诸岛位置图》，以国界线的标绘方式，在南海画出了十一段断续线。该线西起中越陆地边界的终点北仑河口，南至曾母暗沙，东至台湾东北，南海诸岛全部位于线内。线内还标注了东沙、西沙、中沙和南沙四组群岛的整体名称和曾母暗沙以及大部分岛礁的个体名称。

1948年2月，内政部公开发行《中华民国行政区域图》之《南海诸

---

① 韩振华.我国南海诸岛史料汇编[G].北京：东方出版社，1988：181-182.

岛位置图》，[①]该图由内政部方域司傅角今主编、王锡光等人编绘，商务印书馆印行。这是中国政府第一次在官方公开出版的地图上画出南海断续线。

国民政府出版发行的《南海诸岛位置图》有以下特征：①根据1947年内政部公布的新名称，将南海诸岛中重要的群岛、水下地形等重新命名。将"南沙群岛"改为"中沙群岛"，"团沙群岛"改为"南沙群岛"，"曾母滩"改为"曾母暗沙"。②与此前私人出版的南海图相比，南海诸岛外围国界线的划法有重大变化：西起北部湾中越陆地边界线终点，与陆地边界相连，在东经108°附近，沿着与越南海岸基本相同的走向斜向、断续标出；东起台湾岛南端与菲律宾群岛之间的巴士海峡，在东经121°至122°之间斜向吕宋岛、巴拉望群岛西南海域；最南端在北纬4°附近的曾母暗沙。

国民政府内政部发行《中华民国行政区域图》之《南海诸岛位置图》的当时及以后，未对此线的画法、各段线的坐标、线内海域的性质等作出解释或说明，至少尚未发现这样的解释或说明。但自此之后，南海断续线的画法逐渐趋向于统一，最南端标绘在北纬4°附近，将曾母暗沙标注为中国最南端的领土。私人出版的地图基本与官方地图一致，亦采用国界线的标绘方式，多将南海断续线的最南端标在北纬4°附近。

1948年6月，亚光舆地学社出版、大中国图书局发行了中国史地图表编纂社和金擎宇编纂的《中国分省新地图》（普及本）（增订三版）。该图由内政部审定，在第30页《海南岛及南海诸岛图》中，在南海海域标绘有连续的国界线，线内标绘有南海的四组群岛，曾母暗沙标在线内。该页的文字说明指出："海南岛汉初即入我国版图……（民国）三十六年

---

① 韩振华.我国南海诸岛史料汇编[G].北京：东方出版社，1988：363-364.

（1947年）八月国务会决议，暂准设为特别行政区，辖境包括海南岛本岛及南海中东沙、西沙、中沙、南沙诸群岛。……此等群岛，皆为我国渔民所发现，移居其间，俨如世外。自西人东渐，咸觊觎此弹丸之地，清廷乃及时收之版图，辖于两广总督治下；其后法日等国屡思染指，终以史实俱在，经我政府据理力争，遂亦不得不承认为我国之领土矣。"

1948年7月，申报馆发行的《中国分省新图》在第27页《广东》图中有《东沙岛》《西沙群岛、中沙群岛》和《南沙群岛》等三个附图。在《南沙群岛》附图上，南沙群岛周围用国界线标明，以示属中国领土。国界线最南端标在北纬4°左右。[①] 这类地图还有很多。

历史悠久的古老东方的"国际秩序"与《威斯特伐利亚和约》所建立的以主权平等的民族国家为主体的国际关系迥然不同。作为一个东方大国，中国一直在和平有效地开发、经营、管理、管辖南海，其范围涵盖了南海诸岛的岛礁和海域。历朝历代的中央政府，通过命名、列入版图、巡视海疆、开发经营和行使管辖权等方式，取得和巩固了对南海诸岛的主权。"近代前，中国在东亚从未遭遇任何民族或国家的挑战。"[②]周边国家"在文化上受中国的影响，在政治上以一种特殊的关系从属于中国"[③]。由此，中国形成、发展和延续了内涵丰富的历史性权利。

四、中比、中法争端司法解决的尝试

鸦片战争后，出于侵略和扩张的需要，西方列强将国际法有选择地适用于亚洲等地区。被西方列强排斥在"文明国家"之外的中国，被迫签

---

① 韩振华. 我国南海诸岛史料汇编：续编　第一册[G]. 厦门：厦门大学南洋研究所，1976：72-76.

② 莫翔. "天下—朝贡"体系及其世界秩序观[M]. 北京：中国社会科学出版社，2017：12.

③ 邓正来. 王铁崖文选[M]. 北京：中国政法大学出版社，2003：229.

订了一系列不平等条约。①清廷在"尚未完全了解国际法上的领海意义以前，即与英美法挪威等签订商约"，这些不平等条约"自始即侵夺了中国在领海主权方面的各项权利"。②《中外旧约章汇编》收录的从 1689 年到 1949 年新中国成立之前 260 年计 1182 件条约、协定、章程、合同等约章表明，外国军舰获得在中国内河的航行权、引水权和海关管辖权等多项主权性质的权利。旧约章中的涉海条款，无论在内容上还是在实质上，多是不平等的。

在 1919 年巴黎和会上，中国第一次提出废除、修改强加于中国的诸多不平等条约的强烈要求。但列强虚与委蛇，支吾敷衍。1926 年，清廷与比利时签订的《通商条约》和《通商章程：海关税则》届满 60 年。该条约第 46 条规定："日后比国若于现议论章程条款内有欲行变通之处，应俟自章程互换之日起至满十年为止，先期六个月备文知照中国如何酌量更改，方可再行筹议。"③显然，这是不平等的。

1926 年 4 月，北京政府外交部照会比利时驻华公使，通知比利时政府，中国政府决定终止旧条约，愿意举行谈判，在平等互利的基础上缔结新条约。比利时同意谈判缔结新约，但坚持两点：一是根据旧约，只有比利时一方有权要求修订条约。二是新约生效前旧约依然有效。④双方争执不下，久拖不决，始终没有结果。比利时表示，鉴于中比均已接受国际法庭的强制管辖，它准备将此案提交国际法庭，请求国际法庭解释

---

① 柳华文. 国际法研究导论[M]. 北京：中国社会科学出版社，2021：20-22.

② 黄刚. 中华民国的领海及其相关制度[M]. 台北：台湾商务印书馆，1973：46-47.

③ 王铁崖. 中外旧约章汇编：第一册[G]. 北京：生活·读书·新知三联书店，1957：230-241.

④ 唐启华. 被"废除不平等条约"遮蔽的北洋修约史（1912～1928）[M]. 北京：社会科学文献出版社，2010：367-406.

中比条约相关条款的含义。中国接到法庭通知后没有作答。[①] 比利时又表示将催促海牙国际法庭进行审理，意在威胁中国屈服。

时任外长顾维钧坚持以 6 个月为期谈判缔结新约，此间可以"临时协定"名义仍按旧约行事。半年届满则"临时协定"即告终止。[②] 中比往来交涉之间，在英法等国的怂恿支持下[③]，比利时向海牙常设国际法院提起诉讼。

关于是否到庭应诉，国内有两种截然相反的意见。其一认为，虽然于理中国应该出庭应诉，并可援引"情势变迁"规则与比方较量，但国际法院由列强把持，中国出庭必败无疑。[④] 其二认为，虽无胜算，但应遵守相关国际公约，出庭应诉，以在国际法院陈述中国要求废除不平等条约的原委和苦衷，争取国际支持。[⑤] 国际形势风云变幻之间，几番辗转之下，比利时撤诉，[⑥] 中比签订新约。中国历史上第一例国际官司没有真正开打，便草草收场。

20 世纪 30 至 40 年代，法国当局大肆侵占中国南海岛礁。1947 年 1 月 17 日上午，法国兵舰 F43 号进入西沙武德岛（今永兴岛）海域抛锚。中国驻岛守军前往查询，法军舰长称西沙属于法国领土，特奉命前来登陆，并运送中方人员离岛。中国驻岛人员据理驳斥，并作好守岛抵抗准备。外交部向法国提出抗议，法国大使称此乃安南法军当局所为，系属

---

① 顾维钧. 顾维钧回忆录：第一分册[M]. 社会科学院近代史研究所，译. 北京：中华书局，2013：338-343.

② 顾维钧. 顾维钧回忆录：第一分册[M]. 社会科学院近代史研究所，译. 北京：中华书局，2013：338-343.

③ 李育民. 中国废约史[M]. 北京：中华书局，2005：583-584，595-596.

④ 祝曙光. 法官外交家王宠惠[M]. 福州：福建教育出版社，2015：118-125.

⑤ 金光耀. 以公理争强权：顾维钧传[M]. 北京：社会科学文献出版社，2022：210.

⑥ 唐启华. 被"废除不平等条约"遮蔽的北洋修约史（1912～1928）[M]. 北京：社会科学文献出版社，2010：399.

舰长自行其是，并非法国政府的命令。法舰离开永兴岛之后，驶往50海里之外的帛托岛（民国时期也称培特尔岛，即今珊瑚岛），见无人驻守，就留下20人驻军。中方再次就法军占领帛托岛向法国外交部提出书面抗议，要求法军撤离。法国表示，希望中国政府提交仲裁，以便彻底解决。双方往返论辩，法方坚持中国承诺交付仲裁，中国则要求法国立即撤兵，再行商谈。中国驻法大使馆还专为中法西沙群岛交涉事宜向中国驻联合国办事处致函。[①] 国际形势变化极快，此事最后也不了了之。

清朝及民国时期，中国是不平等条约的受害者。随着西法东渐日深，中国开始被动地融入国际社会，继而成为海洋法的学习者和跟随者，并尝试利用国际法、海洋法，包括通过国际司法的手段维护国家主权和海洋权益。

五、签署遗泽后世的《斯匹次卑尔根群岛条约》

斯匹次卑尔根群岛（挪威称斯瓦尔巴群岛，以下简称斯岛）地区处于北极圈内，由斯匹次卑尔根岛、东北地岛、埃季岛、巴伦支岛等9个主岛和众多小岛组成。岛上有淡水和植物生长，陆地及周边海域有北极熊、驯鹿、麋鹿、北极狐、海象、海豹、鲸等珍稀动物。斯岛矿产资源丰富，主要有煤、石油、天然气、磷灰石、铁、石棉、石膏、硫黄、金、锌、铅、铜和大理石等多种矿产。[②] 在熊岛盆地和斯匹次卑尔根地区海底可能存在天然气水合物（可燃冰）。[③] 历史上，挪威、美国、英国、荷兰、瑞典等国都参与过斯岛矿产资源的开发活动。

---

① 中国第二历史档案馆. 中华民国史档案资料汇编：第五辑　第三编　外交[G]. 南京：江苏古籍出版社，2000：765-768.

② 周萍. 斯匹次卑尔根群岛与巴伦支海油气资源[J]. 国土资源情报，2005（4）：6-8.

③ 王平康，祝有海，赵越，等. 极地天然气水合物勘探开发现状及对中国的启示[J]. 极地研究，2014，26（4）：13.

1920 年 2 月 9 日，英国、美国、丹麦、挪威、瑞典、法国、意大利、荷兰及日本等 18 个国家在巴黎签订了《斯匹次卑尔根群岛条约》（以下简称《斯约》），其后，又有 33 个国家加入，现有缔约国 48 个。

1925 年，北洋政府（段祺瑞执政时期）派员远赴巴黎签署了《斯约》，使中国成为《斯约》的第 46 个缔约国。据官方资料记载，"我国经法国之邀请并承认荒岛主权本系国际间一种事实。如我国加入该条约，则侨民前往该岛经营各种事业即取得条约保障而享有均等权利"[①]。

北洋政府加入这一条约是作为一战战胜国获得的一种政治优待。一战爆发后，虽有是否参战的"府院之争"，但最终主战派获胜，中国派遣 17 万劳工前往法国、俄国。在战后的巴黎和会上，支持了获胜的协约国一方的中国得以废除德国、奥匈帝国的在华特权，成为国际联盟成员。1924 年，和法国关系友好的段祺瑞政府第三次上台执政，法国政府邀请中国签署《斯约》，遂有中国成为《斯约》缔约国之举。应该说，签署《斯约》是北洋政府的"善政"之一，使中国得享作为《斯约》缔约国的各项权利。彼时中国的加入更遗泽后人，为 70 多年后中国进行北极科学考察活动提供了国际法依据，使中国在北极事务中获得了更多的发言权。

1925 年生效的《斯约》在该岛建立起一种独特的法律制度：在承认挪威对斯匹次卑尔根群岛，包括熊岛拥有主权的同时，在该地区建立一种公平制度，以保证对该地区的开发与和平利用。具体而言：

1. 缔约国保证根据本条约的规定承认挪威对斯匹次卑尔根群岛和熊岛拥有充分和完全的主权，其中包括位于东经 10 度至 35 度之间、北纬 74 度至 81 度之间的所有岛屿，特别是斯匹次卑尔根群岛、东北地

---

① 张继民. 中国与北极密不可分[J]. 中国测绘，2004（5）: 40.

岛、巴伦支岛、埃季岛、希望岛和查理王岛以及所有附属的大小岛屿和暗礁。

2. 缔约国的船舶和国民应平等地享有在上述地域及其领水内捕鱼和狩猎的权利。

3. 缔约国国民，无论原因或目的，均应享有平等自由进出上述地域的水域、峡湾和港口的权利；在遵守当地法律和规章的情况下，他们可毫无阻碍、完全平等地在此类水域、峡湾和港口从事一切海洋、工业、矿业和商业活动。缔约国国民应在相同平等的条件下被允许在陆上和领水内开展和从事一切海洋、工业、矿业或商业活动，但不得以任何理由或出于任何计划而建立垄断。关于在上述地域的财产所有权，包括矿产权的获得、享有和行使方式，挪威保证赋予缔约国的所有国民完全平等并符合本条约规定的待遇。

4. 通过缔结公约，规定在上述地域开展科学调查活动的条件。

5. 挪威不在上述地域建立或允许建立任何海军基地，不在该地域建立任何防御工事。该地域绝不能用于军事目的。

如此，《斯约》为环北极八国之外的其他缔约国以斯岛为基地开展北极科考等活动提供了一定的法律依据。

康有为是有史可查的进入斯岛的第一个中国人。他曾记载了北极地区的奇景："夜半十一时，泊舟登山，十二时至顶，如日正午。顶有亭，饮三边酒，视日稍低如暮，旋即上升，实不夜也，光景奇绝。"[1]

新中国成立后，虽然继承了《斯约》缔约国的法律地位，但在相当长时期内未充分认识到《斯约》的重要性，也没有充分行使条约权利。尽管

---

[1] 张启祯，张启礽，康有为在海外·美洲辑: 补南海康先生年谱（1898—1913）[M]. 北京: 商务印书馆，2018: 125.

如此，作为缔约国，中国当然享有自由进出斯岛及其海域、进行科学考察研究、从事商业性捕鱼、开发油气资源等活动的权利。

20世纪90年代以来，作为近北极国家，中国开始北极科学考察活动。《斯约》为70多年后中国进行北极科学考察活动提供了国际法依据。1999年，中国行使历史条约赋予缔约国的权利，以"雪龙"号科考船为平台，进行了首次北极科学考察活动。

斯岛的新奥尔松是各国进行北极科学考察的聚集地，除中国外，还有挪威、法国、德国、英国、意大利、日本、韩国等国家在此建有科考站。这里已经形成了基于科学研究的永久居住区，一些旅游者也在此登岛旅游。

2004年，中国在新奥尔松建立了科学考察站——黄河站。截至2023年7月，中国进行了13次北极科学考察，逐步建立起海洋、冰雪、大气、生物、地质、极光等多学科观测体系，中国的北极活动已从最初的科学研究逐渐拓展到全球治理、区域合作等诸多方面，取得了丰硕的成果，在极地科学研究领域获得更大发言权。2013年，中国与冰岛在冰岛的阿库雷里市建立极光联合观测台，为中国、冰岛乃至全世界公众提供了地球空间科学的体验与普及平台。2018年，中冰联合极光观测台升级为中-冰北极科学考察站，在已有的极光观测研究的基础上，增加开展大气、海洋、冰川、地球物理、遥感和生物等学科的观（监）测研究，拓展了中国极地考察的范围和能力，标志着中国极地考察能力迈上新台阶。①

继1996年成为国际北极科学委员会成员国之后，中国又于2013年成为北极理事会正式观察员，这也是国际社会对中国"北极利益攸关者"

---

① 中-冰北极科学考察站正式运行[N]. 新华每日电讯. 2018-10-19（6）.

身份的认可。作为国际社会的重要成员，中国正在对北极国际规则的制定和北极治理发挥积极作用。北极事务与北极地区人民的福祉与全人类的生存与发展密切相关，[①]"冰上丝绸之路"的建设，将为地区互联互通带来更多机遇，在节能减排、保护环境方面发挥重要作用。

多年来，随着科技的发展和地缘政治的变化，北极地区的许多问题已超出北极地区的地理界线，成为包含生态环境、航道、安全等在内的全球性问题，需要国家间通力合作，国际社会共同应对。特别是北极地区日益严峻的气候变化问题，更要求国际社会加强合作，迅速反应。作为北半球的农业国，中国是受北极环境变化和全球气候变化影响最大的国家之一。2018年1月，国务院新闻办公室发表了《中国的北极政策》，指出推动北极科学考察和研究、保护北极生态系统以应对气候变化、合理利用北极资源、参与北极治理和国际合作、促进和维护北极和平与稳定，是中国参与北极事务的重点领域和发展方向。《中国的北极政策》不仅向国际社会展示了中国积极参与北极事务的负责任大国形象，也表明中国致力于与国际社会一道共同维护和促进北极可持续发展，做北极事务的积极参与者、建设者和贡献者。

《斯约》赋予缔约国的权利是比较宽泛的，但迄今为止，我们在斯岛所从事的活动，主要是科学考察，也有部分旅游活动，对于很多《斯约》上的重要权利，如在斯岛陆地及领海的捕鱼权、狩猎权、矿产开发权、航行权、通讯权等，还未充分行使。作为《斯约》和1982年《联合国海洋法公约》（以下简称《公约》）的缔约国，充分协调、顾及两条约、相关协定、规则乃至本地区的各种"软法"之间的关系，维护和充分行使《斯约》赋予缔约国的各项权利，也是十分重要的。

---

① 陈明辉.建设"冰上丝绸之路"参与北极合作发展[J].太平洋学报，2019（12）: F0003.

六、其他海洋立法

1931 年 6 月颁布的《中华民国领海范围为三海里令》，对于建立中华民国的领海制度而言具有重要意义。此前后，国民政府还制定颁布了渔业、海岸巡防、外国军舰进入领海和港口、缉盗、海道测量等相关海洋法规。主要包括：

1912 年 11 月 24 日《海军部处务细则》，[①] 1913 年 11 月 24 日《海军港务局条例》，[②] 1914 年 4 月 28 日《公海渔业奖励条例》和《渔轮护洋缉盗奖励条例》，1914 年 8 月 6 日《局外中立条规》，[③] 1914 年 8 月 24 日《军舰当值规则》，1914 年 11 月 24 日《海军军港司令处条例》；1916 年 10 月 23 日《海军舰艇警备规程》，1917 年 10 月 30 日《海上捕获条例》及《捕获审检厅条例》，1917 年 12 月 12 日《海军官署保管拿捕物件规则》，1918 年 10 月 9 日《各地方调用军舰条例》，1918 年 12 月 7 日《海军无线电台通信细则》，1929 年 11 月 1 日《海军部海道测量局暂行条例》；[④] 1929 年 11 月《渔业法》；[⑤] 1930 年 5 月 8 日《海岸巡防处暂行条例》，1930 年 10 月 1 日《海军要港司令部暂行条例》，1932 年 8 月 2 日《海军舰艇警备规程》，1933 年 10 月 24 日《海军闽口要塞总台部暂行组织条例》，《海军厦口要塞总台部暂行组织条例》；1934 年 1 月 6 日《缉盗护航章

① 中国第二历史档案馆. 中华民国史档案资料汇编：第三辑　军事 [G]. 南京：江苏古籍出版社，1991：1153-1167.

② 杨志本. 中华民国海军史料 [M]. 北京：海洋出版社，1987：233-234.

③ 朱寿朋. 光绪朝东华录：第五册 [M]. 中华书局，1958：159-161.

④ 杨志本. 中华民国海军史料 [M]. 北京：海洋出版社，1987：282，241，283-284，245，251，256，284-285，285-289，256-258.

⑤ 刘利民. 简论民国时期的领海制度建设问题——以领海划界问题为中心 [J]. 贵州师范大学学报（社会科学版），2008（1）：22.

程》;[1]1946 年 11 月公布、1948 年 1 月修订的《外国军舰驶入我国领海及
港口暂行办法》;等等。[2]

这些立法虽然没有明白规定领海界线,但毕竟对领海制度的基本内
容作出了某些规定。

---

[1] 杨志本.中华民国海军史料[M].北京:海洋出版社,1987:258-260,261-263,303-304,264,265,304-306.

[2] 刘利民.简论民国时期的领海制度建设问题——以领海划界问题为中心[J].贵州师范大学学报(社会科学版),2008(1):22.

02

第二章

中国的海洋法律制度

海洋对于人类社会生存和发展具有重要意义。海洋独特的价值培育了非凡的中华海洋文明，丰富的海洋资源支撑了中华民族的繁衍和发展，合理开发和利用海洋是世界强国发展的必由之路。

海洋法律体系是中国特色社会主义法律体系的重要组成部分。新中国成立以来，海洋立法立足中国国情，吸收和借鉴有益经验、国际规范和国际惯例，海洋法律体系逐步建立、健全和完善，在维护国家海洋权益和安全、规范海洋开发行为、发展蓝色经济、保护海洋环境、建设海洋生态文明和海洋强国以及构建海洋命运共同体中，发挥了重要的保障作用。

第一节　新中国海洋法制的初创

新中国成立之初，周边海洋安全形势复杂，海洋法律制度建设的主要任务是维护国家主权和海防安全、保障港口和近岸水域秩序。中国先后颁布了关于关税、海关、航运、海港、禁航区、禁渔区、商船通过特定海域的水道、外国籍船舶进出港管理等的政策、指示、规定和管理办法。例如，1950 年 1 月，中央人民政府通过《关于关税政策和海关工作的决定》。1951 年 4 月，中央人民政府公布《中华人民共和国暂行海关法》和海关进出口税则及实施条例，同时实行对外贸易国家管制制度，完全恢复和真正实现了中国的海关主权和自主管理。

一、1958 年《领海声明》

1958 年 9 月 4 日，中华人民共和国全国人民代表大会常务委员会第一〇〇次会议批准《中华人民共和国政府关于领海的声明》(以下简称 1958 年《领海声明》)，[①] 这是新中国维护国家主权、海洋安全的标志性法律。

---

① 国家海洋局政策法规和规划司. 中华人民共和国海洋法规选编[M]. 4版. 北京: 海洋出版社, 2012: 3.

1958年《领海声明》宣布中国的领海宽度为12海里，此项规定适用于中华人民共和国的一切领土，包括中国大陆及其沿海岛屿、台湾及其周围各岛、澎湖列岛、东沙群岛、西沙群岛、中沙群岛、南沙群岛以及其他属于中国的岛屿。1958年《领海声明》确定，中国的领海基线采用直线基线法，中国大陆及其沿海岛屿的领海以连接大陆岸上和沿海岸外缘岛屿上各基点之间的各直线为基线，在基线以内水域（包括渤海湾、琼州海峡）是中国的内海，在基线以内的岛屿（包括东引岛、高登岛、马祖列岛、白犬列岛、乌岵岛、大小金门岛、大担岛、二担岛、东碇岛）是中国的内海岛屿。未经中国政府许可，一切外国飞机和军用船舶不得进入中国的领海和领海上空。任何外国船舶在中国领海航行，必须遵守中华人民共和国政府的有关法令。

"新中国在第一次联合国海洋法会议框架之外所作出的上述《领海声明》"，为中国以陆地领土为基础，把主权向海洋延伸和扩展奠定了坚实的基础，"对于发展中国家起着巨大的鼓舞作用"。[1] 1958年9月14日，越南总理范文同照会中国国务院总理周恩来，表示越南政府"承认和赞同"中国的《领海声明》，并"尊重这项决定"。[2]

1958年《领海声明》建立了中国最基本的领海制度，宣布了12海里的领海宽度，确定了采用直线基线法划定领海基线。但是，没有公布领海基点、基线，也就无从明确领海的具体范围。此后相当长时间里，依然未能公布领海基点，也没有制定相关国内法，未对国家在领海内的权利及其行使予以完整、全面的具体化。1958年《领海声明》也没有同时宣布毗连区，而毗连区对于保卫海洋安全和维护海洋权益是十分重要的。

---

① 倪征燠.淡泊从容莅海牙[M].北京：法律出版社，1999：154.
② "981"钻井平台作业：越南的挑衅和中国的立场[N].沈阳日报，2014-06-09（A04）.

尽管受制于很多条件而在彼时恐力有不逮，但对于新中国的海洋法制建设而言，这不得不说是个缺憾。

虽然 1958 年《领海声明》只是经过全国人民代表大会常务委员会批准的政府声明，但它在本质上却是新中国向海图存，用国内法维护国家岛礁主权和海洋权益的重要实践。1958 年《领海声明》不但在当时对保卫国家领海安全、维护海洋权益、发展海上交通等发挥了积极的作用，而且在此后的几十年间还发挥着领海法的作用。1958 年《领海声明》所确立的领海制度、基本原则等内容，在 1992 年《中华人民共和国领海及毗连区法》、1996 年《中华人民共和国政府关于中华人民共和国领海基线的声明》以及其他海洋立法中得到继承、补充、发展和完善。1958 年《领海声明》是新中国海洋法治建设的重要基石之一。

二、继承与发展南海断续线

新中国成立以后，在公开出版的地图上继续标绘南海断续线，并根据管理南海的实际予以调整和发展。"1954 年，新华地图社发行《中华人民共和国行政区划图》，取消了海南岛同越南海岸间的 2 段断续线，并在台湾和琉球群岛之间增加 1 段断续线。"[①]这次调整奠定了断续线在南海九段、台湾岛东侧 1 段的基本格局。此后，中国官方出版的地图都标绘有断续线。2001 年，国家测绘局编制的《中国国界线画法标准样图》，是中国政府对南海"断续国界线"图示的法定表示，表明中国政府对南海断续线在地图上的标绘方式予以标准化。2009 年，在反制"越南划界案"和"越马联合划界案"中，南海断续线以照会附图的方式提交联合国，使我国占据主动。

---

① 刘志青. 南海问题的历史与现状[J]. 党史博览，2010（11）: 5.

南海断续线集中体现了中国在南海的主权和相关权利主张，包括但不限于：对南海诸岛及其附近海域的主权，对这些岛礁周边海域、资源、海床和底土的主权权利和管辖权，以及包括捕鱼、航行等活动在内的历史性权利。中国在南海的主权权利及相关主张是在长期的历史过程中形成和发展起来的，一直为中国政府所坚持，符合包括《公约》在内的国际法。1974 年 2 月，英国外交部的法律顾问丹萨在重新审视了有关南沙群岛主权的各种主张后，得出"中国的主张最为有力"的结论。他在给英国政府的报告中指出，我们没有理由反对中国旨在行使对南沙群岛主权的任何主张或行动。如果菲律宾、越南、法国、英国和中国都在南沙群岛这个赛场的话，最后"只有中国慢慢地跑过了终点"。[1] 只有中国对南沙群岛主权的国际法依据最充分、最有力。

三、周边海域的航行制度

中国位于亚洲大陆的东部，太平洋的西岸，既是大陆国家，也是海洋国家。中国幅员辽阔，陆地国土有 960 多万平方千米，南北长约 5500 千米，东西宽达 5200 千米，陆地边界长达 2 万多千米。中国大陆东、东南面为海洋所环抱，濒临渤海、黄海、东海和南海，大陆海岸线绵亘南北，北起中朝边界的鸭绿江口，南至中越边界的北仑河口，全长约 18000 千米。中国有 11000 余个海岛，海岛总面积约占陆地面积的 0.8%。[2] 基于以上地形特征，根据《公约》和中国国内法的有关规定，中国可主张的管辖海域面积约 300 万平方千米，相当于陆地国土的三分之一，是中华民族可持续发展和实现伟大复兴的宝贵而有限的资源宝库和

---

① 据 Department Series, Research Department, D. S. No.5/75, 英国国家档案馆，编号：DS(L)530。

② 自然资源部. 2017 年海岛统计调查公报 [R]. 2018.

战略空间。中国大洋矿产资源研究开发协会、中国五矿集团公司和北京先驱高技术开发有限责任公司，先后与国际海底管理局签订了多金属结核、富钴结壳和多金属硫化物三种资源的五个具有专属勘探权和优先开发权的矿区合同。合同区位于西太平洋和印度洋的国际海底区域，中国对合同区内的三种矿产资源的勘探和开发具有专属和优先权利。迄今为止，矿区总面积约为 22.6 万平方千米。根据《公约》和国际海底区域资源勘探开发的有关规章，未来还需要放弃一部分富钴结壳的矿区面积。最终，中国具有专属权利的矿区面积将是 22.5292 万平方千米。

此外，中国还给国际海底管理局贡献了两块保留区，为人类共同继承财产原则作出贡献，以实际行动践行人类命运共同体和海洋命运共同体理念。

中国有 960 多万平方千米的陆地国土，但三分之二属于西部大高原区域，生态环境脆弱，有效国土面积较小。中国濒临西北太平洋，海岸线漫长，海岛众多，海洋自然条件优越、资源丰富，[①]但海洋地理条件先天不利，可主张的管辖海域面积与一些海洋大国相比，差距比较悬殊。中国经济的可持续发展需要"以海补陆""以海撑陆"，建设海洋强国。中国"大进大出、两头在海"的外向型海洋经济格局，高度依赖海上战略通道。

（一）中国周边的海洋和重要的海峡水道

中国是亚洲大陆上陆海兼备的大国，东面和东南面向洋的地理特征决定了中国走向海洋、开发利用深远海资源、发展海洋交通运输和保卫海洋安全等，都需要穿过周边的海峡水道。中国周边的海洋具有闭海或

---

① 国家海洋局. 国家海洋事业发展"十二五"规划[R]. 2013.

半闭海的特征，海峡和水道较多，主要包括日本海诸海峡、鄂霍次克海诸海峡、白令海峡，朝鲜海峡、台湾海峡、菲律宾诸海峡、马六甲海峡、巽他海峡等。①

1. 日本海、鄂霍次克海和白令海

日本海位于东经 127° 20′～142° 15′和北纬 34° 26′～51° 41′，是西北太平洋的半封闭边缘海，呈东北—西南走向，被萨哈林岛（库页岛）、日本列岛、朝鲜半岛和西伯利亚东部所围绕。日本海的面积约 100 万平方千米，东西最大宽度为 855 千米，平均水深 1350 米，由北向南有诸多海峡与鄂霍次克海、西北太平洋和东海相连，主要有鞑靼海峡、宗谷海峡、津轻海峡、关门海峡和朝鲜海峡（包括釜山海峡和对马海峡）。

日本海是东北亚重要的地缘政治枢纽地区，是东北亚国家进出北太平洋和北冰洋的重要海域。日本海与中国的东北地区紧密相连，对中国国家安全具有重大影响。

鄂霍次克海是太平洋西北部的边缘海，位于千岛群岛、北海道岛、萨哈林岛（库页岛）与亚洲大陆之间，属半封闭海。它经鞑靼海峡和宗谷海峡与日本海相通，以千岛群岛诸海峡与太平洋相连。南北长 2445 千米，东西最宽处 1407 千米，面积 160.3 万平方千米，平均水深约 820 米。这是俄罗斯太平洋舰队东出太平洋的重要通道。

白令海是太平洋最北部的边缘海，位于亚洲东北部、北美洲大陆和阿留申群岛之间。西为俄罗斯西伯利亚和堪察加半岛，东为美国阿拉斯加，北以白令海峡同北冰洋楚科奇海相通，南以阿拉斯加半岛、阿留申群岛和科曼多尔群岛与太平洋为界，地处太平洋与北冰洋交通要冲。

---

① 以下关于诸海和海峡的内容，除特别注明外，皆参考和引自中国海军百科全书编审委员会《中国海军百科全书》，海潮出版社，1998 年。

白令海峡是亚洲和北美洲的洲界线、俄罗斯和美国的国界线，是亚洲大陆东北端和北美大陆西北端之间沟通太平洋和北冰洋的唯一通道。海峡南北长96千米，宽85～198千米，最窄处在俄罗斯楚科奇半岛的杰日尼奥夫角和美国苏厄德半岛的威尔士王子角之间。海峡水深30～50米。海峡中间的克拉特马诺夫岛和小代奥米德岛分属俄美两国，两岛相距只有4千米，因国际日期变更线在其间通过，两岛日期相差1天。

白令海峡是从大西洋经北冰洋到太平洋的必经之地，地处俄罗斯北极地区和远东的海上航线交通要冲。俄罗斯和美国都在沿岸建有监听站和警戒雷达，此处是战时必争之地。

2. 渤海和黄海

渤海是中国大陆东部近于封闭的浅海，位于中国海区最北部，周围濒依辽宁、河北、山东和天津海岸，仅东部以渤海海峡与黄海相连通，并以辽东半岛西南端老铁山西角至山东半岛北端蓬莱角连线与黄海分界。渤海东北至西南纵长约480千米，东西向最宽约300千米，面积约7.72万平方千米，是中国四大海区中最小的海区。

辽东湾位于海区北部，以辽宁省西部六股河口至辽东半岛长兴岛西角连线为其南界，最大水深30余米。渤海湾是向西凹入的弧形浅水海湾，以滦河口至黄河连线为其东界，水深一般小于20米。莱州湾位于南部，以黄河口至龙口屺𡸁角一线为其北界，大部水深10～15米。

渤海是中国北方海疆战略防御要区之一，为京津屏障和黄海后方，对护卫京津、华北地区的安全和支援黄海战区有重要意义。

渤海是中国的内海，适用中国的国内法。关于航道老铁山水道的航行制度详见下节。

黄海是中国大陆与朝鲜半岛间的半封闭边缘海，北接辽东半岛，西北以辽东半岛老铁山西角至山东半岛蓬莱角连线为界与渤海相连，西依山东半岛、苏北平原，东濒朝鲜半岛，并以半岛西南端间屿与济州岛西端连线为界，连朝鲜海峡，南以长江口北角至韩国济州岛西南端连线为界与东海毗连。南北长 800 余千米，东西最宽约 650 千米，面积约 38 万平方千米。黄海的西北是"京津门户"渤海海峡，因而此处为海上进入渤海的必经海域，东边经朝鲜海峡可通日本海，为太平洋西北部具有战略意义的海区。

黄海以山东半岛成山角与朝鲜龙渊半岛长山串连线为界，分称北黄海和南黄海。中朝、中韩尚未完成海洋划界。近海和海域，各国依照各国内法和海洋法航行。

3. 东海

东海是太平洋边缘海，位于中国大陆东部，东北至西南长约 1300 千米，东西宽约 740 千米，平均水深约为 370 米，最大水深为 2719 米，面积约 77 万平方千米。北以长江口北角与韩国济州岛西南端连线为界，连接黄海；东北以济州岛南端府南串与日本福江岛大濑埼连线，以及福江岛南端至九州岛野母崎连线与朝鲜海峡为界；南以中国福建、广东陆地交界处至台湾岛南端猫鼻头连线为界与南海毗连；西依上海、浙江、福建海岸；东南由日本九州岛、琉球群岛、中国台湾岛环绕与太平洋分隔。

东海位居中国海区中部，扼太平洋西部边缘海南北航路要冲，是中国苏、沪、浙、闽诸省的门户，近海交通的走廊，也是东北亚与东南亚海上联系的纽带，战略地位重要。

东海虽为半闭海，但贯通相邻海区和太平洋的海峡、水道众多：向东北可经由朝鲜海峡进出日本海，向西南可经台湾海峡连通南海，是沟通东北亚与东南亚的海上交通，东部有大隅海峡、吐噶喇海峡、宫古海峡诸水道出入太平洋。东海海上航线纵横交织，是我国发展海洋经济、建设海洋强国的重要空间，也是建设 21 世纪海上丝绸之路、经略两洋、拓展海权的战略基地。

4. 台湾海峡和澎湖水道

台湾海峡位于中国的福建、广东与台湾岛之间，总面积约 8 万平方千米，[①] 是东海及其北部邻海与南海、印度洋之间的交通要道，具有重要的战略地位。台湾海峡北界为台湾岛北端富贵角与海坛岛北端痒角（一说为黄岐半岛菱咀）连线，南界为台湾岛南端猫鼻头与福建、广东两省海岸交界处（一说为鹅銮鼻与南澳岛南端）连线。台湾海峡呈北东—南西走向，长约 370 千米。北窄南宽，北口宽约 200 千米，南口宽约 410 千米，最窄处在台湾岛白沙岬与福建海坛岛之间，约 130 千米。海峡大部水深小于 80 米，平均水深约 60 米，最深处在南部的澎湖水道。

位于澎湖列岛与台湾岛之间的澎湖水道，是台湾海峡的组成部分，呈南北走向，长约 65 千米。北口宽约 60 千米，南口宽约 40 千米，最窄处位于水道中部，宽约 30 千米。澎湖水道的水深由北部的 70 米向南逐渐加大至 160 米，再往南水深超过 1000 米，为海峡最深处，连通南海海盆。澎湖水道为台湾岛西岸南北之间和台澎之间联系的必经通道。另一峡谷为八罩水道，东西走向，宽约 10 千米，水深 70 余米，将澎湖列岛分为南北两群，为通过澎湖列岛的常用通道。

澎湖水道是澎湖列岛与台湾岛之间联系的纽带，是台湾岛西侧南北交通的近岸航道，在军事上具有重要地位。

根据《公约》和中国相关法律法规，自大陆和台湾岛的领海基线向海

---

① 总参谋部测绘局. 世界地图集[M]. 北京: 星球地图出版社，2006: 44.

峡中间，依次为中国的内水、领海、毗连区和专属经济区。台湾海峡里没有公海。中国对台湾海峡的相关水域享有领海主权、毗连区管制权、专属经济区的主权权利和管辖权。此外，还有对大陆架的主权权利、管辖权和在大陆架上进行钻探的专属权利。当然，其他国家在台湾海峡相关海域的合法权利也应得到尊重。

选划、公布领海基点是国家主权范围内的事。中国还没有公布台湾及其附属岛屿的领海基点，有待未来选划公布。

5. 南海

南海位于亚洲大陆与马来群岛之间，北依中国大陆，西靠中南半岛和马来半岛，南连加里曼丹等岛，东邻菲律宾群岛。南北长3000余千米，东西宽约1700千米，面积约350万平方千米。南海被大陆、半岛和岛屿所包围，看似封闭，实则通过许多海峡与世界海洋相连，是沟通太平洋、印度洋的交通要道。东北经台湾海峡与东海相通，西南经马六甲海峡、南经爪哇海达印度洋，东出苏禄海和巴士海峡、巴林塘海峡、巴布延海峡通太平洋。南海是中国、日本、韩国等东北亚国家与东南亚、南亚、西亚、非洲、欧洲以及太平洋中各国海上航行的主要通道，是国际贸易和海上运输的生命线。

南海东北部通过巴士海峡联系菲律宾海和太平洋。巴士海峡位于中国的台湾岛南端与菲律宾的吕宋岛之间，南北宽约370千米，水深2000～5126米。海峡中的巴坦群岛和巴布延群岛，把海峡分割成巴士海峡、巴林塘海峡和巴布延海峡。这些海峡位于西太平洋的重要国际航道上，是东南亚与东北亚的往来要道，也是东南亚国家往来于夏威夷和美国、加拿大西海岸的通道。[1]

---

[1] 郭琨. 海洋手册[M]. 北京: 海洋出版社, 1984: 17.

南海西南侧的马六甲海峡联系印度洋，是通往欧洲、非洲的主要通道。马六甲海峡位于亚洲东南部马来半岛和苏门答腊岛之间，呈西北—东南走向，全长 1080 千米，宽 37～370 千米，水深 25～113 米。[①] 马六甲海峡是沟通南海、太平洋和印度洋的咽喉要道，是世界上最繁忙的航道之一，战略地位非常重要。马六甲海峡的两岸分属马来西亚、印度尼西亚和新加坡。1960 年和 1969 年，印度尼西亚与马来西亚先后宣布将领海宽度扩大到 12 海里后，马六甲海峡实际上已经成为有关国家的领海海峡。1971 年马来西亚、新加坡和印度尼西亚三国发表联合声明，宣布马六甲海峡不是国际海峡，声明承认各国船舶享有无害通过权，但飞机飞越时需经批准，军舰通过时应事先通知。1977 年 3 月，三国又签署了《关于马六甲海峡、新加坡海峡安全航行的三国协议》，重申了上述原则。

新加坡海峡位于马来半岛南端，连接南海和马六甲海峡，与马六甲海峡同为国际重要通航海峡之一，舰船从南海进出马六甲海峡多经此航道。西经马六甲海峡通安达曼海，是太平洋与印度洋之间的海上交通要冲，战略地位十分重要。海峡呈东—西走向，长约 111 千米，东口宽 37 千米，西口宽 18 千米，最窄处宽约 4.6 千米。通航水道大部宽 13.5 千米，最窄处约 2 千米，水深 22～151 米，平均水深约 25 米。

巽他海峡位于印度尼西亚爪哇岛和苏门答腊岛之间，是沟通南海与印度洋的重要通道之一。长约 150 千米，宽 22～100 千米，水深约为 55 米，海峡内有许多岩礁和岛屿。[②] 望加锡海峡位于加里曼丹岛和苏拉威西岛之间，北通西里伯斯海，南连爪哇海和弗洛勒斯海，全长约 800 千米，

---

① 总参谋部测绘局.世界地图集[M].北京：星球地图出版社，2006：44.
② 郭琨.海洋手册[M].北京：海洋出版社，1984：18.

平均宽约 250 千米。

南海周边的重要海峡还有东南方向的民都络海峡、巴拉巴克海峡和南部的卡里马塔海峡，分别与苏禄海和爪哇海相通，是联系亚洲和大洋洲等地的重要通道。

两千多年来，南海一直是中国人民与东南亚、南亚、西非乃至欧洲以及美洲各国友好往来和通商的必经之海。从汉朝海上丝绸之路，至明朝郑和七下西洋，以及通过马尼拉至美洲，它逐渐成为东、西两半球航海之要冲。近五百年来，众多著名的国际航线在这里交织。周边国家和地区经济发展迅速，成为亚太重要的政治经济区域。

南海军事地位重要，是沟通太平洋、印度洋和联结亚洲、大洋洲的海上要道，有"远东十字路口"之称。20 世纪 90 年代，美国海军部曾公布对美国全球战略至关重要的 16 个海上咽喉，其中 5 个位于亚洲，包括南海地区的马六甲海峡、巽他海峡和望加锡海峡。

（二）海峡水道航行管理制度

1. 老铁山水道

渤海海峡位于辽东半岛和山东半岛之间，介于黄海与渤海毗连处，为两海之间的唯一通道。南北宽约 106 千米，水深 15～86 米。渤海海峡北深南浅，南北纵列着庙岛群岛，把海峡分割成老铁山、长山、登州等 11 条水道。其中，老铁山水道、长山水道、登州水道准予商船、渔轮通行，其他水道为禁航区。老铁山水道位于海峡北部，介于老铁山角和北隍城岛之间，宽约 42 千米，约占整个海峡的五分之二，水深大部 40～60 米，为海峡最宽最深的水道，是黄海海水进入渤海的主要通路，素有"渤海咽喉""京津门户"之称，为中国北方海防战略要地。

1956 年，交通部发布《关于商船通过老铁山水道的规定》，首先以老铁山灯塔和北隍城岛灯桩为圆心划了两个禁区，两禁区的中间航道才准许商船通行。拟通过老铁山水道航行的商船，必须提前至少 8 小时或在离开出发港后用电报向大连港务局报告船名、国籍、呼号、出发港、目的港、时速、预计通过时间等事项。通过老铁山水道的商船必须按照国际海上避碰规则燃点灯号。该规定还明确了禁止船舶通行的区域，违者后果自负。①

2006 年，交通部发布了《老铁山水道船舶定线制》和《老铁山水道船舶报告制》，要求在老铁山水道航行的船舶严格遵守这两项制度，并服从当地海事管理机构的监管。《老铁山水道船舶定线制》明确了"分隔带""通航分道"和"警戒区"。船舶使用老铁山水道定线制，应遵守《1972 年国际海上避碰规则》第二章第十条的规定；应在 VHF10、VHF16 频道收听，并遵守《中华人民共和国大连海事局船舶交通管理系统安全监督管理规定》；不应穿越通航分道，如需穿越，必须提前向大连船舶交管中心报告；船舶在警戒区内及进出警戒区域，应特别谨慎航行，并运用良好的船艺。

2010 年 7 月 2 日，为加强老铁山水道船舶交通管理，维护水上交通秩序，保障船舶航行和人命财产安全，防止海洋污染，避免事故发生，根据《中华人民共和国海上交通安全法》等有关法律、法规、规章及国际公约，辽宁省海事局制定印发了《老铁山水道船舶安全航行特别管理规定（试行）》。

《老铁山水道船舶安全航行特别管理规定（试行）》所称的老铁山水道是指《老铁山水道船舶定线制》规定的分隔带、通航分道及警戒区所组

---

① 国家海洋局政策法规和规划司. 中华人民共和国海洋法规选编[M]. 4 版. 北京: 海洋出版社, 2012: 146-147.

成的水域。该规定适用于除军事船舶外所有在老铁山水道航行和作业的船舶。该规定要求船舶在驶进老铁山水道前，应对所有助航仪器进行检查，确保工作正常。船舶不得锚泊，如遇紧急情况必须立即报告主管机关。此外，还对船舶吃水、船舶航向、航速、避让及避让手段和措施、能见度等作出比较详细的规定，要求船长应在驾驶台指挥，并另有不少于一名的值班船员，以确保连续正规的瞭望。

2. 琼州海峡

琼州海峡位于中国大陆的雷州半岛和海南岛之间，东接南海，西邻北部湾，长 100 余千米，宽约 19～40 千米，最深处约为 100 米。琼州海峡地理位置十分重要，西连西部陆海新通道，东接 21 世纪海上丝绸之路。琼州海峡是我国第三大海峡，是连接海南岛与内陆的咽喉要道，是全国水上交通的重点水域，也是一条重要的国际航运通道，对于中国的经济和国防安全具有极为重要的意义。历史上，琼州海峡一直作为中国领土不可分割的组成部分处于中国的主权管辖之下，这种管辖权从未受到异议。新中国成立后，琼州海峡一直被当作内海海峡管理。

1279 年（元至元十六年），元世祖忽必烈敕派郭守敬进行"四海测影"。郭守敬所进行的"四海测影"是政府行为。据《元史》卷四十八记载，"四海测影之所，凡二十有七，……南逾朱崖，北尽铁勒"。作为明朝主管天文历法的官员，郭守敬的测点往南越过"朱崖"（即海南岛），"抵南海"，测得"南海，北极出地一十五度"。这个测点在今西沙群岛的位置上，在地理方位上把琼州海峡包括在内。

就海境而言，北纬 17.3°以北，包括北部湾和琼州海峡在内，都属于中国的"内洋"，而北纬 17.3°以南的交趾洋方为外洋。就地理位置而言，琼州海峡是位于中国大陆和海南岛之间的狭窄水道，宽度不超过 24 海里，两岸完全属于中国领土，是中国的领峡，属于中国的内水。任何国家在琼州海峡都没有无害通过权或过境通行权。

（1）琼州海峡的法律地位

1964 年 6 月 8 日公布施行的《外国籍非军用船舶通过琼州海峡管理规则》，明确了琼州海峡管理处对琼州海峡管理的区域范围：木栏头灯桩（约北纬 20° 09′ 37″、东经 110° 41′）与生狗吼沙灯桩（约北纬 20° 26′、东经 110° 30′ 22″）联线以西，尾角灯桩（约北纬 20° 13′ 30″、东经 109° 55′ 30″）与临高角灯桩（约北纬 20° 00′ 22″、东经 109° 42′ 06″）联线以东的水域。

1958 年《领海声明》将琼州海峡作为领海基线以内的水域，宣布为中国的内海。1996 年《中华人民共和国政府关于中华人民共和国领海基线的声明》将琼州海峡包围在领海基线以内。因此，琼州海峡具有内水的法律地位。

琼州海峡不是、也不曾是领海海峡。《公约》第 7 条规定了直线基线的划定原则和方法，第 8 条第 2 款则规定："如果按照第 7 条所规定的方法确定直线基线的效果使原来并未认为是内水的区域被包围在内成为内水，则在此种水域内应有本公约所规定的无害通过权。"琼州海峡一直是中国的内水，处于中国的主权之下，并不是因为中国在此海域确定直线基线而成为内水。因而，任何国家在琼州海峡都不能享有上述无害通过权。并且，《公约》第 8 条第 1 款确定"领海基线向陆一面的水域构成国家内水的一部分"。这进一步充实了琼州海峡内水地位的法理依据。

1958 年《领海及毗连区公约》第 5 条第 2 款也作了相同的规定。

琼州海峡不是、也不曾是公海的一部分。琼州海峡所处的地理位置使其不构成国际海上交通要道或唯一通道。此外，在琼州海峡的外侧还有在航行和水文特征方面同样方便的航道。因此，琼州海峡在任何意义上都不构成用于国际航行的海峡。《公约》第三部分关于用于国际航行海峡的过境通行制度在此亦不适用。任何国家在琼州海峡都没有过境通行权。

（2）琼州海峡的通行制度

《外国籍非军用船舶通过琼州海峡管理规则》将琼州海峡确定为中国的内海，一切外国籍军用船舶都不得通过。但为了照顾邻近国家通航的便利，中国允许外国非军用船舶在一定的条件和管制下通过琼州海峡。外国籍非军用船舶如需通过琼州海峡，必须按本规则的规定申请批准。获得批准的外国籍非军用船舶进出琼州海峡时一律走中水道，并应在规定的航区范围内航行，在通过琼州海峡时不得使用雷达，不得进行照像、测量以及其他违反中华人民共和国法令的行为。这种通过制度是内水的通过制度。

2022年2月10日，中华人民共和国海事局颁布了新修订的《琼州海峡船舶定线制》和《琼州海峡船舶报告制》的公告（以下简称"两制"），自2022年4月1日起正式实施。"定线制"相当于海上的"高速路"，把海上不同航向的船舶进行物理分隔，便于船舶会遇，防止船舶发生碰撞，提高通行效率。"报告制"就是规范船舶报告事项，船舶在进入定线区之前，向海口船舶交通管理中心报告，便于主管机关动态掌握船舶的航行状况，及时与船方沟通，预防碰撞。

新修订的"两制"考虑了国际公约与国内法律法规的有效衔接，进一步减少船舶交叉会遇的局面，降低了船舶发生事故的风险；同时，进一步细化了船舶航行规则，有效规范了船舶航行行为，优化了船舶航行秩序。新修订的"两制"缩短了航程和航行时间，节约了运输成本，降低了航行船舶的二氧化碳排放，有助于促进海南自由贸易港国家生态文明试验区的建设。

此外，中国政府还陆续制定了进出口船舶联合检查、国境卫生检疫、防止沿海水域污染、海港引航等方面的规定和制度。

3. 俄、日、韩、朝四国的领海和航行制度

日本海周边国家有俄罗斯、朝鲜、韩国和日本。如果中国船只进入日本海、在日本海航行，以及穿过日韩之间的海峡、日本的海峡和水道北上或南下，还涉及俄、朝、韩、日的领海制度、航行制度、相关海峡的通行制度，以及俄朝、韩日的划界等问题。

俄、日、韩均批准了《公约》，朝鲜签署了《公约》但尚未批准。

（1）领海宽度

俄、日、韩制定了领海法，均实行 12 海里的领海宽度（特定海域除外）。根据 1998 年《俄罗斯联邦内水、领海及毗连区联邦法》，俄罗斯的领海宽度为 12 海里。根据韩国 9162 号总统法令，韩国在朝鲜海峡的领海宽度为 3 海里。1967 年 12 月，时任日本首相佐藤荣作在众院预算委员会上答复质询时承诺日本"不拥有、不制造、不引进核武器"。这一政策要求日本不仅不能核武装自己，同时也限制其他国家的核力量进入日本辖区。受"无核三原则"的制约，日本在宗谷、津轻、对马和大隅等海峡实行 3 海里的领海宽度，以避免他国核动力船舶航经此海域时进入日本领海。

（2）领海基线

俄、日、韩的领海基线都是混合基线。俄罗斯的领海基线是沿海岸的低潮线和直线基线，日韩兼采正常基线和直线基线。朝鲜并未公布领海法，也未正式公布领海基线。通过朝鲜在国际会议上的立场和表

态、处理美国军事船舶的举措、朝俄划界以及对中国 1958 年《领海声明》的支持，可以判断朝鲜支持 12 海里的领海宽度，在日本海采用直线基线法。

（3）军舰的无害通过

俄、日、韩三国均承认军舰在领海的无害通过权。俄罗斯允许外国军舰在俄领海无害通过，但禁止 3 艘以上外国军舰和来自同一国家的外国政府船舶在同一时间通过俄领海。外国核动力船舶、军舰、其他政府船舶和运载核能或其他危险有毒物质或材料的船舶，在通过俄领海时必须有必备文书，遵守有关此类船舶特殊警戒措施的国际公约，在领海的特定航道行驶，服从为其特别制定的航道分区安排。韩国承认外国船舶享有无害通过权。对于外国军舰和其他用于非商业目的的政府船舶通过领海的管理兼采通知和批准制度。外国军舰和其他用于非商业目的的政府船舶一般需在通过韩国领海前至少 3 天（不包括公共假日）将有关事项通知外交部长，但用于国际航行的海峡除外。如果外国船舶在韩国领海内拟从事韩国领海法特别列出的某些活动，需要提出申请并获得授权、批准或同意。日本领海法中没有关于无害通过的条款，但在实践中，日本承认外国军事船舶的无害通过权。朝鲜没有颁布领海法，无从确定其对于外国军事船舶无害通过领海的立场。与众不同的是，朝鲜在 1977 年发表的《朝鲜人民军最高司令部公告》中，设立了军事警戒区。在日本海的军事警戒区是一个从领海基线向外延伸 50 海里的梯形区域。在军事警戒区的水上、水下和空中，禁止外国人、外国军用船舶、外国军用飞机进行一切活动。除渔船外的民用船舶和飞机，只有在得到有关方面的事先商定或批准后，才能在军事警戒区内航行或飞越，但不得进行具有军事目的的行动或侵犯经济利益的活动。

（4）海洋划界

朝俄在日本海完成了海洋划界，包括领海划界、专属经济区和大陆架划界。1990 年 9 月 3 日签订的《关于苏朝国家边境制度的协议》，确定了朝俄两国在图们江入海口主航道的中间点向海的 12 海里长的领海界限。

1986 年 1 月 22 日，朝俄签署《有关经济区和大陆架的划界协议》，划出两国在日本海的经济区和大陆架界限，基本上是等距离线。界线由两段构成：第一段从领海分界线的终点，沿俄罗斯波沃诺特尼角、朝鲜舞水端和韩国郁陵岛三地的等距离线向日本海延伸，再由此点延伸到俄罗斯、韩国和日本海岸的等距点。

1974 年 1 月 30 日，日韩两国签署《关于确定邻接两国的北部大陆架边界协定》，划出了两国在朝鲜海峡的大陆架界限。但两国在日本海的大部分重叠海域仍未划界。

由于在南千岛群岛（日称"北方四岛"）主权归属问题上的严重分歧，日俄两国尚未签订和平友好条约，在宗谷海峡及日本海的海域划界问题更未提上日程。

韩、朝、俄三国皆位于日本海西侧，鉴于韩、朝、俄、日的地理位置、海岸特征及日本海的范围等因素，韩俄之间应无海洋划界问题。

除俄、朝、韩、日的领海外，日本海属于有关国家的专属经济区和公海的部分，都可以根据《公约》的有关规定，实行航行和飞越自由。

表 2-1 俄、朝、韩、日四国海洋法制度

	《公约》	领海制度	领海宽度	基线	军舰无害通过	划界	其他
俄	批准	建立	12海里	公布	承认,但对船舶数量等有要求	领海、专属经济区划界	俄日未划界
朝	签字,尚未批准	推定建立	12海里	不详	批准		50海里安全区
韩	批准	建立	12海里	公布	事先通知、批准	对马海峡划界（涉独岛/竹岛海域除外）	/
日	批准	建立	12海里,部分海峡3海里	公布	承认		/

四、海洋资源开发和环境保护

1951 年中央人民政府政务院会议通过并公布了《中华人民共和国暂行海关法》,加强海关管理。1954 年发布了《中华人民共和国海港管理暂行条例》,进行港口管理和港务监督。1955 年 6 月,国务院发布了《关于渤海、黄海及东海机轮拖网渔业禁渔区的命令》,在渤海、黄海和东海划定了机轮拖网渔业禁渔区,限制对渔业资源破坏严重的底拖网作业,规定了对违禁行为的处理。此举进一步加强海洋水产资源保护和渔政管理,注重渔业资源开发和保护的平衡。

在此基础上,1957 年 4 月水产部发布《水产资源繁殖保护暂行条例(草案)》,7 月国务院又发布《关于渤海、黄海及东海机轮拖网渔业禁渔区的命令的补充规定》。1979 年国务院正式颁布《水产资源繁殖保护条例》。此外中国也开始全面实施禁渔区、禁渔期和休渔制度。对海洋渔业资源保护起着重要作用的是 1986 年制定的《中华人民共和国渔业法》(2000 年、2004 年两次修订),该法用专章(第四章)规定了"渔业资源的增殖和保护"。1993 年的《水生野生动物保护实施条例》对保护"珍贵、濒危的水生野生动物"作出特殊的规定。

第二节 对外开放与海洋法制发展

1978 年 12 月召开的党的十一届三中全会，确立了解放思想、实事求是的思想路线，作出了把党和国家的工作着重点转移到社会主义现代化建设上来和实行改革开放的战略决策，开启了改革开放的历史新时期。此后，"中国的法治建设蓬勃发展，全面依法治国深入推进，中国特色社会主义法律体系日益健全"[①]。

改革开放以来，作为中国特色社会主义法律体系的重要组成部分，中国的海洋法制建设取得长足发展。代行"海洋基本法"作用的"海洋两法"[②]为我国的海洋主权、安全和海洋权益提供了法律保障，地位仅次于《宪法》的《物权法》[③]，确立了海域的物权属性；海洋生态环境保护立法得到加强；海洋管理、海事司法和海洋维权的加强和改革于法有据。改革开放 40 多年来，中国海洋法制建设为海洋事业的快速发展提供了制度性保障，为从海洋法制向海洋法治的迈进奠定了坚实基础。

一、中国"海洋基本法"概述

《公约》的签署和生效有助于中国海洋法制的发展。"海洋两法"与《公约》确立的海洋法律制度"接轨"，比较全面地"落实"了《公约》赋予沿海国的权利和义务，为维护中国领土主权和海洋权益、履行国际义务、加强海洋国际合作，提供了有力的国内法保障。"海洋两法"起到了代行"海洋基本法"的作用。

---

① 陈甦，田禾. 中国法治发展报告（2019）[M]. 北京：社会科学文献出版社，2019：2.
② 鉴于《中华人民共和国领海及毗连区法》《中华人民共和国专属经济区和大陆架法》在中国海洋法治建设中的重要作用，并为行文之便，作者将这两部法律称为"海洋两法"。
③ 徐显明.《物权法》地位仅次宪法[J]. 城乡建设，2007（4）：53.

（一）领海及毗连区制度

为行使中华人民共和国对领海的主权和对毗连区的管制权，维护国家安全和海洋权益，1992年2月25日第七届全国人民代表大会常务委员会第二十四次会议通过《中华人民共和国领海及毗连区法》（以下简称《领海及毗连区法》），1992年2月25日中华人民共和国主席令第五十五号公布施行。

1. 领海宽度和领海基线

《领海及毗连区法》重申了1958年《领海声明》中对于中国领土主权范围的规定，再次重申中华人民共和国的陆地领土包括中华人民共和国大陆及其沿海岛屿、台湾及其包括钓鱼岛在内的附属各岛、澎湖列岛、东沙群岛、西沙群岛、中沙群岛、南沙群岛以及其他一切属于中华人民共和国的岛屿。这一"领土构成条款"对于维护中国的领土主权和海洋权益具有重要意义。

《领海及毗连区法》规定了中国的领海及毗连区制度，确定中国的领海是邻接中国陆地领土和内水的一带海域，领海的宽度为12海里。中华人民共和国对领海的主权及于领海上空、领海的海床及底土。

中国的领海基线采用直线基线法划定，由各相邻基点之间的直线连线组成，领海基线向陆地一侧的水域是中国的内水。领海的外部界限是一条平行于领海基线的线，这条线上每一点与领海基线最近点的距离等于12海里。

2. 毗连区制度

为了维护本国的安全，确保本国的法律和公共秩序不受损害，沿海国可以在本国领海外的毗邻海域建立毗连区。沿海国的毗连区是自领海基线起向海延伸，宽度不超过24海里的毗连于领海的一带海域。

根据 1958 年《领海及毗连区公约》第 24 条和 1982 年《公约》第 33 条，沿海国在毗连区内的管制权仅限于防止在其领土或领海内违犯其海关、财政、移民或卫生的法律和规章的行为；惩治在其领土或领海内违犯上述法律和规章的行为。

《领海及毗连区法》建立了中国的毗连区及毗连区法律制度。毗连区是中国领海以外邻接领海的一带海域。中国的领海宽度为 12 海里，毗连区的宽度为 12 海里。如果从领海基线量起，毗连区的外部界限是一条平行于领海基线的线，这条线上每一点与领海基线最近点的距离都等于 24 海里。

《领海及毗连区法》第 13 条对中国的毗连区法律制度作出了规定："中华人民共和国有权在毗连区内，为防止和惩处在其陆地领土、内水或者领海内违反有关安全、海关、财政、卫生或者入境出境管理的法律、法规的行为行使管制权。"

《领海及毗连区法》关于毗连区管制权的规定，相较 1982 年《公约》有关规定，增加了"安全"的考量，这与中国在第三次联合国海洋法会议中的立场是基本一致的。考虑到中国基于历史和现实对于安全的特殊需求，这一新的实践在本质上与 1982 年《公约》规定沿海国可以建立毗连区的精神是一致的。

有必要指出，构成毗连区的海洋地带，同时也是中国的专属经济区和大陆架的组成部分。中国对专属经济区和大陆架的权利，包括对专属经济区和大陆架范围内资源的主权权利，以及对人工岛屿、环境保护和海洋科学研究等方面的专属管辖权，也适用于毗连区。[1]

---

[1] 陈德恭.《中华人民共和国领海和毗连区法》公布施行[J]. 海洋与海岸带开发，1992（3）：70.

3. 紧追权及其行使

《领海及毗连区法》对紧追权作出规定：当有关主管机关有充分理由认为外国船舶违反中国法律、法规时，中国的军用船舶、军用航空器或中国政府授权的执行政府公务的船舶、航空器，可以对该外国船舶行使紧追权。追逐须在外国船舶或其小艇之一或以被追逐的船舶为母船进行活动的其他船艇在中国的内水、领海或者毗连区内时开始。如果外国船舶是在中国的毗连区内，则只有当有关安全、海关、财政、卫生或者入境出境管理的法律、法规的权利受到侵犯时方可进行追逐。紧追开始后，只要没有中断，就可以在中国领海或毗连区外继续进行。在被追逐的船舶进入其本国领海或第三国领海时，紧追终止。

4. 中国的领海基线

根据《领海及毗连区法》第 15 条的规定，中国政府已经分两次公布了中国大陆部分、西沙群岛和钓鱼岛的领海基线。

1996 年 5 月 15 日，中国政府宣布了大陆领海的部分基线和西沙群岛的领海基线。大陆部分领海基线由山东半岛成山头的山东高角，沿着中国大陆向南到北部湾的峻壁角，共 49 个领海基点的连线组成。西沙群岛的领海基线由东岛、浪花礁、中建岛、北礁、赵述岛、北岛、中岛和南岛等 28 个相邻基点之间的直线连线组成。

2012 年 9 月 10 日，中国政府宣布了钓鱼岛及其附属岛屿的领海基线，包括两部分：钓鱼岛、黄尾屿、南小岛、北小岛、南屿、北屿、飞屿的 12 个领海基点连线组成的领海基线；赤尾屿、望赤岛、小赤尾岛、赤背北岛和赤背东岛 5 个领海基点的连线组成的领海基线。

台湾及其附属岛屿、除西沙群岛以外的南海海域的其他群岛、北部湾内、山东高角以北的北黄海海域等属于中国的管辖海域，还没有公布领海基线，"中华人民共和国政府将再行宣布中华人民共和国其余领海基线"。

5. 无害通过

《领海及毗连区法》就外国船舶在中国领海的无害通过权作出规定：外国非军用船舶，享有依法无害通过中华人民共和国领海的权利。外国军用船舶进入中华人民共和国领海，须经中华人民共和国政府批准。外国潜水艇和其他潜水器通过中华人民共和国领海，必须在海面航行，并展示其旗帜。外国船舶通过中华人民共和国领海，必须遵守中华人民共和国法律、法规，不得损害中华人民共和国的和平、安全和良好秩序。外国核动力船舶和载运核物质、有毒物质或者其他危险物质的船舶通过中华人民共和国领海，必须持有有关证书，并采取特别预防措施。中国政府有权采取一切必要措施，以防止和制止对领海的非无害通过。外国船舶违反中华人民共和国法律、法规的，由中华人民共和国有关机关依法处理。

为维护航行安全和其他特殊需要，中国政府可以要求通过中国领海的外国船舶使用指定的航道或者依照规定的分道通航制航行。

外国军用船舶或者用于非商业目的的外国政府船舶在通过中华人民共和国领海时，违反中华人民共和国法律、法规的，中华人民共和国有关主管机关有权令其立即离开领海，对所造成的损失或者损害，船旗国应当负国际责任。任何国际组织、外国的组织或者个人，在中华人民共和国领海内进行科学研究、海洋作业等活动，须经中华人民共和国政府或有关主管部门批准，遵守中华人民共和国法律、法规。违反上述规定，非法进入中华人民共和国领海进行科学研究、海洋作业等活动的，由中华人民共和国有关机关依法处理。

外国航空器只有根据该国政府与中华人民共和国政府签订的协定、协议，或者经中华人民共和国政府或者其授权的机关批准或者接受，方可进入中华人民共和国领海上空。

6. 无害通过的事先同意

在《公约》谈判过程中、中国签署和批准《公约》以及《公约》对中国生效后，中国一贯坚持外国军舰通过领海需要事先经过中国明确的同意。但在不同的历史时期，这种"同意"是有细微差别的：最初表现为"许可"，在 20 世纪的 80—90 年代表现为"批准"（或"通知"）。

（1）许可与批准

1958 年《领海声明》要求无害通过中国领海的外国军舰要事先得到中国政府的许可。

1958 年《领海声明》第三项明确规定："一切外国飞机和军用船舶，未经中华人民共和国政府的许可，不得进入中国的领海和领海上空。"值得注意的是，《领海声明》中的"许可"，对所有外国飞机和军用船舶是一体适用的。

中国相关国内法中关于外国军舰无害通过中国领海的要求是事先得到中国政府的批准。新中国涉及无害通过的第一部国内法是《中华人民共和国海上交通安全法》（以下简称《海上交通安全法》）。1983 年 9 月 2 日通过的《海上交通安全法》第 11 条第 2 款规定："外国籍军用船舶，未经中华人民共和国政府批准，不得进入中华人民共和国领海。"

《领海及毗连区法》第 6 条第 2 款再次规定："外国军用船舶进入中华人民共和国领海，须经中华人民共和国政府批准。"1991 年 10 月 25 日，时任国家海洋局局长严宏谟在第七届全国人民代表大会常务委员会第二十二次会议上报告了《关于〈中华人民共和国领海及毗连区法（草案）》的说明》（以下简称《说明》）。"关于外国船舶通过领海的制度"这一点，《说明》认为，"鉴于我国现实情况，《草案》采取了外国军用船舶通过领海的批准制度。《草案》第 6 条第 2 款规定，外国军用船舶进入中华人民共和国领海，须经中华人民共和国政府批准"。《说明》还认为，"这样规定与我国 1958 年'关于领海的声明'和 1983 年《海上交通安全法》的规定是一致的"。

然而，1996 年全国人民代表大会常务委员会关于批准《公约》的决定中，关于外国军舰通过沿海国领海应事先得到该国许可或通知该国的要求，与中国相关国内法中关于外国军舰无害通过中国领海应事先得到批准的要求，还是有所区别的。虽然事先许可或事先批准，在本质上都是要求事先的明确同意，但"许可"和"批准"仍存在一定差异。《说明》中所谓《草案》采取的外国军用船舶通过领海的批准制度与我国 1958 年《领海声明》的规定相一致的说法，未尽准确。

至于法律草案说明本身，其性质似应属于法律草案的起草部门向全国人大或其常委会提请审议时所作的汇报，包括介绍和说明起草背景和过程、法律草案的主要内容、拟建立的主要制度等。这种说明或许在一定程度上能够反映立法本意和工作过程，但其本身并非立法解释，应无法律效力。

（2）许可与通知

1996 年 5 月 15 日，第八届全国人民代表大会常务委员会第十九次会议关于批准《公约》的决定指出，"中华人民共和国重申：《联合国海洋法公约》有关领海内无害通过的规定，不妨碍沿海国按其法律规章要求外国军舰通过领海必须事先得到该国许可或通知该国的权利。"

这个决定有以下几层含义：第一，中国作为签署和批准《公约》的沿海国，可以就领海的无害通过问题制定相应的法律和规章；第二，这些法律和规章中可以包括关于外国军舰通过中国领海必须事先得到中国政府的许可或通知中国政府的要求。

鉴于"决定"中的"许可"与"通知"之间的连词是"或"，表示二者择其一，并且《领海及毗连区法》和《海上交通安全法》中并没有关于外国军舰通过中国领海必须事先通知中国政府的规定，可以认为，事先通知并非中国国内法的选项。

（二）专属经济区和大陆架制度

1998年6月26日第九届全国人民代表大会常务委员会第三次会议通过、1998年6月26日中华人民共和国主席令第六号发布的《中华人民共和国专属经济区和大陆架法》（以下简称《专属经济区和大陆架法》），使《公约》中关于沿海国对专属经济区和大陆架的权利和义务问题，有了国内立法的衔接。

《专属经济区和大陆架法》第1条明确了立法目的是保障中华人民共和国对专属经济区和大陆架行使主权权利和管辖权，维护国家海洋权益。《专属经济区和大陆架法》规定了中国专属经济区和大陆架的范围、中国对专属经济区和大陆架的权利、保障行使权利的措施以及专属经济区和大陆架划界原则等重要问题。

1. 专属经济区的范围和权利

中国的专属经济区是领海以外并邻接领海的区域，从测算领海宽度的基线量起延至200海里。中国对专属经济区的权利主要包括两项主权权利和三项管辖权：在专属经济区为勘查、开发、养护和管理海床上覆水域、海床及其底土的自然资源（包括生物资源和非生物资源）而行使主权权利，为进行利用海水、海流和风力生产能等活动的其他经济性开发和勘查而行使主权权利；对专属经济区的人工岛屿、设施和结构的建造、使用和海洋科学研究、海洋环境的保护和保全行使管辖权。

2. 大陆架的范围和权利

《专属经济区和大陆架法》确立了以陆地领土自然延伸为基础的大陆架制度，规定中国的大陆架是领海以外依本国陆地领土的全部自然延伸，扩展到大陆边外缘的海底区域的海床和底土。同时，将《公约》关于大陆架的有关规定，与我国周边海域中大陆架的实际情况结合考虑，在强调大陆架自然延伸这一基本原则的同时，又以 200 海里距离标准作为补充，规定中华人民共和国的大陆架，为中华人民共和国领海以外依本国陆地领土的全部自然延伸，扩展到大陆边外缘的海底区域的海床和底土；如果从测算领海宽度的基线量起至大陆边外缘的距离不足二百海里，则扩展至二百海里。

中国对大陆架的权利主要包括一项主权权利、三项管辖权和一项专属权利。具体而言，一项主权权利就是为勘探大陆架和开发大陆架的自然资源，对大陆架行使主权权利；三项管辖权是对大陆架的人工岛屿、设施和结构的建造、使用和海洋科学研究、海洋环境的保护和保全行使管辖权；一项专属权利是指授权和管理为一切目的在大陆架上进行钻探的专属权利。根据《专属经济区和大陆架法》第 4 条的规定，大陆架的自然资源包括海床和底土的矿物资源和其他非生物资源，以及属于定居种的生物。定居种的生物是指在可捕捞阶段在海床上或海床下不能移动或者其躯体须与海床或底土保持接触才能移动的生物。

3. 对专属经济区和大陆架的管理

《专属经济区和大陆架法》规定，任何国际组织、外国的组织或者个人进入中国专属经济区从事渔业活动，或对中国的专属经济区和大陆架的自然资源进行勘查、开发活动或者在中国的大陆架上为任何目的进行钻探，必须经中国主管机关批准，并遵守中国的法律、法规，从事渔业活动的还要遵守中国与有关国家签订的条约、协定。

中国主管机关有权采取各种必要的养护和管理措施，确保专属经济区的生物资源不受过度开发的危害，有权对专属经济区的跨界种群、高度洄游鱼种、海洋哺乳动物、源自中华人民共和国河流的溯河产卵种群、在中华人民共和国水域内度过大部分生命周期的降河产卵鱼种，进行养护和管理。中国对源自本国河流的溯河产卵种群享有主要利益。

《专属经济区和大陆架法》规定，在专属经济区和大陆架上建造并授权和管理建造、操作和使用人工岛屿、设施和结构是一项专属权利，中国对这些人工岛屿、设施和结构行使包括有关海关、财政、卫生、安全和出境入境的法律和法规方面的专属管辖权，主管机关有权在这些人工岛屿、设施和结构周围设置安全地带，并可以在该地带采取适当措施，确保航行安全以及人工岛屿、设施和结构安全。

任何国际组织、外国的组织或者个人在中国的专属经济区和大陆架进行海洋科学研究，必须经中国主管机关批准，并遵守中华人民共和国的法律、法规。中国的主管机关有权采取必要的措施，防止、减少和控制海洋环境的污染，保护和保全专属经济区和大陆架的海洋环境。

《专属经济区和大陆架法》还规定，在遵守国际法和中国的法律、法规的前提下，其他国家享有在中国的专属经济区航行、飞越的自由，在中国的专属经济区和大陆架铺设海底电缆和管道的自由，以及与上述自由有关的其他合法使用海洋的便利。铺设海底电缆和管道的路线须经中国主管机关同意。

中国在行使勘查、开发、养护和管理专属经济区的生物资源的主权权利时，为确保中国的法律、法规得到遵守，可以采取登临、检查、逮捕、扣留和进行司法程序等必要的措施。对在专属经济区和大陆架违反中华人民共和国法律、法规的行为，有权采取必要措施，依法追究法律责任，并可以行使紧追权。

4. 划界原则

朝鲜、韩国、日本、越南、印度尼西亚、马来西亚、文莱和菲律宾，它们与中国海岸相向或相邻，我国与这些周边国家之间存在着专属经济区和大陆架权利主张重叠而需要划界的问题。《公约》规定，专属经济区和大陆架划界"应当在国际法的基础上以协议划定，以便得到公平解决"。全国人大常委会在批准《公约》决定的声明中，也明确"中华人民共和国将与海岸相向或相邻的国家，通过协商，在国际法基础上，按照公平原则划定各自海洋管辖权界限"。《专属经济区和大陆架法》提出了中国与海岸相邻或相向国家间海洋划界的基本主张："中华人民共和国与海岸相邻或者相向国家关于专属经济区和大陆架的主张重叠的，在国际法的基础上按照公平原则以协议划定界限。"

5. 历史性权利

《专属经济区和大陆架法》第 14 条关于"本法的规定不影响中华人民共和国享有的历史性权利"的规定，对于维护包括南海在内的周边海洋的历史性权利具有十分重要的意义。

总之，"海洋两法"基本覆盖了中国的管辖海域，大体上涵盖了以《公约》为主体的国际海洋法赋予沿海国的各项权利以及中国政府的相关权利主张，是全面维护中国海洋权益的基本法律依据，也是中国海洋综合管理的重要法制基础。

二、海洋生态文明

党的十八大以来，以习近平同志为核心的党中央高度重视生态文明建设，明确将生态文明纳入"五位一体"总体布局。海洋是高质量发展的战略要地和实现中华民族伟大复兴中国梦的重要依托，海洋生态文明是社会主义生态文明的重要组成部分。

（一）海洋生态环境保护

1982 年 8 月 23 日第五届全国人民代表大会常务委员会第二十四次会议通过、1983 年 3 月 1 日起生效的《中华人民共和国海洋环境保护法》（以下简称《海洋环保法》），是中国改革开放初期加强法治建设颁布的几部重要大法之一。1982 年《海洋环保法》由总则、防止海岸工程对海洋环境的污染损害、防止海洋石油勘探开发对海洋环境的污染损害、防止陆源污染物对海洋环境的污染损害、防止船舶对海洋环境的污染损害、防止倾倒废弃物对海洋环境的污染损害、法律责任、附则共八章 48 条组成。在改革开放之初的大形势下，它对保护海洋环境，防止污染损害，保护生态平衡，保障人民健康，促进海洋事业的发展发挥了重要作用。

随着国际国内海洋环境保护形势的发展和要求，《海洋环保法》经过了一次较大的修订和三次修正。在 1999 年 12 月 25 日第九届全国人民代表大会常务委员会第十三次会议的一次修订后，又分别在 2013 年 12 月 28 日第十二届全国人民代表大会常务委员会第六次会议、2016 年 11 月 7 日第十二届全国人民代表大会常务委员会第二十四次会议和 2017 年 11 月 4 日第十二届全国人民代表大会常务委员会第三十次会议经过了三次修正。一次修订和三次修正，标志着中国海洋环境保护理念的转变和海洋环境保护立法的逐渐完善，提示了中国海洋环境保护法治建设经历的自从无到有的粗放立法，到从有到好的科学立法的过程；从防止到防治，体现了从单一、被动地防止海洋污染，到海洋生态环境保护与积极主动地污染防治并重，揭示了中国海洋法治建设水平不断提高，法律规定不断深化、细化、国际化的发展历程，体现了人与自然和谐共生的发展理念。《海洋环保法》的几次修订和修正，强化了法律责任，加强了海洋环境保护工作，促进了海洋生态文明建设。

自 20 世纪末 21 世纪初起，我国海洋保护工作逐步加强系统部署，完善配套法规和部门规章以及地方立法，形成海洋生态环境保护法律体系基本框架。习近平生态文明思想和山水林田湖草沙一体化保护理念日益丰富、深入人心。特别是"十三五"以来，围绕改善海洋生态环境质量的核心，中国海洋生态文明管理体制机制不断完善，管理能力逐步提升。海洋生态文明建设的各项工作稳步推进，为建设美丽海洋奠定了坚实基础。

1. 1999 年的修订

1999 年《海洋环保法》大修，海洋环境污染从"防止"到"防治"，虽只是一字之差，却体现了从被动消极地防止海洋污染，到积极采取措施防治海洋环境污染损害的演变。具体的修订内容主要表现在以下几个方面：

一是增加章节、扩充内容，强化海洋环境管理。修订后的《海洋环保法》增加了"海洋环境的监督管理""海洋生态保护"和"防治海洋工程建设项目对海洋环境的污染损害"等内容。通过拟定全国海洋功能区划、制定全国海洋环境保护规划和重点海域区域性海洋环境保护规划、制定国家海洋环境质量标准、管理海洋综合信息系统、制定重大海上溢油应急计划，以及实行海上联合执法及必要时采取强制措施等方式，保障"海洋环境的监督管理"的进行。修订后的《海洋环保法》规定，国务院和沿海地方各级人民政府，应当通过选划、建立海洋自然保护区和海洋特别保护区等措施，保护具有重要经济价值的海洋生物生存区域及有重大科学文化价值的海洋自然历史遗迹和自然景观。在进行海洋资源开发活动的同时，应采取保护海洋生态的措施，不得造成海洋生态环境的破坏。引进海洋动植物物种，应当避免危害海洋生态系统。修订后的《海洋环保法》还将对海洋环境影响越来越大的海洋工程和海水养殖等海洋开发活动纳入调整范围，要求海洋工程建设项目必须符合海洋功能区划、海洋环境保护规划和国家有关环境保护标准。

二是明确规定了适用范围，为同类法规在表述适用范围时提供了依据和先例。与国际海洋法的发展相适应，《海洋环保法》将适用范围明确表述为"中华人民共和国的内水、领海、毗连区、专属经济区、大陆架以及中华人民共和国管辖的其他海域"，是较早作出此等表述的海洋立法之一。

三是对海洋倾废作出严格规定。对于向我国管辖海域倾倒废弃物以及倾废区的选划、总量控制等都作出比较严格、详尽的规定。按照废弃物的类别和数量，实行分级管理。获准倾倒的单位，必须到指定的区域进行倾倒，详细记录倾倒情况并作出书面报告。《海洋环保法》还规定了既分工又合作的执法制度。

四是完善了法律责任制度。增加了行政处罚的种类，包括责令限期改正、采取补救措施、没收非法所得、责令停产停业等。加大了处罚力度，对破坏珊瑚礁、红树林等海洋生态系统的行为，可以采取没收违法所得、罚款的处罚方式，直至依法追究刑事责任。

五是具体规定了国家损害赔偿请求权，由行使海洋监督管理权的部门代表国家行使。造成海洋环境污染损害的责任人，要承担排除危害、赔偿损失的民事责任。责任人属于国家工作人员的，要承担行政责任。造成重大海洋环境污染事故，致使公私财产遭受重大损失或者人身伤亡严重后果的，要承担刑事责任。

2. 三次修正

党的十八大以来，海洋生态环境保护的顶层设计不断强化，相关法律政策不断完善。2013 年对《海洋环保法》的第 43 条、第 54 条和第 80 条的修正，主要涉及简化环境影响报告书的审核程序、将主管部门对勘探开发海洋石油的溢油应急计划编制，由审批改为向海区局备案等。①

2016 年的第二次修正重点包括三个方面：一是加大对违法行为的处罚力度。包括增加按日计罚和责令停业、关闭等处罚措施，增加对企业有关责任人员的处罚，提高对造成海洋环境污染事故行为的处罚力度，取消 30 万元的罚款上限等。二是增加建立健全海洋生态保护补偿和生态保护红线制度、海洋环境信息公开制度，实施环境影响评价限批制度等。三是修改了部分条款里的行政审批程序，简化了海岸工程和海洋工程建设项目海洋环境影响报告书、环保设施的验收等程序。

2017 年的第三次修正只涉及入海排污口的两个条款，将入海排污口设置的审批程序简化为备案程序，并修改后面相关的通报程序和处罚条款。

3. 现行《海洋环保法》的主要制度

现行《海洋环保法》共十章 97 条，包括总则、海洋环境监督管理、海洋生态保护、防治陆源污染物对海洋环境的污染损害、防治海岸工程建设项目对海洋环境的污染损害、防治海洋工程建设项目对海洋环境的

---

① 宋大涵. 关于《〈中华人民共和国海洋环境保护法〉等七部法律的修正案（草案）》的说明 [J]. 中华人民共和国全国人民代表大会常务委员会公报，2014（1）: 4.

污染损害、防治倾倒废弃物对海洋环境的污染损害、防治船舶及有关作业活动对海洋环境的污染损害、法律责任和附则。

（1）立法目的和适用范围

《海洋环保法》的立法目的是保护和改善海洋环境，保护海洋资源，防治污染损害，维护生态平衡，保障人体健康，促进经济和社会的可持续发展。适用范围主要涉及三个方面：一是适用于中华人民共和国内水、领海、毗连区、专属经济区、大陆架以及中华人民共和国管辖的其他海域。二是在中国管辖海域内从事航行、勘探、开发、生产、旅游、科学研究及其他活动，或者在沿海陆域内从事影响海洋环境活动的任何单位和个人，都必须遵守本法。三是在中华人民共和国管辖海域以外，造成中华人民共和国管辖海域污染的，也适用本法。

（2）"两制度一红线"

《海洋环保法》建立"两制度一红线"，实施重点海域排污总量控制制度，健全海洋生态保护补偿制度，对重点海洋生态功能区、生态环境敏感区和脆弱区等海域划定生态保护红线；对主要污染物排海总量超标的重点海域或者未完成海洋环境保护目标和任务的海域，实施环境影响评价限批。

（3）"两规划＋两标准＋一计划"

《海洋环保法》涉及全国海洋环境保护规划和重点海域区域性海洋环境保护规划、国家海洋环境质量标准、国家重大海上污染事故应急计划等方面，并就排污费和倾倒费作出规定：直接向海洋排放污染物的单位和个人应缴纳排污费，依照法律规定缴纳环境保护税的，不再缴纳；向海洋倾倒废弃物，应缴纳倾倒费。对海洋自然保护区、海洋特别保护区的选划、建立作出明确规定；对红树林、珊瑚礁、滨海湿地、海岛、海湾、入海河口、重要渔业水域等具有典型性、代表性的海洋生态系统，珍稀、濒危海洋生物的天然集中分布区，具有重要经济价值的海洋生物生存区域及有重大科学文化价值的海洋自然历史遗迹和自然景观，国务院和沿海地方各级人民政府应当采取有效措施，予以保护；对具有重要经济、社会价值的已遭到破坏的海洋生态，应当进行整治和恢复。

4. 首次环保大检查

2018 年 9 月至 10 月，全国人大常委会执法检查组对《海洋环保法》贯彻实施情况进行了监督检查。2018 年 12 月 24 日，在第十三届全国人民代表大会常务委员会第七次会议上，全国人民代表大会常务委员会执法检查组关于检查《中华人民共和国海洋环境保护法》实施情况的报告认为，党的十八大以来，各地区各部门坚持以习近平生态文明思想为指导，坚决贯彻落实党中央决策部署，认真贯彻实施《海洋环保法》，不断加大工作力度，海洋生态环境保护取得了积极成效。我国管辖海域海水水质状况整体改善，海底沉积物质量状况总体良好。但是，我国近岸局部海域污染较为严重，海洋生态环境形势依然严峻，主要问题包括：

一是入海排污口设置与管理问题突出。入海排污口设置不规范、监管不严等问题较为突出。入海排污口底数不清、审批把关不严，事中事后监管不到位，达标排放率较低。二是陆源污染防治力度不够。入海河流污染负荷较重，城镇农村污水直排问题突出，城市污水管网建设滞后、乡镇污水处理设施运行不稳定、农业农村面源污染严重等问题在沿海地区较为普遍。三是海上污染防控措施执行不到位。船舶及有关作业活动污染防治措施不足，船舶违法排放污染物追究不力，偷排超排现象较为普遍，海水养殖污染管控措施不到位。四是海洋生态保护与修复工作相对滞后。海洋生态保护优先原则落实不够，海洋生态服务功能退化严重，海洋生态补偿力度不够，海洋生态损害赔偿缺乏可量化标准。五是海洋环境监督管理制度落实不到位。地方普遍反映，陆海污染治理标准统筹不够，现行污染物排放标准一律按照排入江河的污染物排放标准执行，无法满足海洋环境保护实际要求。六是科技支撑有待加强。海洋生态系统管理、海洋生态恢复、污染物总量控制、海洋生态灾害防治、海洋生态监测与评价等领域的技术研发不够。七是海洋生态环境保护法律法规不完善。防治海洋工程、海岸工程建设项目污染损害海洋环境管理条例等难以适应当前管理实际需要，各地普遍呼吁尽快修改海洋环境保护法。

近年来，随着机构改革的不断深入，海洋生态环境保护管理体制已发生重要变化，有必要修改海洋环境保护法，健全陆海统筹机制，加强海上溢油、危化品泄漏、赤潮等风险防控制度建设，建立海洋污染基线和生态环境本底调查制度、海洋生态环境保护标准规范体系和海洋生态环境监测制度，完善海洋生态环境执法体制机制。执法检查组的报告明确提出，要坚持用最严格最严密的法律制度保护海洋生态环境，尽快启动海洋环境保护法修改程序。全国人大环境与资源保护委员会已经就海洋环境保护法的修改工作作出安排和部署。

（二）海洋自然保护区建设

1. 海洋自然保护区管理

为加强海洋自然保护区的建设和管理，根据《中华人民共和国自然保护区条例》的规定，1995年5月29日国家海洋局制定、发布了《海洋自然保护区管理办法》（以下简称《管理办法》）。《管理办法》将"海洋自然保护区"界定为"以海洋自然环境和资源保护为目的，依法把包括保护对象在内的一定面积的海岸、河口、岛屿、湿地或海域划分出来，进行特殊保护和管理的区域"。凡属典型海洋生态系统所在区域，或高度丰富的海洋生物多样性区域，或珍稀、濒危海洋生物物种集中分布区域，或具有重大科学文化价值的海洋自然遗迹所在区域，或具有特殊保护价值的海域、海岸、岛屿、湿地，或其他需要加以保护的区域，都应当建立海洋自然保护区。

《管理办法》将海洋自然保护区分为国家级和地方级两种。在国内、国际有重大影响，具有重大科学研究和保护价值，经国务院批准而建立的是国家级海洋自然保护区；在当地有较大的影响，具有重要的科学研究价值和一定的保护价值，经沿海省、自治区、直辖市人民政府批准而建立的属于地方级海洋自然保护区。根据自然环境、自然资源状况和保护需要，海洋自然保护区可划为核心区、缓冲区、实验区，或根据不同的保护对象规定绝对保护期和相对保护期。在海洋自然保护区内禁止擅自移动、搬迁或破坏界碑、标志物及保护设施，非法捕捞、采集海洋生物，非法采石、挖沙、开采矿藏及其他任何有损保护对象及自然环境和资源的行为。

《管理办法》对在海洋自然保护区内从事科学研究、教学实习、考察、旅游等活动，作出严格规定，还对海洋自然保护区的位置、范围、公布、标示设置、保护设施、管理机构及其职责等作出明确规定。

2. 国家公园建设试点

2013 年 11 月，党的十八届三中全会提出建立国家公园体制的重点改革任务。2015 年，决定开展国家公园体制试点。同年，国家发展改革委同中央编办、财政部等 13 个部门联合印发《建立国家公园体制试点方案》，试点目标主要为解决各类保护地交叉重叠、多头管理的碎片化问题，形成统一、规范、高效的管理体制和资金保障机制。

2016 年，国家海洋局印发实施《关于加强滨海湿地管理与保护工作的指导意见》，新建 2 个国家级海洋自然保护区和 59 个国家海洋特别保护区，海洋保护区规模、质量同步提升。2017 年，中共中央办公厅、国务院办公厅印发的《建立国家公园体制总体方案》提出"构建以国家公园为代表的自然保护地体系"的要求。2019 年，中共中央办公厅、国务院办公厅印发《关于建立以国家公园为主体的自然保护地体系的指导意见》提出，到 2025 年，健全国家公园体制，完成自然保护地整合归并优化，完善自然保护地体系的法律法规、管理和监督制度，提升自然生态空间承载力，初步建成以国家公园为主体的自然保护地体系。

上述法律法规和政策措施为应对海洋生态环境面临的水体污染、塑料污染、生物入侵、海洋酸化、生物多样性急剧减少等挑战和问题提供了思路和办法，取得了一定成效。

中国高度重视海洋生态环境保护，海洋生态环境制度体系建设不断发展，海洋保护区规模和生态修复能力同步提升。据《中国海洋保护行业报告》，截至 2019 年年底，中国已建立 271 个海洋保护区，总面积约 12.4 万平方千米，占管辖海域面积的 4.1%。中国创新性实施海岸线分类保护制度和生态保护红线制度，海洋生态保护修复取得了积极进展。全国设立海洋自然保护地 145 处，面积达 791 万公顷，通过实施蓝色海湾、海岸带保护修复等各类工程项目，整治修复岸线和滨海湿地，建设生态化海堤。52 处有红树林分布的海洋自然保护地的建立，使中国成为世界上少数红树林面积净增加的国家之一。2019 年，中国黄（渤）海候鸟栖息地（第一期）成功入选《世界遗产名录》。

三、海洋资源开发和保护

1949 年中华人民共和国成立后，中国政府注重发展经济，恢复生产，建设新中国。1955 年在渤海、黄海及东海划定了机轮拖网渔业禁渔区，注重开发和保护渔业资源，限制对渔业资源破坏严重的底拖网作业。鉴于琼州海峡的重要作用，1964 年 6 月，国务院发布了《外籍非军用船舶通过琼州海峡管理规则》，陆续制定了关于进出口船舶联合检查、国境卫生检疫、防止沿海水域污染、海港引航等方面的规则。

1978 年，党的十一届三中全会确立了解放思想、实事求是的思想路线，实行改革开放的战略决策，海洋法制建设快速发展。中国先后颁布了一系列海洋法律法规，构建起海洋资源开发和海洋环境保护制度的基本内容，为海洋事业发展保驾护航。

1979 年 9 月 18 日，交通部发布《中华人民共和国对外国籍船舶管理规则》，将对外国船舶的管辖范围从内水、领海，扩大到"国家规定的管辖水域"。1982 年 1 月 30 日，国务院颁布的《中华人民共和国对外合作开采海洋石油资源条例》第 2 条明确规定："中华人民共和国的内海、领海、大陆架以及其他属于中华人民共和国海洋资源管辖海域的石油资源，都属于中华人民共和国国家所有。"第一次以国家法律形式，明确宣布中国对大陆架及其他属于中国管辖海域的资源的主权。

《中华人民共和国渔业法》《渔业法实施细则》《对外合作开采海洋石油资源条例》等法律法规，对我国海洋资源的开发和保护起到了重要作用。关于海域和海岛等重要的海洋空间资源的立法，则体现了中国不断推进加强海洋自然资源开发、保护、利用和管理法制化的重要进程。

（一）海域使用管理

海域作为重要的自然资源，是海洋经济发展的载体。我国海域辽阔，就已公布领海基线的部分而言，领海面积达 38 万平方千米，可主张 300 万平方千米的管辖海域。领海是中国海域的重要组成部分，海域开发利用对中国沿海地区的发展至关重要，海洋经济在中国国民经济总产值中所占比重越来越大。2001 年，我国海洋生产总值为 9518.4 亿元，占 GDP 的比重为 8.59%。[①] 二十年后的 2021 年，这个数字已跃升为 90385 亿元，对国民经济增长的贡献率为 8.0%。[②] 海洋资源开发和海洋产业对国民经济的重要贡献，突显海域使用管理的重要性。

中国对海域使用的管理经历了一个较长的发展过程，日渐丰富的经验和管理实践使海域使用管理制度逐步建立、丰富和完善。

1. 暂行规定尝试摸索

为加强国家海域的综合管理，保证海域的合理利用和持续开发，提高海域使用的社会、经济和生态环境的整体效益，根据国务院关于加强我国海域使用管理，实行海域使用证制度和有偿使用制度的精神，1993 年 5 月 31 日，财政部、国家海洋局联合制定和发布了《国家海域使用管理暂行规定》（以下简称《海域管理暂行规定》）。

《海域管理暂行规定》首次提出了"国家海域"和"海域使用"的概念。"国家海域"指我国内海、领海的水面、水体、海床和底土，"海域使用"系指使用某一固定海域三个月以上的排他性开发利用活动。《海域管理暂行规定》还明确了"海域属于国家所有"，海域使用者的合法权益受国家保护，任何组织和个人不得侵犯。《海域管理暂行规定》建立了海域使用证制度和有偿使用制度。第 5 条规定，使用国家海域从事生产经营活动的，实行海域使用证制度和有偿使用制度。虽然《海域管理暂行规定》已经完成其历史使命，但其重要的概念和理念为后续的相关立法

---

① 自然资源部海洋战略规划与经济司. 中国海洋经济统计年鉴2020[M]. 北京：海洋出版社，2021：21.

② 自然资源部海洋战略规划与经济司. 2021年中国海洋经济统计公报[J]. 自然资源通讯，2022（7）：43.

所继承。

2. 海域使用管理严格法制化

为了加强海域使用管理，维护国家海域所有权和海域使用权人的合法权益，促进海域的合理开发和可持续利用，在《海域管理暂行规定》实施七年经验的基础上，2001 年 10 月 27 日第九届全国人民代表大会常务委员会第二十四次会议通过了《中华人民共和国海域使用管理法》(以下简称《海域使用管理法》)。

《海域使用管理法》共八章 52 条，确立了海域的物权属性，明确规定"海域属于国家所有，国务院代表国家行使海域使用权"，并对海域权属制度、海洋功能区划制度、海域有偿使用制度、海域使用管理体制等作了规定。

海洋功能区划是海洋开发与管理的基础，其核心是根据海域区位、自然资源的环境条件和开发利用的要求，按照海域功能标准，将海域划分为不同类型的功能区，确定海域使用的最佳功能顺序，以控制和引导海域的使用方向，为合理使用海域提供科学依据。《海域使用管理法》规定海域使用必须符合海洋功能区划，并明确了编制海洋功能区划的主体，对编制原则、审批程序和修改、公布等作了具体规定。

海域属于国家所有，国家作为海域所有人应当享有海域的收益权，海域使用者应向国家支付一定的海域使用金作为使用海域资源的代价。实行海域有偿使用制度也是世界沿海国家的通行做法。《海域使用管理法》规定，单位和个人使用海域，应当按照国务院的规定缴纳海域使用金。同时，也规定了军事用海、非经营性公益事业用海等的海域使用金的缴纳办法和减免措施。

《海域使用管理法》确立了中央统一管理与中央授权地方分级管理相

结合的海域使用管理模式，还对海域使用的申请与审批、监督检查等作了规定，对违反海域使用管理的各种违法行为规定了相应的法律责任。

《海域使用管理法》对中国海洋法治建设的贡献，还在于较早地在法律中提出并界定了"海域"和"海域使用"的概念及含义，[1] 为其他海洋立法所借鉴。

《海域使用管理法》的制定有助于全面维护国家海洋权益，加强海洋综合管理，解决海域使用中长期存在的"无序、无度、无偿"等问题。但是，经过多年实践，海域使用和海洋治理的形势、形式和内容发生了较大变化，现行法表现出一定的不适应。2019 年 4 月，中共中央办公厅、国务院办公厅印发《关于统筹推进自然资源资产产权制度改革的指导意见》，首次提出"探索海域使用权立体分层设权"，反映了海域空间管理思路从"平面化"向"立体化"的转变。[2] 此前，一些省级海洋功能区划中也已体现出兼容用海的思路。为适应依法治海、海洋治理能力现代化的需要，修订《海域使用管理法》也应该提上日程。

（二）海岛保护管理

1. 自然的海岛与法律的海岛

海岛，顾名思义，指的是海洋中的岛屿，一般是因火山喷发、泥沙淤积、生物作用或者地壳运动等原因形成的海底山脉或者隆起。露出或者接近水面的海洋地质地理单元，除岛屿外，还包括低潮高地和礁、滩、沙洲等。

---

① 《海域使用管理法》第 2 条规定："本法所称海域，是指中华人民共和国内水、领海的水面、水体、海床和底土。"第 2 条第 3 款规定："在中华人民共和国内水、领海持续使用特定海域三个月以上的排他性用海活动，适用本法。"

② 周连义，陈梅，陈淑娜. 海洋生态空间用途管制制度构建的核心问题[J]. 中国土地，2020（12）: 25.

从科学调查的角度看，海岛是指被海水包围、高潮时露出海面的陆地。根据 2017 年 11 月 1 日发布、2018 年 5 月 1 日实施的《海洋学术语·海洋地质学》，海岛是"四面环水，在高潮时高出水面自然形成的陆地区域"。海岛位于海洋之中，四周有海水围绕，区别于江岛、湖岛、河岛；海岛在高潮时出露于海面之上，区别于没于水下的礁、滩、沙洲；海岛是自然形成的陆地，区别于人工构造物。在我国，海岛通常指面积大于 500 平方米的小块陆地。

国际法上的岛屿与自然科学上的岛屿概念范围不完全重合。《公约》第 121 条关于海岛的规定是："岛屿是四面环水并在高潮时高于水面的自然形成的陆地区域。"该定义包含了三个必要条件：第一，四面环水，有一面与大陆相连的属于半岛，不在岛屿之列。但通过人工建造的连岛实体坝与大陆连接的自然地形是否属于岛屿，是有争议的。目前的国家实践视其为岛屿。第二，高潮时高出水面。第三，自然形成，排除了人工岛屿或人工构造物。

大海里除了岛屿、礁、滩、沙洲等地质单元外，还有低潮高地，指在低潮时四面环水并高于水面但在高潮时没入水中的自然形成的陆地。根据《公约》，位于领海基线 12 海里以内的低潮高地可以作为领海基点。中沙群岛、曾母暗沙等多由水下礁、滩、沙洲所组成，而依托于这些礁、滩、沙洲的广阔海域及其资源，是我国海洋权益的重要组成部分。

中国是陆海兼备的大国，海岛众多，面积大于 500 平方米的海岛有7300 多个，海岛陆域总面积近 8 万平方千米，海岛岸线总长 14000 多千米。按海区分布统计，南海区内海岛数量占总数的 25%，黄海区占 5%，东海区占 66%，渤海区占 4%。按离岸距离统计，距大陆岸线 10 千米之内的海岛数量占总数的 70%，10～100 千米的占 27%，100 千米之外的占 3%。[①]

海岛位于大陆外缘或远离大陆，是国家安全的重要屏障，具有重要的地缘政治意义和重大战略价值。有些海岛上有居民定居，有些则没有，无论是有居民岛屿还是无居民岛屿，都是我国经济社会发展的特殊区域。海岛陆域及周边海域资源丰富，具有重要的经济价值。

较之于大陆，海岛一般面积狭小，地理环境独特，生态脆弱。历史上，由于缺少规划的随意开发，对海岛造成严重破坏的炸岛炸礁、填海连岛等行为屡见不鲜，致使我国海岛数量不断减少。一些无人岛开发利用秩序混乱，造成海岛生态的严重破坏和国有资源性资产的流失。部分领海基点所在海岛因缺乏系统保护而被侵蚀，面临灭失的危险。

2. 无居民海岛的管理

为了加强无居民海岛管理，保护无居民海岛生态环境，维护国家海洋权益和国防安全，促进无居民海岛的合理利用，早在 2003 年，国家海洋局、民政部和总参谋部就联合发布了《无居民海岛保护与利用管理规定》(以下简称《无居民海岛管理规定》)，开始建立专门的海岛管理制度。在中国的内水、领海、专属经济区、大陆架及其他管辖海域内，从事无居民海岛的保护与利用活动，都适用本规定。

《无居民海岛管理规定》确定无居民海岛属于国家所有，国家实行无居民海岛功能区划和保护与利用规划制度，鼓励无居民海岛的合理开发利用和保护，严格限制炸岛、岛上采挖砂石、实体坝连岛工程等损害无居民海岛及其周围海域生态环境和自然景观的活动。国家对领海基点所在无居民海岛实行严格保护，禁止在领海基点所在无居民海岛及其周围海域进行采石、挖砂、砍伐、爆破、射击等破坏性活动。国家建立无居

---

① 国家海洋局. 全国海岛保护规划（2011—2020）[R]. 2012.

民海岛保护与利用管理信息系统，对无居民海岛基本情况和保护、利用状况进行调查、监视、监测和统计，发布基础信息。

3. 海岛保护法

2009 年 12 月 26 日，第十一届全国人民代表大会常务委员会第十二次会议通过《中华人民共和国海岛保护法》（以下简称《海岛保护法》），首次以立法的形式，加强对海岛的保护与管理，规范海岛开发利用秩序，保护海岛的生态环境，维护国家的海洋权益。

《海岛保护法》确立了"保护海岛生态系统，合理开发利用自然资源，维护海岛及其周边海域生态平衡，促进经济社会的可持续发展"的立法宗旨，"科学规划、保护优先、合理开发、永续利用"的基本原则，以及保护与合理开发并重的海岛管理思路。《海岛保护法》设立了海岛保护规划、海岛生态保护、无居民海岛权属及有偿使用、特殊用途海岛保护、海岛保护监督检查等五项基本制度，确立了依法用岛、依法护岛和依法管岛的新格局。

海岛保护规划制度要求按照海岛的区位、自然资源、环境等自然属性及保护、利用状况，确定海岛分类保护的原则和可利用的无居民海岛，以及需要重点修复的海岛。海岛保护规划是从事海岛保护、利用活动的依据。

无居民海岛属于国家所有。我国《宪法》第九条规定："矿藏、水流、森林、山岭、草原、荒地、滩涂等自然资源，都属于国家所有，即全民所有；由法律规定属于集体所有的森林和山岭、草原、荒地、滩涂除外。"无居民海岛作为特殊的自然资源，属于《宪法》规定归国家所有的自然资源，不在可以属于集体所有的森林、山岭、草原、荒地、滩涂五种自然资源之列。《海岛保护法》第 4 条明确规定：无居民海岛的所有权属于国家，国务院代表国家行使无居民海岛所有权。

海岛是一种独立而又脆弱的生态系统，应尽可能减少各种人为干扰。《海岛保护法》规定建立海岛管理信息系统，开展海岛自然资源的调查评估，对海岛的保护与利用等状况实施监视、监测，实现海岛资源的永续利用。

建立有居民海岛生态保护协调管理体制和无居民海岛集中统一管理体制，《海岛保护法》就海岛的生态保护作出专门规定。有居民海岛应该依法依规合理开发、建设，防止海岛生态破坏，严格限制海岛建筑物和设施的建设，严格限制填海连岛工程建设，禁止采挖、破坏珊瑚和珊瑚礁，保护海岛自然资源、自然景观及历史、人文遗迹。无居民海岛的利用必须在规划确定可以利用的前提下有偿使用，避免破坏和浪费。未经批准利用的无居民海岛应当维持现状，禁止采石、挖海砂、采伐林木以及生产、建设、旅游等活动。

根据《公约》和中国相关国内法，中国测算领海宽度的领海基线采用直线基线法，由位于大陆或最外缘岛屿上的适当点的连线构成。中国已经公布的领海基点很多位于海岛之上，这些海岛事关中国的"海洋国土"，对维护中国的海洋权益十分重要，有必要加以特殊的保护。《海岛保护法》对领海基点所在海岛、海洋自然保护区内的海岛以及其他一些特殊用途海岛的生态保护作出专门规定，实施比普通海岛更为严格的生态保护制度，建立了多项特殊保护措施，保护海岛生态系统的完整性。

此外，《海岛保护法》对海岛、低潮高地等概念的界定，与《公约》对岛屿、低潮高地的规定基本一致。① 这说明中国海洋立法既立足于中

---

① 《公约》第121条第1款规定，"岛屿是四面环水并在高潮时高于水面的自然形成的陆地区域"；第13条第1款规定，"低潮高地是在低潮时四面环水并高于水面但在高潮时没入水中的自然形成的陆地"。

国的实践，也受到包括《公约》在内的国际法的影响。

《海岛保护法》的制定和实施有效遏制了海岛开发利用无序、无度、无偿的"三无"局面，有效保护了海岛资源，维护了海岛生态系统安全。《海岛保护法》对于保卫领海、海岛安全，开发海岛资源和保持海岛生态系统平衡，维护国家海洋权益具有重要意义。[①]

《海岛保护法》颁布之后，国家海洋局先后制定了一系列配套管理措施，包括《无居民海岛使用权登记办法》（2010 年，2017 年取消）、《海岛名称管理办法》（2010 年）、《无居民海岛使用申请审批试行办法》（2011 年，2016 年废止）和《领海基点保护范围选划与保护办法》（2012 年）等。2016 年，国家海洋局印发《无居民海岛开发利用审批办法》。

（三）海洋生物资源养护和开发

1986 年 1 月 20 日第六届全国人民代表大会常务委员会第十四次会议通过、1986 年 7 月 1 日实施的《中华人民共和国渔业法》（以下简称《渔业法》），在保护渔业资源、促进渔业发展、满足城乡居民生活需要、维护国家渔业权益等方面发挥了重要的作用。随着深化改革、扩大开放和社会主义市场经济发展的需要，2000 年 10 月 31 日第九届全国人民代表大会常务委员会第十八次会议和 2004 年 8 月 28 日第十届全国人民代表大会常务委员会第十一次会议，对《渔业法》进行了两次修正。

现行 2004 年《渔业法》的立法目的在于加强对渔业资源的保护、增殖、开发和合理利用，发展人工养殖，保障渔业生产者的合法权益，促进渔业生产的发展，适应社会主义建设和人民生活的需要。《渔业法》不仅适用于淡水渔业资源，也适用于海洋渔业资源的养护和管理。

---

① 汪光焘. 关于《中华人民共和国海岛保护法（草案）》的说明[J]. 中华人民共和国全国人民代表大会常务委员会公报，2010（1）: 4.

　　《渔业法》的适用范围是中华人民共和国的内水、滩涂、领海、专属经济区以及中华人民共和国管辖的一切其他海域。在上述水域从事养殖和捕捞水生动物、水生植物等渔业生产活动，必须遵守《渔业法》。

　　《渔业法》确定了国家对渔业生产实行以养殖为主，养殖、捕捞、加工并举，因地制宜，各有侧重的方针，鼓励渔业科学技术研究，推广先进技术，提高渔业科学技术水平。对渔业的监督管理，实行统一领导、分级管理。其中，海洋渔业，除国务院划定由国务院渔业行政主管部门及其所属的渔政监督管理机构监督管理的海域和特定渔业资源渔场外，由毗邻海域的省、自治区、直辖市人民政府渔业行政主管部门监督管理。外国人、外国渔业船舶进入中华人民共和国管辖水域，从事渔业生产或者渔业资源调查活动，必须经国务院有关主管部门批准，并遵守《渔业法》和中华人民共和国其他有关法律、法规的规定；同中华人民共和国订有条约、协定的，按照条约、协定办理。

　　《公约》就沿岸国应当确定其专属经济区内的渔业资源的可捕量作出规定。为有效保护、合理养护我国渔业资源，实现渔业资源的可持续利用，《渔业法》规定了捕捞限额制度。《渔业法》第 22 条规定："国家根据捕捞量低于渔业资源增长量的原则，确定渔业资源的总可捕捞量，实行捕捞限额制度。"

　　捕捞许可制度是控制捕捞强度、保护和合理利用渔业资源的重要手段，也是国际上普遍实行的一项基本的管理制度。《渔业法》第 23 条规定："国家对捕捞业实行捕捞许可证制度。"海洋大型拖网、围网作业以及到中国与有关国家缔结的协定确定的共同管理的渔区或者公海从事捕捞作业的捕捞许可证，由国务院渔业行政主管部门批准发放。捕捞许可证不得买卖、出租和以其他形式转让，不得涂改、伪造、变造。到他国管辖海域从事捕捞作业的，应当经国务院渔业行政主管部门批准，并遵守中华人民共和国缔结或者参加的有关条约、协定和有关国家的法律。《渔业法》还对渔业资源的增殖和保护、法律责任等作出具体规定。

与《渔业法》直接衔接的下位法是《中华人民共和国渔业法实施细则》（以下简称《渔业法实施细则》）。《渔业法实施细则》对《渔业法》建立的制度、一些条款的具体化以及违法处罚和法律责任等内容作出具体明确的规定。《渔业法实施细则》于 1987 年 10 月 14 日经国务院批准、1987 年 10 月 20 日由农牧渔业部发布后，先后经过 2020 年 3 月 27 日、2020 年 11 月 29 日两次修订。

《渔业法实施细则》将《渔业法》中的"中华人民共和国的内水"界定为"中华人民共和国领海基线向陆一侧的海域和江河、湖泊等内陆水域"。"中华人民共和国管辖的一切其他海域"是指根据中华人民共和国法律和中华人民共和国缔结、参加的国际条约、协定或者其他有关国际法，由中华人民共和国管辖的海域。"渔业水域"则是指中华人民共和国管辖水域中鱼、虾、蟹、贝类的产卵场、索饵场、越冬场、洄游通道和鱼、虾、蟹、贝、藻类及其他水生动植物的养殖场所。显然，"渔业水域"可能是"中华人民共和国管辖的一切其他海域"的一部分。

海洋法律法规中有"中华人民共和国管辖的一切其他海域""中华人民共和国管辖的其他海域"或诸如此类用语的条款并不鲜见，但予以明确解释的似乎不多。就此而言，对《渔业法实施细则》的立法意义应予以充分肯定。

（四）海洋矿产资源勘探开发

1986 年 3 月 19 日第六届全国人民代表大会常务委员会第十五次会议通过，并经 1996 年 8 月 29 日第八届全国人民代表大会常务委员会第二十一次会议和2009年8月27日第十一届全国人民代表大会常务委员会第十次会议两次修正的《中华人民共和国矿产资源法》(以下简称《矿产资源法》),共七章53条,就矿产资源勘查的登记和开采的审批、矿产资源的勘查、矿产资源的开采、集体矿山企业和个体采矿以及法律责任等作出规定。

根据《矿产资源法》,在中华人民共和国领域及管辖海域勘查、开采矿产资源,必须遵守本法。《矿产资源法》确立了国家对矿产资源的勘查、开发实行统一规划、合理布局、综合勘查、合理开采和综合利用的方针;明确规定矿产资源属于国家所有,由国务院行使国家对矿产资源的所有权。地表或者地下的矿产资源的国家所有权,不因其所依附的土地的所有权或者使用权的不同而改变。国家保障矿产资源的合理开发利用。禁止任何组织或者个人用任何手段侵占或者破坏矿产资源。

《矿产资源法》建立了探矿权、采矿权有偿取得制度,规定开采矿产资源必须按照国家有关规定缴纳资源税和资源补偿费。该法还规定了勘查、开采矿产资源,必须依法分别申请、经批准取得探矿权、采矿权,并办理登记等程序。依法取得的探矿权和采矿权应受到保护,不受侵犯。《矿产资源法》规定除按相关规定可以转让外,探矿权、采矿权不得转让,禁止将探矿权、采矿权倒卖牟利。

1994年3月26日,中华人民共和国国务院令第152号发布,自发布之日起施行的《中华人民共和国矿产资源法实施细则》(以下简称《矿产资源法实施细则》)第4条规定,在中国领域及管辖的其他海域勘查、开采矿产资源,必须遵守《矿产资源法》和该细则。《矿产资源法实施细则》确定国家对矿产资源的勘查、开采实行许可证制度。勘查矿产资源,必须依法申请登记,领取勘查许可证,取得探矿权;开采矿产资源,必须依法申请登记，领取采矿许可证，取得采矿权。

《矿产资源法实施细则》对《矿产资源法》及细则中一些用语的含义进行了解释和界定。探矿权是指在依法取得的勘查许可证规定的范围内，勘查矿产资源的权利。取得勘查许可证的单位或者个人，称为探矿权人。采矿权是指在依法取得的采矿许可证规定的范围内，开采矿产资源和获得所开采的矿产品的权利。取得采矿许可证的单位或者个人称为采矿权人。

《矿产资源法实施细则》对矿产资源勘查登记和开采审批、矿产资源的勘查、矿产资源的开采、集体所有制矿山企业、私营矿山企业和个体采矿者以及法律责任等方面作出了比较细化的规定。

《矿产资源法》实施多年后，根据十三届全国人大常委会立法规划的要求，由自然资源部起草的《中华人民共和国矿产资源法（修订草案）》及立法说明，已于 2019 年 12 月 17 日公布，征求社会各界意见。在 2022 年全国人大的立法工作计划中，《矿产资源法》是初次审议的法律案。①

四、海上交通安全

1983 年 9 月 2 日第六届全国人民代表大会常务委员会第二次会议通过、1984 年起施行的《海上交通安全法》，确立了我国海上交通安全管理的基本制度，有力促进了我国海运事业的发展。随着改革开放日益深化和经济社会快速发展，该法有关内容已不能适应海运事业发展和海上交通安全管理的新形势、新要求。经过 2016 年 11 月 7 日第十二届全国人民代表大会常务委员会第二十四次会议和 2021 年 4 月 29 日第十三届

① 全国人大常委会 2022 年度立法工作计划[J]. 中华人民共和国全国人民代表大会常务委员会公报，2022（3）: 560.

全国人民代表大会常务委员会第二十八次会议的两次修订，现行《海上交通安全法》包括十章120条，内容涉及总则，船舶、海上设施和船员，海上交通条件和航行保障，航行、停泊、作业，海上客货运输安全，海上搜寻救助，海上交通事故调查处理，监督管理，法律责任和附则。

《海上交通安全法》的立法目的是加强海上交通管理，维护海上交通秩序，保障生命财产安全，维护国家权益。海上交通安全工作坚持安全第一、预防为主、便利通行、依法管理的原则，保障海上交通安全、有序、畅通。修订后的《海上交通安全法》重点从加强事前制度防范、事中事后监管、应急处置等方面完善制度设计，新增八项法律制度，充实完善六项法律制度，涉及优化海上交通条件、规范海上交通行为、严控行政许可事项、完善海上搜救机制等方面，强化了责任追究，还从船舶登记、船舶检验、航行安全、船员保障、防治污染等方面全面、系统履行我国缔结或加入的国际海事公约义务。

一是优化海上交通条件，提高安全保障水平。规定海事管理机构根据需要划定、调整并及时公布船舶定线区等海上交通功能区域，明确国家建立完善船舶定位、导航等海上交通支持服务系统，明确航标建设、维护、保养的行为规范和责任主体，规定强制引航范围，明确引航机构、引航员和被引领船舶的责任。

二是强化船舶、船员管理，规范海上交通行为。规定船舶应当经船舶检验机构检验合格，取得相应证书、文书及国籍证书；规定船员应当经过相应专业教育、培训，持有合格有效证书，按照制度规程操纵和管理船舶；要求有关船舶所有人、经营人或管理人建立、运行安全营运和防污染管理体系及保安制度，取得海事劳工证书；明确船舶航行、停泊、作业需要普遍遵守的行为规则，规定船舶载运乘客、危险货物以及进行危险货物装卸过驳作业的安全保护措施。

三是严控行政许可事项，规范行政执法行为。精简整合现行法律法规设立的涉及海上交通安全管理的行政许可事项，取消一批行政许可事项，将船舶安全检验改为第三方机构检验发证；为履行《国际海事劳工公约》，新设海事劳工证书核发许可；明确海上施工作业、船舶载运危险货物进出港口、海上危险货物运输或者装卸过驳作业等三项许可的适用范围和条件；明确海事管理机构在船舶超载、威胁港口安全等情形下可采取的强制措施，要求实施监督检查时避免、减少对正常作业的影响。

四是完善海上搜救机制，健全事故调查处理制度。明确海上遇险人员依法享有获得生命救助的权利，规定生命救助优先于环境和财产救助的基本原则；规定建立海上搜救协调机制，加强海上搜救力量建设，设立海上搜救中心负责组织、协调、指挥工作，建立定期演练和日常培训制度，鼓励社会力量参与海上搜救工作；规定险情发生后遇险、救援、指挥各方的行为规范，保障搜救行动有序开展；规定海上交通事故分类标准、调查主体、原则、程序等。①《海上交通安全法》还明确了海上交通安全参与者应当承担保护海洋生态环境的义务，增加建立应对重大卫生防疫事件机制的规定，发现在船人员患有或者疑似患有严重威胁他人健康的传染病的，船长应当立即启动相应的应急预案。②

修订后的《海上交通安全法》对提升海上安全保障能力、保障资源通道安全、维护国家海洋权益、促进国民经济发展具有重要意义。

此外，关于《海上交通安全法》的修订，以下方面有必要指出和探讨：

① 中华人民共和国海上交通安全法[M]. 北京：中国民主法制出版社，2021：44-47.
② 周圆. 海上交通安全法修订 聚焦海洋生态环境保护和船舶疫情防控[N]. 海口日报，2021-04-27（8）.

其一,《海上交通安全法》是较早出现国家管辖海域概念的法律之一。1983 年《海上交通安全法》第 2 条规定在中国 "沿海水域航行、停泊和作业的一切船舶、设施和人员以及所有人、经营人",都置于该法的调整范围之内。第 50 条对 "沿海水域" 进行了解释:指 "中国沿海的港口、内水和领海以及国家管辖的一切其他海域"。将位于领海之外的 "国家管辖的一切其他海域" 均置于 "沿海水域" 的范围之内,似乎过大。修订后的《海上交通安全法》第 2 条规定,在中华人民共和国管辖海域内从事航行、停泊、作业以及其他与海上交通安全相关的活动,适用本法,但并没有明确 "中华人民共和国管辖海域" 的概念或范围,似乎又过于含糊。此次修改的幅度不可谓不大,但效果如何有待实践的检验。

其二,关于外国军用船舶的无害通过问题。1983 年《海上交通安全法》是较早就军舰的无害通过问题作出规定的法律之一。该法第 11 条区分了外国籍非军用船舶和外国籍军用船舶,分别就其进入中国的内水、港口和领海问题作出规定。第 2 款明确规定 "外国籍军用船舶,未经中华人民共和国政府批准,不得进入中华人民共和国领海"。2021 年《海上交通安全法》对此作了较大修改。修订后的《海上交通安全法》只规定 "在中华人民共和国管辖海域内的外国籍军用船舶的管理,适用有关法律的规定",置于第十章附则之内。虽有《中华人民共和国海警法》等 "有关法律" 可资适用,但保留原条款的表述也未尝不可,或许还更好。

此外,第 53 条从 "为维护海上交通安全、保护海洋环境" 的角度规定,国务院交通运输主管部门可以会同有关主管部门采取必要措施,防止和制止外国籍船舶在领海的非无害通过。第 54 条就包括潜水器、核动力船舶、载运放射性物质或者其他有毒有害物质的船舶以及法律、行政法规或者国务院规定的可能危及中国海上交通安全的其他船舶在内的外国籍船舶进出中华人民共和国领海作出规定，这些船舶应当向海事管理机构报告，若要通过中国领海，应当持有有关证书，采取符合中华人民共和国法律、行政法规和规章规定的特别预防措施，并接受海事管理机构的指令和监督。

其三，修订后的《海上交通安全法》将"内水"界定为"中华人民共和国领海基线向陆地一侧至海岸线的海域"，置于第十章附则之内，但没有解释海岸线的含义及所指究竟为何。与内水的概念和范围有关的是第55条，该条对外国籍船舶进入中国内水的情况作出规定：除依照本法规定获得进入口岸许可外，外国籍船舶不得进入中国内水。但如因人员病急、机件故障、遇难、避风等紧急情况来不及获得许可的，也可以进入。在这种情况下，外国籍船舶应当在进入中国内水的同时，向海事管理机构紧急报告，接受海事管理机构的指令和监督。海事管理机构应当及时通报管辖海域的海警机构、就近的出入境边防检查机关和当地公安机关、海关等其他主管部门。

1983年《海上交通安全法》颁布后，国务院交通主管部门先后制定了《中华人民共和国航道管理条例》（1987年）、《中华人民共和国海上航行警告和航行通告管理规定》（1993年）、《中华人民共和国船舶登记条例》（1995年）、《中华人民共和国航标条例》（1995年）、《中华人民共和国船舶安全检查规则》（2009年，已废止）、《中华人民共和国水上水下活动通航安全管理规定》（2011年，已废止）等多部配套法规，健全了海上交通安全法律制度。为实施修订后的《海上交通安全法》，《中华人民共和国海事行政许可条件规定》《中华人民共和国海上海事行政处罚规定》《水上交通事故统计办法》《中华人民共和国水上水下活动通航安全管理规定》和《船舶引航管理规定》等配套规章也进行了修订。

五、海洋科学研究

在领海、专属经济区、大陆架、公海、国际海底区域等不同海域进行海洋科学研究，《公约》的规定和要求是有区别的。在一国领海内进行科学研究的权利是专属该国的，他国必须经过沿海国的明示同意，并在遵守该国法律的条件下才能进行。而在一国的专属经济区和大陆架上，其他国家享有一定的海洋科学研究的权利，前提是此活动专为和平目的，以及为了增进关于海洋环境的科学知识以为全人类谋利益。

为了加强对在中华人民共和国管辖海域内进行涉外海洋科学研究活动的管理，促进海洋科学研究的国际交流与合作，维护国家安全和海洋权益，1996 年 6 月 18 日，中华人民共和国国务院令第 199 号发布了《中华人民共和国涉外海洋科学研究管理规定》(以下简称《涉外海洋科研管理规定》)，该规定自 1996 年 10 月 1 日起施行。

《涉外海洋科研管理规定》适用于国际组织、外国的组织和个人(以下简称外方)为和平目的，单独或者与中华人民共和国的组织(以下简称中方)合作，使用船舶或者其他运载工具、设施，在中华人民共和国内海、领海以及中华人民共和国管辖的其他海域内进行的对海洋环境和海洋资源等的调查研究活动。但是，海洋矿产资源(包括海洋石油资源)勘查、海洋渔业资源调查和国家重点保护的海洋野生动物考察等活动，适用中华人民共和国有关法律、行政法规的规定。

《涉外海洋科研管理规定》对拟将进行的科研活动从海域范围上进行了区分：外方在中华人民共和国内海、领海内进行海洋科学研究活动，应当采用与中方合作的方式；在中华人民共和国管辖的其他海域内，外方可以单独或者与中方合作进行海洋科学研究活动。

外方单独或者与中方合作进行海洋科学研究活动，须经国家海洋行政主管部门批准或者由国家海洋行政主管部门报请国务院批准，并遵守中华人民共和国的有关法律、法规。

进行海洋科学研究活动应当在研究计划预定开始日期6个月前提出书面申请。中外合作进行的，由中方向国家海洋行政主管部门提出，并按照规定提交海洋科学研究计划和其他有关说明材料；外方单独进行的，应当通过外交途径向国家海洋行政主管部门提出书面申请，同样要按照规定提交海洋科学研究计划和其他有关说明材料。

经批准进行涉外海洋科学研究活动的，申请人应当在各航次开始之日2个月前，将海上船只活动计划报国家海洋行政主管部门审批。获准的申请人应当按照经批准的海洋科学研究计划和海上船只活动计划进行海洋科学研究活动；进行过程中需要对海洋科学研究计划或者海上船只活动计划作重大修改的，应当征得国家海洋行政主管部门同意。

《涉外海洋科研管理规定》对海洋科学研究活动所获得的原始资料和样品的所有权归属、使用、发表和转让等作出了规定。进行涉外海洋科学研究活动，不得将有害物质引入海洋环境，不得擅自钻探或者使用炸药作业。此外，《涉外海洋科研管理规定》还对违反本规定进行涉外海洋科学研究活动的责任和处罚等作出规定。

《涉外海洋科研管理规定》颁布实施已有较长时间，有些规定已经不适应海洋科学研究管理的现实需求，有必要进行修订。

六、海底电缆管道

海底电缆管道是指铺设于海底，用于通信、输送水电油气等物质的各类电缆和管道。海底电缆包括输电电缆、通信光缆及复合电缆。1850年，英国铺设了世界上第一条海底电缆，长155千米，连通了英法两国。

海底通信电缆使用光纤作为材料，传输电话和互联网信号，连接起全球网络和通信，承载约99%的越洋通信和100%的全球互联网信号传输，是全球电子商务、金融、通信、信息资讯传播的基础工程。目前，世界海底电缆总长约900万千米，有超过200条海底电缆连接全球通信、网络和电子商务，对经济社会发展意义重大。[1]据《全球海底光缆产业发展研究报告（2023年）》，截至2022年年底，全球已投产海缆总长度超过139万千米。海底电缆贯通世界各大洋、各海域，广泛应用于日常生活、信息收集与传输、海洋科学研究、油气资源输送等多个方面。

海底光缆在国际信息交流中占有重要的地位，作为网络空间的关键基础设施，它是国际金融和全球通信最重要的信息载体，所传递的数字信息成为塑造地缘政治的主要力量。截至2021年，全球已铺设海底光缆486条，建成登陆站1306个，95%的国际数据传输是通过海底光缆进行的。

管道输送是油气资源供应的主要途径。挪威海底电缆、北溪天然气管道被破坏等事件，印证了国际海底电缆、管道已经成为对国际政治、全球经济、国家安全和民生福祉有着重要意义的关键设施，关系到国家的主权和安全，涉及国际交流与合作、政策、法律、军事、环境、技术等诸多方面。相关法律问题，是海洋法领域的前沿问题。

1884年《保护海底电缆公约》（以下简称《电缆公约》）是国际上第一个保护海底电缆的法律文件，签字国有美国、阿根廷、奥地利、匈牙利、比利时、法国、德国、英国等30多个国家，适用范围包括"各国领海以外，所有合法铺设的并在一个或多个缔约国领土、殖民地或占领地上岸的海底电缆"。《电缆公约》将故意或因重大过失切断或损害海底电缆，导致电信完全或部分中断或受阻的行为，确定为犯罪行为，并对惩罚、

---

① 王秀卫. 论南海海底电缆保护机制之完善[J]. 海洋开发与管理, 2016（9）: 4.

赔偿等作出规定。《电缆公约》规定，铺设或修理海底电缆的船舶，必须遵守各缔约国为防止海上碰撞，经一致同意而已采用或将采用的有关信号规则。各缔约国保证采取必要措施或建议各自的立法机构采取必要措施。中国的香港和澳门特别行政区都适用《电缆公约》。

1988 年，中国铺设了第一条海底光缆。但迟至 1994 年，我国海底电缆管道才开始注册备案。现有数据显示，截止到 2014 年，国家海洋局及其分局审批管理的海底电缆管道注册备案 396 条。[①] 现在，海底光缆已经成为中国深海领域最重要的基础设施，承担着我国 80% 的国际通信流量，海底电缆管道的安全畅通是国家经济安全的重要依托。1982 年 9 月 20 日，国务院和中央军委发布的《国务院、中央军委关于保护通信线路的规定》是与此相关的最早法规。此后，有关部门相继制定颁布了数个关于铺设、保护海底电缆管道的法规。

（一）海底电缆管道的铺设

为维护中华人民共和国国家主权和权益，合理开发利用海洋，有秩序地铺设和保护海底电缆、管道，1989 年 2 月 11 日，国务院令第 27 号发布《铺设海底电缆管道管理规定》，就铺设海底电缆的管理机关、铺设海底电缆申请的相关事项，以及在实施铺设活动中的要求与禁止事项等作出规定。

《铺设海底电缆管道管理规定》把"电缆"界定为"通信电缆及电力电缆"，"管道"指"输水、输气、输油及输送其他物质的管状输送设施"。该规定的适用范围包括在中国的内海、领海及大陆架上铺设海底电缆、管道以及为铺设所进行的路由调查、勘测及其他有关活动。军用海底电

---

① 张明慧，林勇，张宪文，等 . 我国海底电缆管道管理问题分析与对策建议[J]. 海洋开发与管理，2015（10）: 26.

缆、管道的铺设也依照此规定执行，军队可以制定具体实施办法。

中国的企业、事业单位铺设海底电缆、管道，需经其上级业务主管部门审批同意。外国的公司、企业和其他经济组织或者个人（外方）在中国内海、领海铺设海底电缆、管道及为铺设所进行的路由调查、勘测等活动，应报经中华人民共和国国家海洋局（以下简称主管机关）批准；在中国大陆架上进行上述活动，应当事先通知主管机关，但其确定的海底电缆、管道路由，须经主管机关同意。

海底电缆、管道所有者（以下简称所有者）应在实施路由调查、勘测前向主管机关提出书面申请，调查勘测完成后、铺设施工前，将最后确定的海底电缆、管道路由报主管机关审批。海底电缆、管道的铺设和为铺设所进行的路由调查、勘测活动，应在批准的区域进行。铺设及相关活动不得在获准作业区域以外的海域作业，也不得在获准区域内进行未经批准的作业。海底电缆、管道的维修、改造、拆除和废弃，所有者应当向主管机关报告。

铺设施工完毕后，所有者应当将海底电缆、管道的路线图、位置表等说明资料报送主管机关备案，并抄送港监机关。在国家进行海洋开发利用、管理需要时，所有者有义务向主管机关进一步提供海底电缆、管道的准确资料。

（二）海底电缆管道的保护

为加强对海底电缆管道的保护，保障海底电缆管道的安全运行，维护海底电缆管道所有者的合法权益，根据《铺设海底电缆管道管理规定》和有关法律、法规，2004 年 1 月，国土资源部公布《海底电缆管道保护规定》。

《海底电缆管道保护规定》实行海底电缆管道保护区制度。海底电缆管道保护区范围，沿海宽阔海域为海底电缆管道两侧各 500 米，海湾等狭窄海域为海底电缆管道两侧各 100 米，海港区内为海底电缆管道两侧各 50 米。

鼓励海底电缆管道所有者对海底电缆管道保护区和海底电缆管道的线路等设置标识，并向有关部门备案。

《海底电缆管道保护规定》要求海上作业者提前了解作业海区海底电缆管道的铺设情况，采取有效的防护措施。确需进入海底电缆管道保护区内从事海上作业的，应当与海底电缆管道所有者协商，就相关事项达成协议；如果在海上作业时钩住海底电缆管道，不得擅自将海底电缆管道拖起、拖断或者砍断，而应立即报告所在地海洋行政主管部门或者海底电缆管道所有者采取相应措施。必要时，海上作业者应当放弃船锚或者其他钩挂物。

《海底电缆管道保护规定》还就对保护海底电缆管道而遭受损失的赔偿和损害海底电缆管道及附属保护设施应承担的赔偿责任作出规定。

（三）石油天然气管道保护

为保障石油（含原油、成品油）、天然气（含煤层气）管道及其附属设施的安全运行，维护公共安全，2001 年 8 月，国务院公布《石油天然气管道保护条例》。该条例适用于中华人民共和国境内输送石油、天然气的管道及其附属设施的保护。国务院经济贸易管理部门负责全国管道设施保护的监督管理工作。管道设施沿线各级公安机关依法查处破坏、盗窃、哄抢管理设施和管道输送的石油、天然气以及其他危害管道设施安全的案件。由此，此条例的适用范围和主管部门是有别于海底电缆管道管理和保护的相关法律法规的规定的。

随着国际政治、社会经济的发展和海底电缆管道重要性的日益提高，关于海底电缆管道的管理、保护规定面临着新问题和新挑战。比如，对于违反铺设、维修、改造、拆除、废弃海底电缆管道以及为铺设所进行的路由调查、勘测活动的有关规定的处罚，《铺设海底电缆管道管理规定》仅规定可处以警告、罚款直至责令其停止海上作业，但对罚款的数额未作明确规定。《海底电缆管道保护规定》中对违反保护规定的处罚较轻，难以起到威慑和惩罚作用。《中华人民共和国刑法》未就破坏海底电缆管道的刑事责任作出专门规定，而是在破坏公用电信设施罪中将海底电缆作为一种公用电信设施进行保护。①此外，现有规定关于海上巡航和现场执法的内容不够详尽，对在巡航执法过程中可采取的强制措施规定得不够明确。凡此种种，有必要及时修法。

---

① 王秀卫. 论南海海底电缆保护机制之完善[J]. 海洋开发与管理，2016（9）: 7.

第三节 新时代的海洋法治建设

党的十八大以来，党中央和国务院高瞻远瞩，推进生态文明建设，坚持全面依法治国，构建人类命运共同体，深刻影响了新时期中国海洋法律制度的完善和发展。

一、《民法典》中的海域物权

根据《公约》和中国《领海及毗连区法》等相关法律，中国可以主张约 300 万平方千米的管辖海域，其中的领海属于中国领土的组成部分。《宪法》规定了矿藏、水流、森林、山岭、草原、荒地、滩涂等自然资源都属于国家所有，但没有对海洋或海域作出直接规定。

沿海地区的滩涂和海域是重要的生产和生活空间。2007 年 3 月 16 日第十届全国人民代表大会第五次会议审议通过、2007 年 10 月 1 日起施行的《中华人民共和国物权法》（以下简称《物权法》），以法律的形式对海域物权制度、国家海域所有权和海域使用权人的合法权益等问题作出了明确规定。

《物权法》确立了海域的物权属性。《物权法》第 46 条规定："矿藏、水流、海域属于国家所有。"以列举的方式对海域使用权作出规定，既不是设定新的物权，也不是为了完善海域使用权，而是为了明确海域使用权作为私权，受到物权法的保护。[①]

《物权法》在"所有权"编中规定矿藏、水流和海域属于国家所有，丰富和完善了《宪法》关于自然资源国家所有的规定，有助于树立海域国家所有的意识，防止一些单位或者个人随意侵占、买卖或者以其他形式

[①] 王克稳. 论公法性质的自然资源使用权[J]. 行政法学研究，2018（3）: 40-52.

非法转让海域，避免海域资源浪费和海域国有财产流失。

在"用益物权"编第 122 条专门规定"依法取得的海域使用权受法律保护"，进一步明确了海域使用权派生于海域的国家所有权，是基本的用益物权。《物权法》将海域的国家所有权和海域使用权相分离，有利于保护各类海域使用权人的合法权益，将对促进沿海地区社会主义新农村建设和和谐社会建设产生重要作用。

2020 年 5 月 28 日，第十三届全国人民代表大会第三次会议审议通过了《中华人民共和国民法典》（以下简称《民法典》）。这是新中国成立以来第一部以法典命名的法律，是新时代我国社会主义法治建设的重大成果，为提升国家治理体系和治理能力现代化提供了坚实的法律保障。《民法典》是市场经济的基本法，进一步完善了我国民商事领域各项基本法律制度和行为规则。[①]

《民法典》吸收了《海域使用管理法》和《海岛保护法》的有关内容，沿用了《物权法》第 122 条的规定，对海域所有权、使用权以及无居民海岛所有权作出规定。

《民法典》第 247 条规定，"矿藏、水流、海域属于国家所有"，国家是海域所有权的唯一主体，海域为国家所专有，除国家以外的任何单位或个人，都不能对海域产生或拥有所有权。海域使用权是在国家海域所有权基础上产生的一种他物权。《民法典》在"物权"编[②]中对海域物权作出规定，第 328 条规定："依法取得的海域使用权受法律保护。"

中国有众多大小岛屿，很多是无居民海岛，很多岛礁离大陆较远，孤悬海外。《民法典》第 248 条规定："无居民海岛属于国家所有，国务院

---

① 新华社评论员.法治建设的里程碑——写在民法典通过之际[N].光明日报,2020-05-29(9).
② 2021年1月1日《民法典》施行,《物权法》同时废止。

代表国家行使无居民海岛所有权。"第 248 条明确了无居民海岛的法律地位及其权属，与《海岛保护法》第 4 条的规定相一致。这对加强岛礁的保护和管理，维护国家主权和领土完整，维护岛礁附近海域的海洋权益，维护国防安全具有十分重要的意义。

二、战略新疆域的立法

外层空间、国际海底区域和南北两极是为了人类的认知、进步和利益而需要和平探索和利用的新疆域。党的十八大以来，战略新疆域的法治建设快速发展。

（一）战略新疆域的安全

2015 年 7 月 1 日，中华人民共和国第十二届全国人民代表大会常务委员会第十五次会议通过《中华人民共和国国家安全法》（以下简称《国家安全法》），自公布之日起施行。《国家安全法》强调加强边防、海防和空防建设，采取一切必要的防卫和管控措施，保卫领陆、内水、领海和领空安全，维护国家领土主权和海洋权益。《国家安全法》第 32 条规定，国家坚持和平探索和利用外层空间、国际海底区域和极地，增强安全进出、科学考察、开发利用的能力，加强国际合作，维护我国在外层空间、国际海底区域和极地的活动、资产和其他利益的安全。

（二）深海海底区域资源的勘探开发

2016 年 2 月 26 日，中华人民共和国第十二届全国人民代表大会常务委员会第十九次会议通过《中华人民共和国深海海底区域资源勘探开发法》（以下简称《深海法》），自 2016 年 5 月 1 日起施行。[①]《深海法》

---

① 《深海法》于 2015 年 10 月 31 日提请第十二届全国人民代表大会常务委员会第十七会议初次审议，2015 年 11 月 6 日至 12 月 5 日公开征求意见，2016 年 2 月 26 日第十二届全国人民代表大会常务委员会第十九次会议通过。

共七章 29 条，是第一部规范中国公民、法人或者其他组织，在"国际海底区域"（《公约》称之为"区域"）这个国家管辖范围以外海域从事资源勘探、开发活动的法律，是中国参与深海海底区域资源勘探开发活动的重要准则，也是中国积极履行国际义务的重要体现。

在"区域"内活动难度大、风险高，尤其是对深海环境的影响难以预料。一旦承包者违规作业并造成损害，根据《公约》，有无国内立法将是担保国是否承担赔偿责任的关键因素之一。

尽管中国不乏相关法规，但《矿产资源法》及其实施细则、《海洋环境保护法》等法律法规的适用范围，限于中国领域及管辖海域。《深海法》之前，中国并无关于深海资源勘探开发的专门性法律。作为多金属结核、富钴结壳和多金属热液硫化物这三种深海矿产资源的五块矿区勘探合同的担保国，根据包括《公约》和《关于执行 1982 年 12 月 10 日〈联合国海洋法公约〉第十一部分的协定》（以下简称《执行协定》）在内的国际法的有关规定，中国有责任采取一切必要和适当的措施，确保中国所担保的承包者，在从事"区域"内活动时遵守《公约》等的规定。制定大洋资源勘探开发的国内法是我国作为担保国应履行的法律义务，也是在承包者发生污染海洋环境等方面的意外损害时，免除我国政府承担赔偿责任的必要法定条件。

1.《深海法》的三重效力

《深海法》的立法目的是规范深海海底区域资源勘探、开发活动，推进深海科学技术研究、资源调查，保护海洋环境，促进深海海底区域资源可持续利用，维护人类共同利益。《深海法》以"区域"及其资源是全人类的共同继承财产作为基本原则，规定了勘探、开发深海海底区域资源活动的基本原则，包括和平利用、合作共享、保护环境、维护人类共同利益等，反映了《联合国宪章》的基本要求。

《深海法》在适用范围上与《公约》和《执行协定》，以及《公约》缔约国组织和控制"区域"内活动、特别是管理"区域"资源的国际海底管理局①制定的相关规章等国际法律规范进行了对应衔接，从属人管辖、空间效力和时间效力三个维度分别作出具体规定。

中国的公民、法人或者其他组织从事深海海底区域资源勘探、开发和相关环境保护、科学技术研究、资源调查活动，适用《深海法》，这是对人的效力。但这与一般国内法对人的效力有所区别：《深海法》在制度设计上充分顾及了中国管理者（中国政府、国务院海洋主管部门等）、深海活动主体（中国的公民、法人或者其他组织）和国际海底管理局之间的关系，充分体现了中国的海洋法律制度与国际规则的衔接和融合。

关于空间效力，《深海法》所规范的海上活动集中于"区域"之内，地理适用范围局限于"区域"之内。"区域"的法律地位极为特殊，它不仅完全位于我国管辖海域（内水、领海、专属经济区和大陆架）之外，也位于其他国家管辖海域之外。《深海法》界定的"深海海底区域"范围与《公约》中的国际海底区域基本一致，但《深海法》并未采用《公约》中的"区域"概念，而是独创了"深海海底区域"的概念。《深海法》第2条第2款将"深海海底区域"界定为"中华人民共和国和其他国家管辖范围以外的海床、洋底及其底土"。这与《国家安全法》直接使用"国际海底区域"的概念有所不同。

《深海法》的效力还涉及时间问题。在适用时间上，每块矿区的勘探合同时间为15年；进行商业性开采的时间，需执行我国（企业）将来与管理局另行签订的开采合同。

---

① 参见《公约》第157条。

2. 主要内容

（1）关于勘探开发

《深海法》对"区域"资源勘探、开发活动作出规范和管控，是《公约》及《执行协定》、国际海底管理局规章和国际海洋法法庭的"咨询意见"对缔约国的基本要求。为了保证深海海底资源勘探和开发活动的承包者有序、安全、合理地开展"区域"资源勘探、开发活动，《深海法》第二章规定了勘探、开发的主要内容，包括：承包者在向国际海底管理局提交申请前，应当向国务院海洋主管部门提出申请，并提交规定的材料。国务院海洋主管部门对申请者提交的材料进行审查，对于符合规定条件的应予以许可。承包者对合同区域内特定资源享有专属勘探及开发权。

《公约》和《执行协定》等国际法决定了中国管理者、深海活动主体和国际海底管理局之间的关系。《深海法》的制度设计充分考虑了这种关系：中国政府不能径自批准中国企业直接进入"区域"从事资源勘探开发，而须先由勘探开发主体在国家担保下，与国际海底管理局签订勘探开发合同，再按照《公约》《执行协定》和国际海底管理局的勘探规章、合同以及中国法律开展相关活动。

在从事深海资源勘探和开发过程中，应当履行保障作业人员的人身安全、保护海洋环境、保护作业区域内的文物和铺设物、遵守中华人民共和国有关安全生产和劳动保护的法律法规的义务。《深海法》还对勘探、开发合同转让、变更及终止，以及勘探开发中突发事件的应急预案、应急措施等作出规定。

（2）关于深海环境保护

在深海资源勘探开发过程中，若对相关活动管控不当，会造成"区域"内及相关范围的海洋环境破坏，特别是对海洋生态系统的破坏。《深海法》秉承了《公约》及《执行协定》、国际海底管理局有关规章和国际海洋法法庭"咨询意见"中高度重视海洋环境保护的精神，在第三章对环境保护作了专门规定，包括利用可获得的先进技术保护海洋环境，制定和执行环境监测方案，保护和保全海洋环境及海洋资源。

（3）关于科技与资源调查

为提高深海科学技术研究水平和深海资源勘探开发能力，《深海法》第四章"科学技术研究与资源调查"，就深海科学技术研究和资源勘探开发能力建设等进行专门规定：鼓励海洋科学研究和资源调查活动，支持深海科学技术研究和专业人才培养，支持深海科学技术研究的公共平台建设，鼓励开展深海科学普及活动。《深海法》还强调了深海海底资源勘探、开发和资源调查活动后的资料汇交与共享，重视保护海底文物，比较充分地体现了《公约》及《执行协定》、国际海底管理局规章的内容和要求。

（4）关于监督检查和法律责任

《深海法》专设监督检查和法律责任两个章节，明确了监督主体和监督检查范围，规定了承包者报告制度。为保证《深海法》中多项制度的有效实施，进一步强化对"区域"行为的有效控制，法律责任部分明确了造成海洋环境污染损害或者作业区域内文物、铺设物等损害及其他违法行为的法律责任。

《深海法》是第一部规范中国公民、法人或者其他组织在中国管辖范围以外海域从事深海海底区域资源勘探、开发活动的有涉外因素的独特的国内法，在制度设计上充分体现了中国的海洋法律制度与国际规则的衔接和融合，在基本内容上涵盖了"咨询意见"中关于"直接义务"的要求,也通过监督检查和法律责任等强制手段在一定程度上满足了"确保遵守义务"的要求。《深海法》的制定彰显了中国政府维护国际海底秩序、推进国际深海科技发展、和平利用深海资源的负责任大国的担当,是中国积极履行国际义务的重要体现。

2011 年,国际海洋法法庭海底争端分庭就担保国责任问题给出了明确的咨询意见:担保国以不低于国际规则的标准,制定了规范其自然人或法人在大洋进行开发活动的法律法规及管理措施,即可被认为尽到了担保义务。

三、海警法

为进一步规范和保障海警机构履行职责,维护国家主权、安全和海洋权益,保护公民、法人和其他组织的合法权益,2021 年 1 月 22 日,第十三届全国人民代表大会常务委员会第二十五次会议通过《中华人民共和国海警法》(以下简称《海警法》),自 2021 年 2 月 1 日起施行。《海警法》共十一章 84 条,重点规定了海警机构的组织架构、职责权限、保障和协作、国际合作以及监督、法律责任等基本事项。

《海警法》明确将"海警"定性为人民武装警察部队海警部队,这与2018 年 6 月 22 日十三届全国人大常委会第三次会议通过的《全国人民代表大会常务委员会关于中国海警局行使海上维权执法职权的决定》中,"海警队伍整体划归中国人民武装警察部队领导指挥,调整组建中国人民武装警察部队海警总队,称中国海警局,中国海警局统一履行海上维权执法职责"的规定一致。

中国海警隶属于中国人民武装警察部队,是重要的海上武装力量和国家行政执法力量,在《武警法(修订草案)》中对应的表述是"海警部队"。海警部队作为武警部队的一部分,在立法中与武警部队的性质、定位、称谓保持统一。

中国海警兼具行政执法和武装力量双重属性，这与美日等国的海上执法力量属性相似。美国海岸警卫队是美国武装力量的重要组成部分，也是世界上规模最大、武器装备最先进的海上执法力量。

关于《海警法》的适用范围，第 3 条规定，海警机构在中华人民共和国管辖海域（以下简称我国管辖海域）及其上空开展海上维权执法活动，适用本法。在既有国内海洋立法中，中华人民共和国管辖海域包括中华人民共和国内水、领海、毗连区、专属经济区、大陆架以及中华人民共和国管辖的其他海域。

（一）执法主体

根据《海警法》，人民武装警察部队海警部队即海警机构，在中华人民共和国管辖海域及其上空开展海上维权执法活动，统一履行海上维权执法职责。

（二）海警机构的职责

《海警法》第 12 条对海警机构的职责作出了明确规定，这些职责反映了海警职权的多重性，既有海上行政执法权，也有维权执法职能，还有包括海上犯罪的刑事侦查权在内的刑事执法权。这与其他国家海上执法力量的基本职责大同小异。

第一，在我国管辖海域开展巡航、警戒，值守重点岛礁，管护海上界线，预防、制止、排除危害国家主权、安全和海洋权益的行为；第二，对海上重要目标和重大活动实施安全保卫，采取必要措施保护重点岛礁以及专属经济区和大陆架的人工岛屿、设施和结构安全；第三，实施海上治安管理，查处海上违反治安管理、入境出境管理的行为，防范和处置海上恐怖活动，维护海上治安秩序；第四，对海上有走私嫌疑的运输工具或者货物、物品、人员进行检查，查处海上走私违法行为；第五，在职责范围内对海域使用、海岛保护以及无居民海岛开发利用、海洋矿产资源勘查开发、海底电（光）缆和管道铺设与保护、海洋调查测量、海洋基础测绘、涉外海洋科学研究等活动进行监督检查，查处违法行为；第六，在职责范围内对海洋工程建设项目、海洋倾倒废弃物对海洋污染损害、自然保护地海岸线向海一侧保护利用等活动进行监督检查，查处违法行为，按照规定权限参与海洋环境污染事故的应急处置和调查处理；第七，对机动渔船底拖网禁渔区线外侧海域和特定渔业资源渔场渔业生产作业、海洋野生动物保护等活动进行监督检查，查处违法行为，依法组织或者参与调查处理海上渔业生产安全事故和渔业生产纠纷；第八，预防、制止和侦查海上犯罪活动；第九，按照国家有关职责分工，处置海上突发事件；第十，依照法律、法规和我国缔结、参加的国际条约，在我国管辖海域以外的区域承担相关执法任务；第十一，法律、法规规定的其他职责。

1. 海上维权执法

根据《海警法》，人民武装警察部队海警部队即海警机构，在我国管辖海域及其上空开展海上维权执法活动，统一履行海上维权执法职责，主要包括海上安全保卫，维护海上治安秩序，打击海上走私、偷渡，预防、制止和惩治海上违法犯罪活动，等等。海警机构履行海上维权执法职责，具体的执法措施包括识别查证、跟踪监视、责令离开、扣留、强制驱离、强制拖离、登临、检查、强制检查、拦截、紧追等。

海警机构因处置海上突发事件的紧急需要可以采取的措施主要包括：责令船舶停止航行、作业、改变航线或者驶向指定地点，责令船舶上的人员下船或者限制、禁止人员上船、下船，责令船舶卸载货物或者限制、禁止船舶卸载货物，等等。

《海警法》赋予中国的海上执法队伍以充分的执法权和使用武器的权力。根据《海警法》第 22 条，当国家主权、主权权利和管辖权在海上正在受到外国组织和个人的不法侵害或者面临不法侵害的紧迫危险时，海警机构有权采取包括使用武器在内的一切必要措施制止侵害、排除危险。《海警法》设专章就武器（包括手持武器、舰载或者机载武器）的使用作出规定。海警机构工作人员依法使用武器，来不及警告或者警告后可能导致更为严重危害后果的，可以直接使用武器。

2. 海上行政执法

海警机构进行海上行政执法，可以依法对违反海上治安、海关、海洋资源开发利用、海洋生态环境保护、海洋渔业管理等法律、法规、规章的组织和个人，实施包括限制人身自由在内的行政处罚、行政强制或者法律、法规规定的其他措施。

依照海洋资源开发利用、海洋生态环境保护、海洋渔业管理等法律、法规的规定，海警机构对海上生产作业现场进行监督检查。

海警机构因调查海上违法行为的需要，有权向有关组织和个人收集、调取证据；为维护海上治安秩序，可以对有违法犯罪嫌疑的人员进行当场盘问、检查。盘问检查应依照《中华人民共和国人民警察法》的规定执行。

出于执行海上安全保卫任务、打击海上违法犯罪活动、处置海上突发事件、保护海洋资源和生态环境等需要，省级海警局以上海警机构可以在我国管辖海域划定海上临时警戒区，并公告区域范围、警戒期限、管理措施等事项，对可能影响海上交通安全的，应发布航行通告、航行警告。

经我国主管机关批准，国际组织、外国组织和个人的船舶在我国管辖海域从事渔业生产作业以及其他自然资源勘查开发、海洋科学研究、海底电（光）缆和管道铺设等活动的，海警机构应当依法进行监管，可以派出执法人员随船监管。

《海警法》第 28 条关于海警机构为预防、制止和惩治在我国陆地领土、内水或者领海内违反有关安全、海关、财政、卫生或者入境出境管理法律、法规的行为，有权在毗连区行使管制权，依法实施行政强制措施或者法律、法规规定的其他措施的规定，与《领海及毗连区法》的有关规定相衔接。

3. 监督与法律责任

《海警法》明确了监督与法律责任，强化对执法权力的监督，结合海警机构的管理体制和职能属性，设置了执法公开、表明身份、执法过程记录等制度。同时，为保障海警机构依法履职，提高执法权威，《海警法》规定了组织或者个人阻碍海警机构依法执行职务时所应承担的法律责任。

此外，《海警法》还赋予中国海警局就海上维权执法事项制定规章的权力。

四、海洋立法的发展方向

2020 年 11 月，习近平总书记在中央全面依法治国工作会议上发表重要讲话，从全局和战略高度提出推进全面依法治国的总体要求，用"十一个坚持"系统阐述了新时代推进全面依法治国的重要思想。其中，关于"坚持依法治国、依法执政、依法行政共同推进，法治国家、法治政府、法治社会一体建设"，"坚持全面推进科学立法、严格执法、公正司法、全民守法"和"坚持统筹推进国内法治和涉外法治"的重大决策部署，为建设法治海洋提供了科学指导，为当前和今后一个时期完善海洋立法、严格海洋执法、公正海事司法提供了实现路径。要贯彻习近平法治思想，进一步健全、完善海洋立法，发挥海洋立法的引领、推动和保障作用，为推动海洋事业发展，加快建设海洋强国创造良好的法治环境。

一是制定"海洋基本法"。中国的海洋法律体系基本确立，但仍然缺乏处于统领地位、为单项海洋立法和海洋政策提供基本准则的"基本法"。"海洋基本法"是为国家整个海洋活动和其他海洋立法提供基本准则的法律，是对中国涉海法治成果的巩固和升华，制定"海洋基本法"有利于体现国家海洋观和海洋工作基本方针、基本政策，确立海洋基本制度和原则，统筹维护国家海洋权益、规范海洋开发秩序、保护海洋生态环境、促进海洋科教发展、提供海洋公益服务，实现海洋可持续开发利用，构建海洋命运共同体。十三届全国人大常委会曾将"海洋基本法"列入届期内条件成熟时提请审议的法律草案，惜未实现。

二是陆海统筹综合立法。2013 年中央政治局第八次集体学习的主题是"发展海洋经济　维护海洋权益　建设海洋强国"。坚持陆海统筹是推进海洋强国建设、实现海洋资源可持续利用、促进海洋经济高质量发展的重要途径。海岸带区域的海陆复合性决定了应以陆海统筹理念进行法律规制，加快海洋空间规划立法和海岸带管理立法，促进区域协调发展。海洋环境保护法的修改，也应贯彻陆海统筹理念，实现山水林田湖草沙的综合治理，为海洋生态环境保护提供绿色发展的法律保障。

三是推进南极活动管理的立法。中国是南极条约体系的重要协商国之一，在南极享有科学考察等重要权利。按照《南极条约》的规定，缔约国在南极从事任何活动都要以和平利用为目的，以保护南极环境及其附属生态系统为基本考虑。中国在南极开展了大量的科学考察活动，也有很多中国公民赴南极旅游。为了规范南极活动秩序，有必要制定南极活动管理规定，对正在从事的科学考察、旅游等活动进行影响评估和定期有效管理，积极行使和履行所加入的国际条约赋予缔约国的权利和义务，更好地维护国家主权、安全、发展利益，特别是维护中国在南极的利益。同时，尽可能减少对南极生态和环境的影响，履行国际义务。

03

第三章

中国的海洋执法

第一节　海洋执法体制机制

海洋执法是以海洋行政管理为目的，由海洋执法机构和执法队伍，依照法定职权和程序，执行海洋法律法规，实施直接影响海洋行政相对人的权利义务的行为。

一、执法体制机制的发展

从中华人民共和国成立到改革开放前，海洋观念和政策侧重于海洋防卫，海洋执法多由海军进行。随着海上交通安全、海洋自然资源开发利用管理、海洋权益维护和海洋环境保护等法律法规的制定与实施，中国海上执法力量相继建立，形成了中国海监、中国渔政、中国海事、公安边防海警、海关缉私警察等海上执法队伍，中国海军也承担着一部分海上维权执法任务。

（一）中国海监

1982 年《海洋环保法》第 5 条规定："国家海洋行政主管部门负责海洋环境的监督管理，组织海洋环境的调查、监测、监视、评价和科学研究，负责全国防治海洋工程建设项目和海洋倾倒废弃物对海洋污染损害的环境保护工作。"为适应国家发展的需要，"中国海监"的船舶、飞机在中国管辖海域巡航执法，"中国海监"队伍应运而生。

1998 年，中共中央编制委员会办公室批准国家海洋局正式设置"中国海监总队"。作为海洋行政执法力量，中国海监的主要职能是依照有关法律和规定，对我国管辖海域（包括海岸带）实施巡航监视，查处侵犯海洋权益、违法使用海域、损害海洋环境与资源、破坏海上设施、扰乱海上秩序等违法违规行为，并根据委托或授权进行其他海上执法工作。

中国海监执法队伍成立以来，迅速强化巡航执法，实现了中国管辖海域巡航执法全覆盖。

（二）中国海事

中国海事是海上交通执法队伍。中华人民共和国海事局是在原中华人民共和国港务监督局（交通安全监督局）和原中华人民共和国船舶检验局（交通部船舶检验局）的基础上合并组建而成的。海事局是交通运输部部属行政机构。根据中国相关法律、法规、规章，海事局负责船舶安全检查和污染防治，危险货物运输安全管理，维护通航环境和水上交通秩序，调查海上交通事故，组织实施国际海事条约，等等。

中国海事是海上交通执法监督队伍，履行水上交通安全监督管理、船舶及相关水上设施检验和登记、防治船舶污染和航海保障等执法职责。具体职责主要包括：负责船舶安全检查和污染防治；管理水上交通安全和防治船舶污染，调查、处理水上交通事故、船舶污染事故及水上交通违法案件；负责外籍船舶出入境及在中国港口、水域的监督管理；负责船舶载运货物的安全监督；负责禁航区、航道（路）、交通管制区、安全作业区等水域的划定和监督管理；管理和发布全国航行警（通）告，办理国际航行警告系统中国国家协调人的工作；审批外籍船舶临时进入中国非开放水域；管理沿海航标、无线电导航和水上安全通信；组织、协调和指导水上搜寻救助并负责中国搜救中心日常工作；危险货物运输安全管理；维护通航环境和水上交通秩序；组织实施国际海事条约；等等。

（三）中国海警

随着海上交通安全、海洋渔业资源的利用和保护、海洋权益和海洋环境保护等法律法规的制定与实施，中国形成了海监、渔政、海事、边防、海关等多支执法队伍。[①]然而，"多龙闹海"导致海洋执法存在力量

---

① 国家海洋局海洋发展战略研究所课题组. 中国海洋发展报告（2018）[M]. 北京：海洋出版社，2018：69.

分散、重复检查、重复执法、成本高、效率低、财政投入分散、重复建设等问题。

2013 年 3 月 10 日，十二届全国人大一次会议审议通过《国务院机构改革和职能转变方案》，重新组建国家海洋局。为推进海上统一执法，提高执法效能，将原国家海洋局及其中国海监、公安部边防海警、农业部中国渔政、海关总署海上缉私警察的队伍和职责，整合到重组的国家海洋局，以"中国海警局"的名义进行海上维权执法。2013 年 7 月 22 日，由中国海监、边防海警、中国渔政、海上缉私警察四支海上执法队伍整合到一起的"中国海警局"正式挂牌。根据国务院批准的"三定"方案，中国海警队伍的整合不是四支执法队伍的简单相加，而是在人权、财权、事权等方面进行调整和归并，理顺海警内部的分工协作及执法流程，提高执法效能，开展海上维权执法，形成相对集中的海洋执法体系。中国海警局成立，对于推进海上综合执法具有积极意义。

二、现行执法体制机制

2018 年中共中央印发的《深化党和国家机构改革方案》将国土资源部、国家海洋局等部门的职责予以整合，组建自然资源部。将原国家海洋局（中国海警局）领导管理的海警队伍及相关职能全部划归武警部队，统一由中央军委领导。2018 年 6 月，十三届全国人大常委会第三次会议通过《关于中国海警局行使海上维权执法职权的决定》正式授权：自 7 月 1 日起，调整组建中国人民武装警察部队海警总队，称中国海警局。中国海警局统一履行海上维权执法职责。

此外，还将农业部的渔船检验与监督管理职责划入海事局，实现了所有船舶检验与监管的统一。^①至此，海上执法从"多龙闹海"变成了"二龙治水"（中国海警和中国海事）。应该说，执法职责相对集中，执法队伍的主体地位得到了较大的提升。

---

① 史春林，马文婷. 1978年以来中国海洋管理体制改革：回顾与展望 [J]. 中国软科学，2019 (6): 5.

第二节　执法依据

海洋执法活动应当具有严格的法定性，必须遵守依法行政的基本要求。中国海上执法队伍严格依据法律的规定，有法必依、执法必严。中国海上执法的法律依据，主要包括法律法规、部门规章、其他规范性文件及有关国际公约和国际协定等。

一、《联合国海洋法公约》与沿海国的海上执法

《公约》在确立了领海、毗连区、专属经济区、大陆架、国际海底等多个法律制度的同时，也赋予了沿海国在本国主张管辖海域维护主权、行使管辖权的权利。各海域的范围、法律地位和法律制度不同，国家在各个海域的管辖权也不尽相同。

（一）《公约》赋予沿海国的管辖权

1. 领海

领海是"国家主权扩展于其陆地领土及其内水以外邻接其海岸的一带海域"。领海是国家主权的延伸，沿海国在领海内享有主权和管辖权。但沿海国在领海内的管辖权受到国际条约和国际规则的限制，如无害通过制度、外国船舶上的刑事管辖权制度和民事管辖权制度。

国家对内水和领海的专属管辖属于完全专属管辖。内水和领海是传统的国家领土的组成部分，国家拥有完全的主权。与领土主权直接相关的事项都是沿海国的专属管辖事项，主要体现在：第一，沿海国对其领海内的一切资源享有专属权利，任何外国或个人非经允许不得进行开发利用。第二，沿海国对其领海上空享有专属权利，外国航空器非经允许不得飞入或飞越该国领海上空。

沿海国在领海的执法内容主要涉及以下方面：

对领海的主权。领海是沿海国领土的组成部分，沿海国对领海内的一切资源、领海上空、沿海航运及贸易等享有排他性的专属权利；沿海国还可制定、颁布有关领海内航行、缉私、移民、卫生等方面的法律和规章，拥有司法管辖权。需要注意的是，在行使司法管辖权时需要照顾到有关国际习惯和国际公约的规定，在行使刑事及民事管辖权时也受到一定条件的限制。

对通行船舶的管理。《公约》规定，沿海国领海管辖权的行使不应妨碍外国船舶的无害通过，这虽是对沿海国主权管辖的限制，但沿海国仍然拥有防止船舶非无害通过的权利。

对违法船舶的紧追。《公约》第 111 条第 1 款规定："沿海国主管当局有充分理由认为外国船舶违反该国法律和规章时，可对该外国船舶进行紧追。"

对违法船舶的处罚。对外国船只在沿海国领海内违反关于防止、减少和控制海洋环境污染的国内法律和规章或可适用的国际规则和标准的行为，或在领海内故意和严重地造成污染的行为，沿海国有权进行执法处理，包括行政处罚和刑事处罚。

对开发和利用活动的监管。沿海国对其领海的水面、水体、海床和底土的资源开发和可持续利用活动进行监管。

对领海无害通过权的限制。依据《公约》，在沿海国的领海内，外国船舶享有无害通过权。"通过"是指为了下列目的，通过领海的航行：一是穿过领海但不进入内水或停靠内水以外的泊船处或港口设施。二是驶往或驶出内水或停靠这种泊船处或港口设施。通过应继续不停和迅速进行。通过包括停船和下锚在内，但以通常航行所附带发生或由于不可抗力或遇难所必要的或为救助遇险或遭难人员、船舶或飞机的目的为限。

许多国家对军舰在领海通过作出一定程度的限制性的规定，如限制每次通过的舰只或吨位，或要求事先通知，或经事先许可。

司法管辖权。根据国家的属地优越权，各国对在本国领海内发生的一切犯罪行为，包括发生在外国船舶上的犯罪行为，有权行使司法管辖。但在实践中，对领海内外国商船上的犯罪行为是否行使刑事管辖权，各国大都从罪行是否涉及本国的安全和利益考虑。对驶离内水后通过领海的外国船舶，沿海国行使较为充分的刑事管辖权。

2. 毗连区

毗连区不同于领海。领海是受沿海国主权管辖和支配的区域，而毗连区是为了保护国家的某些利益而设立的特殊区域，只是对一些事项行使必要的管制。

根据 1958 年《领海及毗连区公约》和 1982 年《公约》，在毗连区内，沿海国有权防止和惩治在其领土或领海内违犯其海关、财政、移民或卫生四种法律和规章的行为。上述条款仅适用于民用船舶，军用船舶一般享有豁免权。

根据《领海及毗连区法》，为防止和惩处在中国的陆地领土、内水或领海内违反有关安全、海关、财政、卫生或者入境出境管理的法律、法规的行为，中国有权在毗连区内行使管制权。

3. 专属经济区

沿海国在专属经济区主要有两项主权权利和三项管辖权。简言之，两项主权权利是勘探和开发、养护和管理自然资源的主权权利和从事经济性开发和勘探等活动的主权权利。三项管辖权是对海洋环境保护和保全，海洋科学研究，以及海上人工岛屿、设施和结构的管辖权。

经济性资源及开发活动管辖。根据《公约》第 56 条第 1 款，沿海国拥有在专属经济区内从事经济性开发和勘探，如利用海水、海流和风力生产能源等其他活动的主权权利。

人工构筑物管辖。根据《公约》第 60 条，我国对专属经济区内的人工岛屿、设施和结构的建造和使用享有管辖权。这种管辖权具有专属性和排他性。在专属经济区内，只有沿海国才有权对其中的人工岛屿、设施和结构进行建造、管理和使用。沿海国还可以在这种人工构筑物的周围设置合理的安全地带，并采取适当措施以确保航行及构筑物的安全。同样，为了确保该类权益的实现，可以采取登临、检查、逮捕、扣留和进行司法程序等必要的措施，可以行使紧追权，依法追究违法违规者的法律责任。

海洋科学研究管辖。根据《公约》，领海内的海洋科学研究，应经沿海国明示同意，并在沿海国规定的条件下才可进行。在专属经济区内和大陆架上进行海洋科学研究，应经沿海国同意。《公约》并没有对海洋科学研究、军事测量等活动作出具体明确的区别。一种观点认为，"军事测量"有别于"海洋科学研究"，不应受到沿海国的管辖和限制；另一种观点则认为，由军舰进行的测量、测量的内容和测量结果的军事用途，并不能改变其海洋科学研究的本质。沿海国对专属经济区内或大陆架上进行的包括军事测量在内的海洋科学研究活动享有管辖权，其他国家只有在得到沿海国同意的情况下才可以进行上述活动。

海洋污染管辖。按照《公约》第十二部分的规定，保护和保全海洋环境是所有国家的一般义务。对于沿海国而言，在专属经济区内保护和保全海洋环境既是权利，也是义务，是我国海上执法的主要内容。

其他海洋活动管辖。根据《公约》的有关规定，关于公海的一般规定，只要与本部分不相抵触，均适用于专属经济区。因此，在专属经济区内行使权利和履行义务时，有"适当顾及"其他国家的权利和义务的要求。其他国家在专属经济区内仍享有航行和飞越的自由、铺设海底电缆和管道的自由，以及与这些自由有关的海洋的其他国际合法用途。外国船舶在沿海国专属经济区内航行也应尊重沿海国的权利。

4. 大陆架

《公约》在第六部分就大陆架制度作出专章规定。沿海国为了勘探大陆架和开发其自然资源，对大陆架行使主权权利，以及授权和管理为一切目的在大陆架上进行钻探的专属权利。沿海国对大陆架及其资源的勘探开发的主权权利，限于海床和底土的非生物资源以及属于定居种的生物。沿海国的管辖权包括行政执法管辖权和司法管辖权。

（二）管辖权的行使

1. 紧追权的行使

紧追权是指沿海国对违反其法律、规章并从其管辖海域逃向公海的外国船舶进行追逐以拿捕的权利。外国船舶违反沿海国法律、规章是沿海国紧追的合理依据。紧追的开始不仅要求外国船舶必须实际位于沿海国管辖海域内，而且还要求在外国船舶视听所及的距离内发出视觉或听觉的停驶信号。沿海国的追逐必须是"紧追的"和"继续的"。紧追权只能由军舰、军用飞机或其他有清楚标志可以识别的为政府服务并经授权的船舶或飞机行使。当外国船舶进入其本国或第三国领海时，紧追应停止。

2. 登临权的行使

登临和检查是主权国家为捍卫其权利、实施其法律，或为打击海上违法犯罪行为以维护海洋公共秩序，而登上有违法犯罪行为或有违法犯罪行为嫌疑的船舶进行检查，以便搜集并取得有关违法犯罪行为证据的一种海上执法措施，也称为临检权或登船检查权。

登临检查是谨慎取证的一项工作，目的是搜集并取得有关违法犯罪行为的证据以便采取进一步的措施，包括扣留船只、逮捕人员，以及提起司法程序。如果嫌疑被排除，则应迅速离开；如果嫌疑被证实，则应采取进一步措施。登临检查往往是采取其他进一步强制措施前的必经程序。执法人员在登临和检查的过程中必须遵守国内法和国际法的相关规定。

二、国内法依据

海上执法队伍的职责、任务以及分工不同，管辖对象和管理内容所依据的法律法规也有所不同。在依据综合性法律的同时，也应遵守相关的专门法律法规。中国海上执法队伍以各自领域法律法规作为依据，在各自职责范围内开展执法活动。

中国海上执法队伍所执之法到底是什么法或哪些法？可以从以下几个方面来划分：

一是综合性基本法律，包括明确和覆盖我国领海、毗连区、专属经济区和大陆架，以及其他中国管辖海域的权利的法律，例如"海洋两法"。中国海警和中国海事两支执法队伍，都要在代行"海洋基本法"作用的"海洋两法"的宗旨、原则和范围内开展海洋执法活动。

二是海洋环境保护方面的法律。《环境保护法》《海洋环保法》及其配套法规和规章，包括船舶污染、海洋倾废、海岸工程建设等相关法规，为中国海洋执法队伍在中国管辖海域和相关海域进行海洋环境保护执法提供了法律依据。

三是海洋资源勘探开发和保护利用方面的法律。《渔业法》《矿产资源法》《海域使用管理法》《海岛保护法》及其实施条例等法规规章，是规范海洋开发利用，打击损害、破坏海洋环境和海洋资源的违法活动的主要依据。

四是涉外海洋科学研究方面的法律法规。主要是《涉外海洋科学研究管理规定》及相关规定，它们为加强对在中国管辖海域内进行的相关海洋科学研究活动的管理和执法提供了依据。

五是《海上交通安全法》《中华人民共和国港口法》等法律和相关法规，它们对船员、船舶、海上设施、海上交通条件和航行保障、航行、停泊、作业、海上客货运输安全、海上搜救、海上交通安全、港口规划与建设、港口经营、安全和监督管理等作出规定。此外，中国加入的相关国际公约，为海事执法部门在海上航行、航道、港口、船舶、海上设施等方面的执法提供了依据，以维护海上航行秩序、确保人命和财产安全。这些都是海事执法的主要依据。

六是维护海上治安、打击海上违法犯罪活动方面的法律。《警察法》《海警法》《海关法》等法律法规，是中国海洋执法队伍维护海上治安、打击走私贩卖等海上违法犯罪活动、保障海洋安全的法律依据。中国海域的海底各种电缆、光缆密布，这些电缆管道安全的重要性自不待言。有关海底电缆管道的铺设、保护等规定，为海底电缆管道的管理提供了依据。

对两支执法队伍而言，上述划分主要出于学理考量，现实中当然也有交叉重叠。此外，《行政法》《行政处罚法》《刑法》和《刑事诉讼法》等，也是中国海洋执法的重要依据。

第三节　执法内容

海洋执法是维护海洋资源开发秩序，保护海洋生态环境和维护国家海洋权益的有效方式和重要保障。中国海监开展海上执法以来，多从方便实践的角度将海洋执法分为行政执法（综合执法）和维权执法。前者指代依据《海洋环保法》《海域使用管理法》《海岛法》等法律法规进行行政管理方面的执法行为；后者则特指对非法进入中国管辖海域的外国舰船，违反中国相关法律、侵犯中国海洋权益的违法行为进行执法和采取相应措施。

一、海洋综合执法

海洋综合执法多见于海洋执法队伍定期巡查和违法案件查处工作，包括打击非法采挖贩卖海砂、非法开发无居民海岛、海上生产作业污染海洋环境等。非法开采运输海砂对海洋资源的有序开发利用和海洋环境造成严重破坏，是海洋执法的内容之一。依据国家海岛监视监测系统提供的已开发利用无居民海岛的数量和开发类型，海洋执法队伍重点巡查领海基点岛屿、国防用途岛屿和自然保护区岛屿，进一步提高有居民海岛和已开发利用无居民海岛的检查覆盖率。对海洋石油勘探开发活动的执法检查和监管，有助于纠正不规范作业，消除安全隐患，切实保护海洋生态环境。

海洋综合执法除常规执法活动外，多以专项行动的方式集中进行。专项执法行动主要涉及海域使用执法、海岛保护执法、海洋环境保护执法、渔业执法、海上治安和缉私执法等。以下几项多年持续进行的专项执法行动是保障海洋渔业、海洋矿产和油气等重要资源的生产活动秩序的主要执法活动。

海洋伏季休渔专项执法。2020年以来，中国海警局与农业农村部等部门联合开展的"亮剑2020"海洋伏季休渔专项执法行动，以港口渔船监管、海上巡航检查、"三无"渔船整治、涉外渔船管控、重点区域执法监管、专项捕捞行为监管等方面为重点，综合运用源头管控、船位监控、港内巡查、海上巡航、集中打击等手段，全时管控、全域覆盖，全面加强渔船渔港监控监管，严厉打击各类违反伏季休渔制度的违法犯罪活动。[①]专项行动有力打击了各类违法违规捕捞行为，维护了休渔管理秩序，促进了海洋渔业资源的可持续发展。

海洋生态环境保护专项执法。2020年，中国海警局会同自然资源部、生态环境部、交通运输部联合开展"碧海""海盾"等海洋生态环境保护专项执法行动，对海洋（海岸）工程建设、海洋石油勘探开发、海洋废弃物倾倒、船舶及有关作业活动、海砂开采运输、海洋自然保护地、陆源污染物排放、海岛保护、典型海洋生态系统等领域全域覆盖、全程监管，综合运用陆岸巡查、海上巡航和遥感监测等手段，进一步强化监督检查，严密防范关键环节生态环境风险，严厉打击了重点领域违法犯罪活动。

国际海底光缆管护专项执法。为进一步强化国际海底光缆管护执法工作，确保国际通信顺畅，在开展常态巡航管护的基础上，2020年4月，中国海警局开展"深海卫士2020"国际海底光缆管护专项执法行动。在专项行动中，中国海警局聚焦重点海域，科学布防、整体联动、精准打击，及时查处在海缆保护范围内从事挖砂、钻探、打桩、抛锚、拖锚、底拖捕捞、张网作业或其他可能破坏海底光缆安全的作业行为。[②]

---

① 自然资源部海洋发展战略研究所课题组. 中国海洋发展报告2021[M]. 北京: 海洋出版社, 2021: 62.

② 同上。

北太平洋公海渔业执法巡航。根据联合国大会相关决议、《北太平洋公海渔业资源养护和管理公约》和《北太平洋渔业委员会公海渔船登临检查程序规定》等有关规定，中国海警局的舰艇赴北太平洋公海海域，通过定向巡航、机动观测、重点管控等方式，开展渔业执法巡航，对作业船只进行观察监管，了解掌握作业渔船的基本情况，向作业人员宣传关于公海渔业的国际条约和国内法。

2021年，"衢山""海门"两艘执法舰船在北太平洋渔业委员会注册并获得公海登临检查权后，组成执法舰船编队，航经对马、津轻、大隅等国际海峡航道，对在北太平洋公海海域作业的渔船进行巡查监管。期间，对3艘渔船进行了登临检查，有效履行了公海执法职责，维护了北太平洋渔业生产秩序。作为海洋渔业大国和《北太平洋公海渔业资源养护和管理公约》成员国，中国海警派遣舰船赴北太平洋开展渔业执法巡航，积极履行国际义务、参与全球海洋治理、保护海洋渔业资源，展现了负责任的大国形象。

此外，2003年开始进行的"海盾"专项执法行动，重点在于查处非法填海造地、大型非法围海行为以及中国海警挂牌督办的案件。

二、海上治安管理和打击违法犯罪

查办刑事违法案件，打击海上抢劫、偷盗、贩毒、故意伤害等违法犯罪活动，保障海上秩序，是海洋执法的重要内容。打击走私，查堵、治理危害国家安全、社会稳定、群众健康以及严重扰乱市场经济秩序的走私活动和不法行为，守护海上国门，也是海洋执法的关键。

自2017年开始进行的"海狼""春雷"等专项执法行动，重在打击海上走私成品油、香烟、食糖等涉税商品，以遏制重点区域、重点物品走私猖獗的势头。各沿海地方的海洋执法队伍还对走私冻品、外币，特别是案值巨大的成品油走私等违法犯罪活动进行严厉查处，加大打击力度。2018 年开展的"蓝天"专项执法行动，集中打击海上走私、贩毒、偷渡和破坏生态环境资源等违法犯罪活动。

近年来，越南渔船非法进入中国西沙群岛海域进行的侵渔活动比较猖獗。2020 年，中国海警执法船舰依法对到西沙群岛海域侵渔的越南渔船进行警告驱离时，越南渔船不但拒不驶离，还多次做出危险动作。中国海警局通过中越海警联络窗口提出严正交涉，将越南渔船人员驱离西沙群岛的毗连区海域。

三、海洋维权执法

多年来，中国海警（及其前身）执行了包括东海定期维权巡航、钓鱼岛专项维权巡航和黄岩岛护渔执法等多项、多种维权执法行动。例如，2013 年 3 月，中国海监船维权执法编队执行苏岩礁、东海油气开发海域等东海定期维权巡航和钓鱼岛专项维权巡航两个阶段连续执法任务。"中国渔政 44608"完成了黄岩岛护渔执法巡航任务，在黄岩岛等海域执行巡航、值守、警备等任务，观察、发现、驱赶外籍渔船 20 多艘，维护了中国主权和海洋权益。

中国海事执行南海巡航、西沙巡航执法任务。例如，2013 年 2 月，"海巡 21""海巡 31"和"海巡 166"三艘海巡船组成的编队从三亚港起航赴南海水域执行巡航任务，巡航增强了海事执法船舶在中国南海水域内的动态执法能力，锻炼了巡航队伍的快速反应能力，保障了南海水域船舶航行安全。2013 年 7 月，中国海事船舶在南海海域巡航，重点对琼州海峡、南海习惯航线等相关重点海域进行海上现场安全监管。在西沙海域巡航的执法活动，重点包括巡视海上通航环境、监测海洋环境、纠正违法违章航行和碍航行为、处置海上险情，确保三沙海上生命线的安全畅通。

（一）中越北部湾联合巡逻检查

中越完成北部湾海域划界后，两国海军于 2005 年 9 月建立北部湾联合巡逻机制。2006 年 4 月 27 日，中国人民解放军海军舰艇编队与越南人民军海军舰艇编队开始在北部湾海域进行首次联合巡逻。这是根据中越海军北部湾联合巡逻协议，中国人民解放军海军首次与外国海军进行联合巡逻，旨在维护北部湾海域的秩序和稳定。

中越启动北部湾联合巡逻检查行动以来，基本以每年上半年和下半年各举行一次的频率进行。双方海军舰船编队按既定方案和航线，开展巡航，对渔民开展宣传教育，对渔船进行观察记录，对部分渔船实施登临检查，对违规作业船只及时查处，对越界的越南渔船喊话驱离。中越北部湾联合巡航对促进两国海上执法机构交流合作，维护本海域正常、安全的渔业生产作业秩序发挥了重要作用。[1]

（二）中韩渔业协定暂定措施水域联合巡航

根据中韩渔业执法工作会达成的共识，2019 年 10 月，中韩两国执法船组成编队，在中韩渔业协定的暂定措施水域开展联合巡航，维护海上作业秩序。2021 年，中韩有关部门通过视频会议的方式，交流了对中韩渔业协定水域生产作业秩序的评价，同意为维护作业秩序加强执法、达成联合巡航、信息共享等广泛共识。

（三）钓鱼岛海域巡航执法

2008 年 12 月 8 日，中国海监 51 船和 46 船编队进入钓鱼岛 12 海里领海实施巡航执法，对非法进入钓鱼岛海域的日本海上保安厅巡视船喊

---

[1] 自然资源部海洋发展战略研究所课题组. 中国海洋发展报告2021[M]. 北京：海洋出版社，2021：63.

话驱离，实现了钓鱼岛海域执法的百年突破。^①此后，包括中国海监和中国海警在内的中国海洋执法队伍，坚持对钓鱼岛海域进行巡航执法，实现了钓鱼岛海域执法的常态化。此后，中国海监和机构改革后的中国海警等海洋执法队伍，基本上以每月两次的频率，在钓鱼岛领海内巡航执法。

（四）关于无害通过的执法实践

在周边海域，特别是南海，对个别国家军事船舶的抵近侦察、军事测量等骚扰活动，中国海洋执法队伍通常采取识别、查证、警告、驱离等执法措施。中国海监还在我国进行军事演习、演练等军事活动，海洋资源开发及岛礁建设等民事活动中提供安全保障措施。

近年来，个别外国军事船舶违反《领海及毗连区法》关于进入中国领海需要事先通知或得到批准的规定，非必要地擅自进入中国领海，甚而进行直升机起降等《公约》明文规定的非无害通过的行为。对此等行径的执法是海洋维权执法（特别是南海的海洋维权执法）的重要内容。

早在新中国成立之初，美国军用船舶和飞机就频繁地在中国沿海和领空进行侦察和情报搜集活动，严重威胁中国的主权和安全。踞守台湾岛的国民党当局在美国的扶助和支持下，不断骚扰东南沿海，这种威胁持续多年。1958 年《领海声明》发表后，美国军用舰机继续侵犯中国领海、领空。1960 年 5 月 27 日，中国政府对美国政府提出第 100 次警告。1962 年 4 月 26 日，美国军舰两次侵入中国西沙群岛水兴岛附近海域，中国政府向美国提出第 200 次严重警告。

近年来，美军舰多次径行进入、穿越南沙、中沙群岛岛礁邻近海域，多次进入、穿越西沙群岛领海，甚至在一些岛礁的 12 海里内停留、进行

---

① 郁志荣. 东海维权[M]. 上海: 文汇出版社，2012.

救生训练。① 在领海水域内刻意停留、进行救生训练等"与通过没有直接关系"的行动，是明显的"非无害通过"。 中国守岛部队和海军舰机采取应对行动，对美军舰进行识别查证，警告驱离。中国对美舰行为表示坚决反对，强调《领海及毗连区法》规定外国军舰进入我国领海必须经过事先批准。

---

① 卢晓琳. 国防部新闻发言人就美舰擅自进入中国西沙群岛领海答记者问[N]. 人民日报，
2018-05-28（4）.

04

第四章

中国的海事司法

第一节　海事司法

一、海事法院的设立

1984 年 11 月 14 日，第六届全国人民代表大会常务委员会第八次会议通过了《关于在沿海港口城市设立海事法院的决定》。其后，最高人民法院具体规定了海事法院的机构设置、受案范围以及管辖的地域范围，在广州、大连、上海、青岛、天津、武汉、海口、厦门、宁波、北海等城市先后设立海事法院，各海事法院与所在地的中级人民法院同级。海事法院受理案件范围北起黑龙江、南至南海诸岛，包括横贯东西的长江水道在内，涵盖我国管辖的全部陆海水域和港口。2019 年南京海事法院成立，成为第十一个海事法院。

海事法院积极行使海事司法管辖权，推进海上巡回法庭和岛屿审判点建设。海口海事法院制定了《海上巡回法庭及岛屿审判点工作制度》，赴黄岩、美济、永暑、渚碧等岛礁海域，开展海上巡回审判。同时，在西沙晋卿岛成立了第一个岛屿审判点，在中国海监"2166"号执法船成立了第一个海上巡回法庭，海上巡回法庭及岛屿审判点建设取得阶段性成效。

二、海事法院的管辖范围

2015 年 12 月 28 日，最高人民法院审判委员会第 1674 次会议通过并公布了《最高人民法院关于海事法院受理案件范围的规定》（以下简称《受案范围规定》），自 2016 年 3 月 1 日起施行。

《受案范围规定》是根据《中华人民共和国民事诉讼法》《中华人民共和国海事诉讼特别程序法》《中华人民共和国行政诉讼法》以及我国缔结或者参加的有关国际条约，结合我国海事审判实际制定的。

　　《受案范围规定》列举了六大类共 108 种类型的第一审案件，主要包括海事侵权纠纷案件（第 1—10 种）、海商合同纠纷案件（第 11—52 种）、海洋及通海可航水域开发利用与环境保护相关纠纷案件（第 53—67 种）、其他海事海商纠纷案件（第 68—78 种）、海事行政案件（第 79—85 种）和海事特别程序案件（第 86—108 种）。

　　"十三五"期间，最高人民法院还颁布了《关于海事诉讼管辖问题的规定》、两个《关于审理发生在我国管辖海域相关案件若干问题的规定》和《关于审理海洋自然资源与生态环境损害赔偿纠纷案件若干问题的规定》等一系列司法解释，扩大了海事法院的受案范围，突出海事法院对海洋资源开发利用、海洋生态环境保护、海洋科学考察等纠纷，以及对海洋行政诉讼案件的管辖，明确了海洋自然资源与生态环境损害索赔诉讼的性质、索赔主体和诉讼规则。这些"规定"明确了人民法院在我国管辖海域范围内受理案件的种类范围、受案标准和条件以及法律适用等问题，使海事司法管辖权覆盖我国管辖全部海域，进一步加强了海事司法在服务海洋强国战略、维护国家海洋安全和司法主权、保障海洋生态文明建设以及促进海洋部门依法行政方面的重要作用，"对海事法院正确行使海事诉讼管辖权，依法审理各类海事案件，服务海洋经济，便利当事人诉讼，维护当事人合法权益具有重要意义"[1]，是落实我国在相关国际条约项下的权利和义务，保障国内海洋立法实施的必然结果。[2]

　　2020 年 2 月，最高人民法院、最高人民检察院、中国海警局联合印

① 张勇健，王淑梅，傅晓强.《关于海事诉讼管辖问题的规定》的理解与适用[J]. 人民司法，2016（10）: 42.
② 袁发强. 国家管辖海域与司法管辖权的行使[J]. 国际法研究，2017（3）: 102-114.

发了《关于海上刑事案件管辖等有关问题的通知》，对海上刑事案件的立案侦查和移送起诉作了专门规定。①

---

① 南京海事法院课题组. 海事司法服务保障经济高质量发展研究——以国际海事司法中心建设为视角[J]. 人民司法，2020（13）: 46.

第二节　海事案件的审理

1984 年 11 月 14 日，第六届全国人民代表大会常务委员会第八次会议通过了《关于在沿海港口城市设立海事法院的决定》后，最高人民法院作出《关于设立海事法院几个问题的决定》，从此开启了我国海事审判的历史。

从 1984 年设立海事法院到 2014 年的三十年间，中国海事审判发展迅速。全国海事法院实行跨行政区域管辖，至 2013 年 12 月，共受理各类海事案件 225283 件，审结执结 215826 件，结案标的额人民币 1460 多亿元，涉及亚洲、欧洲、非洲和南、北美洲 70 多个国家和地区。三十年来，海事案件数量总体上逐年以约 10% 的幅度持续增长。[①]

截至 2013 年年底，海事法院共扣押船舶 7744 艘次（其中包括外轮 1660 艘次），拍卖船舶 633 艘（其中包括外轮 123 艘）。全国海事法院积极行使海事司法管辖权，准确适用国内法、国际条约、国际惯例，公正高效审理海事案件，平等保护中外当事人的合法权益，极大提升了中国海事审判的国际地位。

我国已成为世界上设立海事审判专门机构最多最齐全的国家和受理海事案件最多的国家，且具备较为完善的海事法律制度和海事司法服务保障体系，初步确立了亚太地区海事司法中心的地位。1992 年颁布的《中华人民共和国海商法》（以下简称《海商法》）和 1999 年颁布的《中华人民共和国海事诉讼特别程序法》（以下简称《海事诉讼特别程序法》），标志着我国海事法律制度体系基本形成。关于海上保险、船舶碰撞、船

---

① 最高人民法院. 中国海事审判白皮书(1984—2014)(摘要)[N]. 人民法院报，2014-09-04（4）.

舶油污、海事赔偿责任限制等的司法解释，实现了对常规性海事纠纷的"全覆盖"，保障了海事审判法律的统一、规范适用。海事审判法官妥善裁判、调解了一批在国际国内有重大影响的海事案件，赢得了国际信誉。2002 年 1 月 1 日正式开通了"中国涉外商事海事审判网"，公布裁判文书，供大众点击浏览。①

根据最高人民法院发布的《中国海事审判（2015—2017）》白皮书，2015 年至 2017 年，全国三级法院（海事法院、海事法院所在地高级人民法院和最高人民法院）受理各类海事海商、海事行政、海事诉讼特别程序以及海事执行案件 95043 件、审执结 92598 件，其中涉外案件 6070 件、涉港澳台案件 2841 件，审结涉外案件 5740 件、涉港澳台案件 2569 件，涉及 70 多个国家和地区。扣押船舶 2355 艘，其中外国籍船舶 189 艘、港澳台籍船舶 174 艘。拍卖船舶 784 艘，其中外轮 33 艘。

人民法院依法审理审结海事案件，维护当事人合法权益，保护海洋生态环境，有力地维护了我国的海洋安全和司法主权。

---

① 罗书臻. 中国海事审判初步确立亚太海事司法中心地位 [N]. 人民法院报, 2014-09-03（1）.

第三节 海事司法典型案例

最高人民法院多年发布年度全国海事审判典型案例，充分发挥典型案例示范引领作用，彰显海事司法对加强海洋生态保护、促进海洋经济发展和维护海洋权益的重要作用。

一、南沙群岛华阳礁海域船舶保险合同纠纷案

2016 年，海口海事法院三沙法庭公开开庭审理一起发生在我国南沙群岛华阳礁附近海域的沉船事故引起的船舶保险合同纠纷案。福建某船务有限公司所属"天利 69"轮，在华阳礁附近海域锚泊等待靠泊卸货时，发生尾部搁浅事故。虽然实施了自救、拖轮拖带等救助措施，终因机舱破损进水无法控制，船长宣布弃船。上述沉船事故发生后，原告向船舶保险人某财产保险股份有限公司提出索赔，保险人以船舶不适航等理由拒赔，原告遂提起诉讼。[①] 2018 年，海口海事法院审结了这起海上保险合同纠纷案，通过海事司法管辖宣示我国海洋领土主权，维护我国海洋权益。

二、钓鱼岛附近海域船舶碰撞案

2014 年 9 月 24 日，"闽霞渔 01971"号渔船在钓鱼岛以北海域和一艘巴拿马籍货轮"YUSHOHARUNA"号相撞，渔船受损进水。正在该海域执行巡逻任务的东海舰队福州舰紧急赶赴事发海域展开救援。事后，渔船的船长向福建省厦门海事法院提起诉讼。厦门海事法院依法审理"闽霞渔 01971 号"在钓鱼岛以北海域与巴拿马籍货轮

---

① 方茜，蒋姗姗. 海口海事法院开审一起南沙沉船保险合同纠纷案[N]. 人民法院报，2016-03-23（1）.

"YUSHOHARUNA"号的船舶碰撞案。"该案是我国法院受理的首例涉钓鱼岛海域案件，彰显了我国对钓鱼岛海域的司法管辖权，是国家主权司法化取得的重要成果和突破，被誉为'标志性案件'"①。

三、黄岩岛附近海域海难事故系列纠纷案

2015年11月27日，巴拿马籍货船"瑞生"轮在黄岩岛以北约100海里处海域进水沉没，19名船员中8人获救，11人下落不明。"中国海警3411"船从黄岩岛出发前往救助，南海救助局"南海救111"和"南海救115"分别从西沙永兴岛和珠江口启航前往现场。香港特区政府飞行服务队所属"捷流41"型固定翼飞机也参与了救助。

2016年，最高人民法院发布《关于"瑞生"轮在黄岩岛附近海域沉没引发的相关案件管辖权问题的批复》。"批复"指出，黄岩岛属于我国固有领土，我国海事法院对发生在该海域的海事案件依法具有管辖权。这是最高人民法院首次从国家主权角度对存在争议的海域海事司法管辖问题作出明确说明，既明确了我国对黄岩岛的主权，也展现了我国加强管辖海域海事司法管辖的决心。② 2016年7月，上海海事法院依法对发生在南海黄岩岛附近海域的海难事故系列纠纷案行使司法管辖权，公开开庭和当庭裁判，及时维护当事人合法权益，彰显了国家主权和司法权威。

四、伏季休渔期间侵入领海非法捕捞案

南海周边某国人员文某（VAN）系"Qng94600TS"和"Qng94619TS"两船的所有权人，并担任"Qng94600TS"船船长。2020年7月，文某带

---

① 朱小菁. 厦门海法: 小法庭书写司法服务大文章[N]. 人民法院报，2016-11-01（6）.

② 白佳玉，王晨星. 海洋权益维护的司法考量: 我国海事司法管辖的依据、发展与国际法意义[J]. 云南民族大学学报（哲学社会科学版），2017（34）: 133.

领 10 名外籍船员驾船进入我国海南岛东侧陵水海域,由南向北至琼海、文昌近海海域,进行双船底拖网捕捞水产品作业,后被中国海警局查获。海南省人民检察院第一分院提起公诉和刑事附带环境民事公益诉讼。

海口海事法院审理认为,文某在我国南海伏季休渔期间,驾驶渔船在我国领海内禁渔区使用禁用的工具非法捕捞,情节严重,构成非法捕捞水产品罪,应依法予以处罚。文某的行为破坏了当地海洋生态环境和生态平衡,对渔业资源可持续利用造成不利影响,损害了社会公共利益,依法应当承担民事侵权责任。法院依法判处文某有期徒刑,没收作案工具和非法所得,并判令其承担生态修复费用。

外籍人员非法进入我国领海,在禁渔区、禁渔期或者使用禁用的工具、方法,进行水产品捕捞,违反了中国法律,对中国的海洋生态环境和海洋资源造成了损害。海口海事法院试点管辖破坏海洋生态环境资源犯罪及刑事附带民事公益诉讼案件,彰显了海事司法在海洋维权中的重要作用,展示了海事司法为保护海洋自然资源与生态环境,服务保障海洋生态文明建设和海洋渔业资源可持续利用而发挥的重要作用。[1]

五、朝韩船舶碰撞案

2015 年 9 月 21 日起,朝鲜籍船舶"秃鲁峰 3"轮在朝鲜半岛东部海域从事捕鱼加工作业。2015 年 10 月 1 日,"秃鲁峰 3"轮锚泊于东经 131° 31.26′、北纬 39° 12.56′,在船艏船艉显示停泊灯和捕鱼信号灯,并打开了 12 个吸引鱿鱼的工作灯。在北京时间凌晨 1 时左右,该船与韩国籍货船"海霓"轮相撞。双方于 2017 年 3 月 20 日达成管辖权协议,约定就涉案船舶碰撞事故所产生的或与该碰撞事故有关的一切纠纷交由上海

---

[1] 最高人民法院. 2021年全国海事审判十大典型案例[J]. 中国法律(中英文版), 2022(3): 51.

海事法院管辖。

《海事诉讼特别程序法》第 8 条规定，"海事纠纷的当事人都是外国人、无国籍人、外国企业或者组织，当事人书面协议选择中华人民共和国海事法院管辖的，即使与纠纷有实际联系的地点不在中华人民共和国领域内，中华人民共和国海事法院对该纠纷也具有管辖权"。据此，上海海事法院对原被告双方当事人书面协议选择本院管辖予以确认。庭审中，双方当事人均选择适用中华人民共和国法律处理本案纠纷。上海海事法院确认，适用中华人民共和国法律处理本案纠纷。《海商法》及有关规定是调整船舶碰撞损害责任纠纷的特别法，应当优先适用。同时，本案应当依据《1972 年国际海上避碰规则》的规定确定涉案双方船舶应当遵守的航行规则。根据事发当时情况和双方的过错程度，法院最终认定"海霓"轮应承担本起事故 80% 的责任，"秃鲁峰 3"轮应承担 20% 的责任。

两艘外籍船舶在海上发生碰撞后，双方协议选择我国法院管辖并适用我国法律，充分体现了我国法院对当事人意思自治的尊重，更彰显了我国海事司法的国际影响力。

该案件作为典型海事案件，具有两方面的重要意义，一是管辖问题，二是法律适用问题。关于管辖问题，本案当事人均为外国企业，碰撞事故发生地并非位于我国管辖海域，其他与纠纷有实际联系的地点均不在我国境内，但双方当事人在诉前签订管辖权协议，合意选择上海海事法院行使涉案纠纷管辖权，符合《海事诉讼特别程序法》第 8 条的规定。关于法律适用问题，本案当事人在我国法院诉讼过程中均选择适用中华人民共和国法律处理本案纠纷，根据意思自治原则，允许当事人在海事侵权纠纷中协议选择法律适用，无论是从行为的民事侵权性质、法律效果

以及国际私法的发展趋势来讲，都具有较为充分的理论和实践依据。^①

我国已经成为海事审判机构最多、海事案件数量最多的国家。随着国家海洋事业的快速发展，海洋维权和行政执法力度不断增强，海事案件数量相应增加。人民法院通过审理海事海商案件，"依法保护海洋权益，维护'蓝色国土'安全"^②，"准确解释国际公约，促进完善海洋法治"^③。各海事法院依法行使司法管辖权，履行海事审判职能，公正审理各类海事案件，服务保障经济社会发展，服务海洋强国建设，依法保护中外当事人合法权益，有效地维护和彰显了我国海洋司法主权，维护了国家海洋权益。

近年来，最高人民法院发布的全国海事审判典型案例，具有以下四个方面的特点：一是依法行使海事司法管辖权，坚决维护国家主权和海洋权益。二是保护海洋生态环境，提升海洋及其资源的养护和可持续利用，助力海洋经济发展。三是充分发挥海事司法职能作用，促进深受疫情影响的国际航运的复苏和国际贸易的稳定发展。四是持续实施海事审判精品战略，提升海事司法的国际公信力。

---

① 孙航. 最高法发布 2019 年全国海事审判典型案例 [N]. 人民法院报，2020-09-08（1）.

② 周强. 最高人民法院工作报告——2016 年 3 月 13 日在第十二届全国人民代表大会第四次会议上 [J]. 中华人民共和国最高人民法院公报，2016（4）: 5.

③ 周强. 最高人民法院工作报告——2017 年 3 月 12 日在第十二届全国人民代表大会第五次会议上 [J]. 中华人民共和国最高人民法院公报，2017（4）: 6.

05 第五章

中国的国际海洋法实践

第一节　参加重要国际立法活动

1971 年 10 月 25 日，第二十六届联合国大会以压倒性多数通过了阿尔巴尼亚、阿尔及利亚等 23 个国家提出的恢复中华人民共和国在联合国的一切合法权利，并立即把国民党集团代表从联合国一切机构中驱逐出去的提案。联合国大会第 2758 号决议认为，"恢复中华人民共和国的合法权利对于维护《联合国宪章》和联合国组织根据宪章所必须从事的事业都是必不可少的"[1]。"新中国恢复在联合国合法席位，是世界上的一个大事件，也是联合国的一个大事件。这是世界上一切爱好和平和主持正义的国家共同努力的结果。这标志着占世界人口四分之一的中国人民重新走上联合国舞台。这对中国、对世界都具有重大而深远的意义。"[2]中国作为联合国安全理事会的常任理事国，参加第二十六届联合国大会、联合国海底委员会会议[3]和第三次联合国海洋法会议，参加制定《公约》的国际谈判，这是新中国第一次在最重要的多边外交场合参加的宏大、重要的国际造法活动。

1982 年 4 月 30 日，经过近 10 年、先后 11 期会议的马拉松式谈判，涉及 140 多个国家、8 个民族解放运动、12 个专门机构、19 个政府间组织以及许多非政府组织，最大程度地代表了世界上各种政治力量的《公

---

① 联合国大会第二十六届会议决议二七五八（二十六）. 恢复中华人民共和国在联合国的合法权利.

② 习近平. 在中华人民共和国恢复联合国合法席位 50 周年纪念会议上的讲话[N]. 人民日报，2021-10-26（2）.

③ 1967 年 12 月，第二十二届联合国大会通过第 2340 号决议，成立一个特设委员会，以研究国家管辖范围以外海床洋底的和平利用问题。1968 年 12 月第二十三届联合国大会决议，将特设委员会改为常设委员会，建立"联合国和平利用国家管辖范围以外海床洋底委员会"。

约》获得通过。①1982 年 12 月 10 日，《公约》在牙买加的蒙特哥湾开放签署。40 年后，已有 168 个国家和实体批准和加入了《公约》。

"本着以互相谅解和合作的精神解决与海洋法有关的一切问题的愿望"，《公约》规范了人类开发利用海洋及其资源的大部分活动，包括正文的 17 个部分、320 条、9 个附件和 1 个最后文件，内容涉及领海、毗连区、专属经济区、大陆架、公海、岛屿制度、群岛国、用于国际航行的海峡、国际海底区域、海洋环境的保护和保全、海洋科学研究、海洋技术的发展和转让、争端的解决等各个方面，反映了国际海洋法的新发展。根据《公约》，还设立了国际海洋法法庭、国际海底管理局、大陆架界限委员会三大机构，提出了司法和准司法（包括仲裁和调解）等争端解决方式和方法，为在海洋中开展的所有活动提供了"必须遵循的法律框架"②。《公约》被誉为"海洋宪章"③，对确立现代国际海洋秩序有着重要的作用。

一、中国对第三次联合国海洋法会议的贡献

自恢复在联合国的合法席位后，从"海底委员会"会议到第三次联合国海洋法会议，中国积极参与创制新国际海洋法实质事项的讨论和磋商，既支持广大发展中国家的合理要求，也认真阐述中国的立场和主张。

在联合国国际海底会议期间，中国代表团在发言中就领海宽度、军舰无害通过、海峡通航、国际海底区域制度、保护海洋环境、海洋渔业、

---

① 参见《公约》最后文件。

② Tullio Scovazzi.《联合国海洋法公约》框架内、外（在某些情况下）国际海洋法的新进展[J]. 黄宇欣，曲娇，张海英，译. 中华海洋法学评论，2020（3）：1-2.

③ Tommy T.B. Koh. A Constitution for the Oceans. The Law of the Sea: Official Text of the United Nations Convention on the Law of the Sea with Annexes and Index. New York: United Nations, 1983: xxxii.

专属经济区和大陆架、争端解决、海洋科学研究等问题积极阐述中国的立场。1973 年 12 月 3 日，联合国第三次海洋法会议在纽约联合国总部开启缔约谈判后，近十年间，中国代表团积极参加各期会议，在有关海洋权利和海洋利用的诸多方面提出正当合法主张，宣示中国立场，维护中国海洋权益，支持第三世界国家的合理要求，反对海洋霸权主义，促进传统海洋法制度变革，为建立更加公平合理的国际海洋法律秩序作出了积极贡献。

（一）坚定支持发展中国家，巩固国际力量的对比

第三次联合国海洋法会议是"在世界形势发生了重大变化的情况下召开的"[1]。20 世纪 50—60 年代，很多殖民地半殖民地逐步摆脱殖民统治，纷纷独立，第三世界崛起，在国际上发挥着越来越大的作用，深刻改变了国际力量对比。整个会议期间，中国广泛团结亚非拉第三世界发展中国家，支持"制定保障中、小国家正当权利的、公平合理的新海法"[2]的合理要求，反对海洋霸权主义。

早在 1973 年 4 月 19 日，周恩来总理在欢迎墨西哥总统宴会的讲话中，将国际形势概括为"国家要独立，民族要解放，人民要革命，已成为不可抗拒的历史潮流"。周恩来高度肯定"拉美国家带头兴起的保卫二百海里海洋权的斗争，鼓舞和推动了世界各大洲反对海洋霸权主义的斗争"。[3]

中国代表团团长乔冠华在第二十八届联合国大会全体会议的一般性辩论中，分析了当前世界形势的特点，批判苏美两个超级大国是世界不

① 我国代表团出席联合国有关会议文件集：续集（1973）[G]. 北京：人民出版社，1974：59.
② 我国代表团出席联合国有关会议文件集：续集（1973）[G]. 北京：人民出版社，1974：58.
③ 北京大学法律系国际法教研室. 海洋法资料汇编[G]. 北京：人民出版社，1974：2.

得安宁的根源。"围绕海洋权问题,广大中小国家正在开展一场声势浩大的反对超级大国海洋霸权的斗争。""反对海洋霸权的斗争,是亚非拉广大发展中国家维护本国资源、发展民族经济的斗争的一个重要方面,也是当前反霸斗争的一个新的焦点。"乔冠华呼吁:"我们一定要坚持反帝、反霸,我们一定要依靠自己,依靠人民,艰苦奋斗,长期努力。"①

以此为基调,在此后的会议发言和讨论中,中国代表团的发言、表态,基本上都要批判两个超级大国的海洋霸权主义,支持"拉美国家带头兴起的坚持二百海里海洋权的斗争",巩固正在形成和发展的对第三世界国家有利的国际关系的力量对比。中国还注意团结作为内陆国的发展中国家,关切内陆国分享海洋资源的权利,提出在开发资源及过境方面给予一定的权利和便利,提出"沿海国对其毗邻的内陆国,原则上应给予在经济区内同享一定比例的所有权和管辖权"②。尽管"参加像第三次联合国海洋法会议这样规模宏大的多边造法会议,对我国代表团来说还是第一次。但是,作为一贯站在第三世界国家一边的具有十亿人口的社会主义国家,我国在海洋法主要问题上的原则立场对发展中国家却是个巨大的鼓舞"③。

(二)反对美日侵权行径,维护中国领土主权和海洋权益

在联合国这一重要的国际舞台,中国代表引经据典,批判美日侵犯中国领土台湾岛、钓鱼岛和掠夺中国的海洋资源,坚决维护中国领土主权和海洋权益。

1972 年 3 月,中国代表在海底委员会第一届全体会议上阐明中国政

① 我国代表团出席联合国有关会议文件集:续集(1973)[G].北京:人民出版社,1974:3-22.
② 我国代表团出席联合国有关会议文件集:续集(1973)[G].北京:人民出版社,1974:66.
③ 董世忠.我国在第三次联合国海洋法会议上的原则立场[M]//赵理海.当代海洋法的理论与实践.北京:法律出版社,1987:1.

府关于海洋权问题的原则立场时，批判美国霸占中国领土台湾岛，谴责日本政府企图侵占中国领土钓鱼岛，以史实证明钓鱼岛等岛屿作为台湾岛的附属岛屿，自古以来就是中国的固有领土；批判美日勾结，利用"归还冲绳"私相授受，企图将钓鱼岛划入日本版图；重申台湾及包括钓鱼岛、黄尾屿、赤尾屿、南小岛、北小岛等岛屿在内的所有附属岛屿，都是中国的神圣领土；强调这些岛屿周围的海域及海底资源完全属于中国所有；[①]宣示中国维护领土主权和海洋权益的坚定意志和坚强决心。

（三）实践中既坚持原则也灵活应对，通过多种方式积极参与谈判磋商

会议期间，中国代表团通过各种层面的会议发言，提交国家立场文件，与一些国家联合提交条款草案、共同提案和问题清单，在协商组和委员会提出非正式建议等多种方式，积极地全面参与谈判磋商。这些工作文件、提案、发言等核心内容虽未直接形成案文，但明确、充分地阐述了中国的立场，有的案文和意见一定程度上成为讨论的基础。

中国代表团先后提交了《关于国家管辖范围内海域的工作文件》（以下简称《国家管辖海域工作文件》）、《关于海洋科学研究的工作文件》（以下简称《海洋科研工作文件》）和《关于国际海域一般原则的工作文件》（以下简称《国际海域原则文件》）三份工作文件。中国还与一些第三世界国家联合提交多份共同提案。1972 年 3 月在海底委员会第二小组委员会会议上，中国代表在关于作为共同提案国参加亚非拉 56 国海洋法清单问题发言中指出，该清单"反映了大多数发展中国家的意见，可以成

---

① 我国代表团出席联合国有关会议文件集（1972）[G]. 北京：人民出版社，1972: 186-192.

为第二小组委员会进行讨论的良好基础"①。1973 年 7 月，在海底委员会第三小组委员会会议上，中国与阿尔及利亚、巴西、埃塞俄比亚、埃及等 15 国共同提出《关于从事海洋科学研究要求同意的条款草案》;②1972 年 8 月，在海底委员会全体会议上，中国作为共同提案国之一，与阿尔及利亚、巴西、智利、科威特等 13 国共同提出关于国家管辖范围以外海床洋底区域的国际制度的共同提案（A/AC.138/L.11/REV.1）。③1979 年 8 月在第六协商组提出一项关于大陆架定义和范围的非正式建议（NG6/18）。④1982 年 3 月在第二委员会提出对第 76 条（大陆架）的文字作适当修改的非正式建议（C.2/Informal Meeting/72）。同月，包括中国在内的 27 国代表团在第二委员会提出一项共同提案（C.2/Informal Meeting/58/Rev.1），建议在《公约》草案第 21 条中增加一项条款，规定沿海国有权按照本国的法律和规章，要求外国军舰通过领海事先经该国批准或通知该国。希望找到适当的解决办法，对《公约》草案作必要的修订。⑤

中国全程参加了各期会议，全面参与所有问题的磋商和讨论，对领海宽度、军舰的无害通过权等核心关切的议题和问题反复强调和重申立场。同时，将原则性与全局性、灵活性相结合，既坚定表明原则立场，也灵活应对，体现合作精神。1982 年，在《公约》获得通过的全体会议及最后签署《公约》的会议上，中国代表团在发言中再次声明，《公约》有关领海无害通过的条款中对军舰通过领海的制度未作明确的规定，中

---

① 我国代表团出席联合国有关会议文件集（1972）[G]. 北京：人民出版社，1972: 199.

② 北京大学法律系国际法教研室.海洋法资料汇编[G]. 北京：人民出版社，1974: 77、79.

③ 我国代表团出席联合国有关会议文件集（1972）[G]. 北京：人民出版社，1972: 224.

④ 中国代表团出席联合国有关会议文件集（1982.1—6）[G]. 北京：世界知识出版社，1983: 84-85.

⑤ 中国代表团出席联合国有关会议文件集（1982.1—6）[G]. 北京：世界知识出版社，1983: 86-88.

国和其他国家曾多次提出修正案。为了响应会议主席的呼吁，使会议能以协商一致方式通过《公约》草案，提案国没有坚持要求将修正案提付表决，但"当时会议主席所作的声明已经表明，这并不影响共同提案国要求保障本国安全的原则立场"[①]。

二、中国对制定《联合国海洋法公约》的贡献

联合国曾主持召开过三次制定海洋法公约的重要会议。1958年第一次联合国海洋法会议通过了日内瓦海洋法四公约，但未能对领海宽度达成一致。第二次会议无果而终。世界对联合国第三次海洋法会议寄予厚望。中国作为第三世界的"领头羊"，在整个会议期间通过多种方式发挥积极作用，紧密团结亚非拉发展中国家，在很多事关中国和广大发展中国家切身利益的海洋法问题上主动作为，为以《公约》为代表的现代海洋法制度的创新性发展作出了贡献。

（一）关于领海宽度问题

领海宽度是一个"历史悠久"的问题。美英等海洋大国坚持并在国家实践和对外关系中积极推行3海里的领海宽度，以图获得广泛承认。到1958年2月第一次联合国海洋法会议时，尽管关于领海宽度问题的国家力量对比已经发生了变化——主张超过3海里领海宽度的国家已多于坚持3海里的国家，但《领海及毗连区公约》仍未能规定领海的宽度。彼时，参加会议的台湾当局仍坚持1931年公布的3海里领海宽度。

1958年，在台湾海峡危机的背景下，出于维护中国主权、安全和海洋权益的实际需要，9月4日，全国人民代表大会常务委员会第一〇〇次会议批准《中华人民共和国政府关于领海的声明》。尽管第一次联合国

---

① 国家海洋局政策研究室. 各国领海及毗连区法规选编[M]. 北京：法律出版社，1985：195.

海洋法会议未能就领海宽度达成一致性条款，但 1958 年《领海声明》确定中国的领海宽度为 12 海里，划定领海基线采用直线基线法。1958 年 9 月 14 日，越南总理范文同照会中国国务院总理周恩来，表示越南政府"承认和赞同"中国的《领海声明》，并"尊重这一决定"。1958 年《领海声明》"以国际法为依据，为美国武装干涉中国内政的政策和行为设置了难以逾越的法律障碍"[1]，维护了新中国的主权和海洋权益，率先践行了发展中国家扩大海洋管辖权的合理诉求。12 海里的领海宽度代表了海洋法的发展方向，也为中国参加第三次联合国海洋法会议关于领海宽度问题的讨论奠定了基础，从国家实践的角度促进了国际海洋法中重要的领海制度的发展。

在第三次联合国海洋法会议中，中国把领海权问题上升到十分尖锐和重要、必须妥善解决的重大原则问题的高度。一是谴责帝国主义在海洋上横行霸道、肆意侵略，反对和批判超级大国侵略别国领海、掠夺他国资源、从海面到海底全面扩张的海洋霸权和掠夺政策，以及对广大亚非拉国家的主权和经济利益构成的严重威胁和巨大损害。二是坚持确定领海宽度是国家主权范围内的事，"规定领海权的范围是各个国家的主权"。沿海国有权根据自己的地理条件、国家安全和民族经济利益的需要，合理地确定领海和管辖权的范围。三是主张公平合理地解决海洋权问题，同一海域的国家平等和对等地进行领海界限的划定。

第三次联合国海洋法会议最终确立了 12 海里的领海宽度。《公约》明确规定沿海国"有权确定其领海的宽度"，直到不超过领海基线向海 12 海里的界限为止。《公约》的有关规定表明中国和第三世界国家主张的合理性。

---

[1] 段洁龙. 中国国际法实践与案例[M]. 北京: 法律出版社，2011: 80.

（二）关于军舰无害通过权问题

参加第三次联合国海洋法会议的国家高度关注外国军舰的无害通过问题，会议期间提交了很多正式和非正式提案，进行了广泛的讨论。海洋大国如美、英、法、德、意、荷、苏等国多主张所有船舶，包括军舰都享有无害通过权。发展中国家则坚持外国军舰通过领海既须事先准许，也须通知沿海国。包括中国在内的 30 个国家提出的共同提案，还要求增加关于"安全"的规定。然而，较早期会议产生的《非正式单一协商案文》主要反映了海洋大国的立场。

中国在无害通过问题上的立场是 1958 年《领海声明》的延续。在当时的国际环境和新中国自身的实际条件下，1958 年《领海声明》所考虑的重要问题之一是"对外国军舰和飞机应如何限制其自由通过"领海，"必须限制军事大国在别国领海和领空中的自由活动"。在中国参加第三次联合国海洋法会议时，这种国际环境的约束依然没有根本性的改变，中国需要面对并与美苏两个超级大国的海洋霸权主义作斗争。

中国代表团在海底委员会和第三次联合国海洋法会议上的发言中，多次阐述中国关于领海无害通过问题的一般立场。1973 年提交给海底委员会第二届会议的《国家管辖海域工作文件》，清楚表述了中国关于"无害通过"的含义及适用和管理的立场：（1）无害通过是指不损害沿海国的和平、安全和良好秩序的通过。（2）外国的非军用船舶可以无害通过领海。（3）外国军用船舶通过领海，应事先通知沿海国的主管机关或经沿海国主管机关事先许可。（4）沿海国可以制定、公布关于对领海进行管理的必要的法律和规章。外国船舶和飞机通过别国领海和领海上空，应遵循该国的法律和规章。 总体上，中国将无害通过区分为商船的无害通过和军舰的无害通过：外国商船可以无害通过领海，但外国军舰应事先通知、事先批准或得到许可。对于沿海国领海范围内的海峡，不论是否经常用于国际航行，都应由沿岸国管理，外国商船可以无害通过，外国军舰则必须事先得到批准才能通过。

从 1978 年第七期会议开始，除进行大会发言阐述中国立场外，中国还通过和其他发展中国家提出联合提案、共同提案和正式修正案，加入其他国家的非正式建议等方式，从军用船舶和一般商船性质上的差别、沿海国领海的"安全"问题等角度，要求在条款草案中增加有关军舰无害通过领海应事先获得沿海国批准或事先通知沿海国的内容。在 1982 年 4 月 30 日通过《公约》的会议上，中国代表在发言中再次重申上述立场。大会主席在全体会议上关于"不妨碍沿海国按照公约第 19 条（领海无害通过的意义）和第 25 条（沿海国的保护权）的规定，采取措施以保证其安全的权利"的声明，同中国代表团在会议期间反复阐述并在上述发言中所重申的内容具有一致性。中国和其他发展中国家对军舰无害通过问题的坚持，也是为《公约》讨论和制定相关条款作出的贡献。

关于军舰在领海的无害通过，中国一贯要求事先明确同意。在不同的历史时期，这种"同意"是有细微差别的：最初表现为"许可"，在 20 世纪 80—90 年代时表现为"批准"。也有观点认为，享有无害通过别国领海权利的外国船舶也包括军舰，《领海及毗连区法》的有关规定与此相抵触。[1] 虽然《领海及毗连区法》可以规定外国军舰通过中国领海必须事先通知或得到批准，"但从长远计，根据对等原则，要求外国军舰通过领海必须事先同意，未必对我国有利"[2]。也有学者担心，要求"通过领海范

---

[1] 赵理海.《联合国海洋法公约》与我国的海洋权益[J]. 中国科技论坛，1996（5）: 3-4.
[2] 赵理海.《联合国海洋法公约》的批准问题[J]. 北京大学学报（哲学社会科学版），1991（4）:
    59.

围内的国际海峡一定要征得沿海国的同意或事先通知，从长远来看，这与中国作为一个成长中的海洋大国的国家利益相冲突"①。

这种担心并非全无道理。然而，在领海法中规定"对等原则"似乎并非普遍做法。塔纳加海峡被认为是用于国际航行的海峡，自应适用相应的航行规则。根据美国有关法律，无需事先通知或批准，外国军事船舶即可在美国领海无害通过。对中国海军军舰航行塔纳加海峡并进入美国 12 海里领海，美国国防部表示中国军舰遵守国际法，并未提及对等与否。日本领海法中并未对无害通过作出规定，但在实践中承认外国军舰的无害通过权。对中国海军越来越多地穿越日本周边的海峡和水道，日本也未以"对等原则"为借口制造障碍。可见，主动套用"对等原则"而自我设限的必要性，似可再行斟酌。当然这并不妨碍学界关于修改领海法相关条款的探讨。② 有学者认为，"目前承认军舰在领海的无害通过权已成为国际社会的主流观点"，建议修改《领海及毗连区法》关于外国军用船舶进入中国领海必须经过中国政府批准的规定。③ 这种学术研究当然是有意义也是有价值的。

（三）关于专属经济区和大陆架问题

中国支持拉丁美洲国家提出的 200 海里海洋权主张。中国主张沿海国可以在本国领海之外划定从领海基线量起不超过 200 海里的专属经济区，经济区内从水域到海床和底土的一切自然资源均属该国所有。沿海国在经济区内可以行使保护、利用、探测和开发上述资源的专属权利，

---

① Chiu Hungdah.China and the Law of the Sea Conference[J].Maryland Series in Contemporary Asian Studies, 1981(4): 1–35.

② 袁发强. 航行自由制度与中国的政策选择[J]. 国际问题研究，2016（2）: 82–99.

③ 杨泽伟. 中国与《联合国海洋法公约》40年：历程、影响与未来展望[J]. 当代法学，2022（4）: 39.

其他国家在沿海国经济区内的权利、邻国之间经济区的划界等，与后来《公约》的规定基本一致。

关于专属经济区的性质，中国驳斥了有些国家关于"经济区是公海的一部分"的主张，坚持"专属经济区是国家管辖范围区域，不是公海的一部分"。"当然，在专属经济区内，应当保证正常的航行、飞越不受阻碍，保证电缆、管道在不影响沿海国行使权利的条件下敷设、使用"。中国不仅反对把专属经济区看作是公海的一部分，还主张应将专属经济区与领海相区别，这正是后来《公约》所创立的专属经济区的独特性质。

专属经济区与大陆架制度是第三次联合国海洋法会议激烈讨论的问题之一。专属经济区和大陆架在空间上有一定的重合性。关于二者的关系，中国主张沿海国是否有权在领海以外划定专属经济区"是一个带有原则性争论的问题"。中国赞同专属经济区与大陆架是两种不同的制度，前者不能取代后者。这对于具有闭海或半闭海特征而难以充分行使专属经济区和大陆架权利的中国而言，意味着将来可能需要与海岸相邻或相向的海上邻国，划出专属经济区和大陆架上下两条线。中国的立场体现了最大限度地维护海洋权益的预见性。

第三次海洋法会议对大陆架问题进行了热烈的讨论。中国在会议期间的立场主要包括以下几点：（1）坚决主张按照自然延伸原则确定沿海国大陆架的范围。（2）对公约草案第76条大陆架的定义提出修改意见，第1款改为：沿海国的大陆架……"扩展到不超过大陆边的外缘"；第3款改为"大陆边……一般地由陆架、陆坡和陆基的海床构成"。虽只数字之差，但内涵和外延有异。既较好地结合了中国海域的自然特征，也为可能的"特殊情况"预作铺垫。（3）当地质大陆架的宽度不足200海里时，在不妨碍自然延伸原则实施的条件下，有关沿海国可将其大陆架扩展到

200 海里，中国没有反对这个主张，体现了合作的精神。（4）支持爱尔兰关于根据自然延伸确定大陆架范围的原则及确定大陆架外部界限的两种测算方法，与时俱进地调整了立场。（5）自然延伸是划分沿海国大陆架的基础，海岸相邻或相向的国家应通过谈判协商，在公平原则的基础上，考虑一切有关情况进行大陆架划界。

虽然《公约》第 76 条关于大陆架的条款并未完全采纳中国的意见，但基本上是以自然延伸原则为基础的，包含了中国关切的主要因素。《公约》通过的案文提出"公平的解决办法"，是"公平原则"集团和"中间线"集团妥协的产物，部分地反映了中方的意见。中国的修改意见更合理，"可以使大陆架定义更为确切和科学"，且具有一定的灵活性。中国的立场和主张同《公约》关于大陆架定义的精神是一致的，对于大陆架制度的更新发展是有所贡献的。

（四）关于海洋环境保护问题

早在参加第三次联合国海洋法会议期间，中国就从"保护海洋环境，是关系到世界各国人民健康和经济发展的一件大事"的高度，提出有效防止和控制海洋污染的主张。作为拥有漫长海岸线的国家，保护海洋环境对于中国具有重大和深远的意义。

会议期间，中国在海洋环境保护问题上的立场主要包括：（1）谴责海洋大国特别是超级大国将废弃物和有毒物质倾泻入海，污染越来越多的海域，破坏海洋生物资源，严重威胁各国人民健康和生命安全。（2）沿海国完全有权也有必要对邻接其领海的一定范围内的海域进行直接的管辖，以防止和控制海洋污染，保护人民健康、安全和经济发展。（3）针对局部海域海洋污染的特殊性，主张各相关沿岸国根据具体条件，制定相应措施和规则。（4）提出尊重沿海国权利、履行各国责任、建立国际管制三项有效防止和控制海洋污染的具体主张。

（五）关于海洋科学研究问题

《海洋科研工作文件》比较清楚地阐明了中国对有关问题的立场。中国代表团还在大会发言中进一步提出了关于海洋科学研究的一般原则。在与阿尔及利亚、巴西等15国共同提交的《关于从事海洋科学研究要求同意的条款草案》中提出："凡按照本公约规定，要求某一沿海国对在其主权和国家管辖范围以内的海域从事海洋科学研究予以同意时，应先得到该国的明确同意，然后才从事这种工作。"中国赞同一些亚非拉国家长期协商形成的56国海洋法问题清单，认为这个清单反映了大多数国家的意见，可以成为讨论的良好基础。中国决定参加成为该清单的共同提案国。

中国关于海洋科学研究问题的主要立场包括：（1）未经同意，任何外国不得在沿海国的领海进行任何研究。（2）外国在沿海国的专属经济区等管辖海域进行海洋科学研究必须事先得到沿海国的同意，且应严格遵守沿海国的法律和规章。沿海国应对同意进行的海洋科学研究提供必要的便利。（3）沿海国有权参加在其领海和管辖海域内的科学研究、得到资料和样品，成果的发表应先征得沿海国的同意。（4）在国际海底区域进行科学研究，应专为和平目的，并应由拟将建立的国际机构管理。（5）各国应在相互尊重主权和平等互利的前提下，促进海洋科学研究合作。

中国的主要立场与后来通过的《公约》案文是基本一致的。《公约》的有关规定是中国反击某些域外国家的军事船舶到中国周边海域抵近侦察的国际法依据。

（六）关于"国际海域"和国际海底区域问题

在传统的领海公海两分法之外，出现了专属经济区、专属渔区、承袭海等新概念。为了避免继续简单沿用"公海"这一概念给人造成错误印象,《国际海域原则文件》中使用了"国际海域"的概念。

"国际海域"概念的核心内容包括:(1)代替过去的"公海",指称"位于各国管辖范围以外的一切海域"。(2)国际海域及其一切资源,原则上属于世界各国人民所共有。(3)对国际海域的利用不得妨碍其他国家的正当利益和各国共同利益。(4)规范和管制在国际海域的捕鱼活动,禁止滥捕和其他违反渔业资源养护规章的行为。(5)人类共同继承财产原则不仅应该适用于国际海底区域,也应该适用于国际海域及其资源。中国的上述建议在《公约》条款中有一定程度的体现。随着《公约》的生效,"国际海域"作为一个过程概念,其存在价值主要在于客观反映缔约谈判的全貌。

在以《公约》为代表的现代国际海洋法制度已经确立的情况下,美国《海军行动法指挥官手册》以下简称《手册》"出于海上行动的目的",将世界海域分为两部分,一是处于沿海国主权之下的内水、领海和群岛水域,二是包括毗连区、专属经济区水域和公海的"国际海域"。《手册》使用"国际海域"的概念,指代所有不属于沿海国主权的海洋区域。"领海之外所有的海域都是国际海域,国际社会可以行使公海的航行和飞越自由。国际海域还包括毗连区。"[1]显然,《手册》刻意模糊沿海国享有主权权利和管辖权的专属经济区与公海的区别,甚至将毗连区也归入所谓"国际海域"之列。特别是美国国务院发言人将台湾海峡界定为"国际海域",因而"适用公海自由原则",意在为操弄涉台问题、威胁中国的主权和安全制造借口。

关于国际海底及其资源问题,中国认为有必要建立一项国际制度,

---

[1] U. S. Navy, U. S. Marine Corps and U. S. Coast Guard, The Commander's Handbook on the Law of Naval Operations (Edition March 2022), March 2022, para. 1.5–1.6.

以适用于国家管辖范围以外的海底区域及其资源，确保这个区域及其资源不论是"人类共同继承财产"，还是"各国人民所共有"，都不能允许海洋霸权主义国家任意霸占和掠夺。中国原则上同意在《关于各国管辖范围以外的海床洋底与下层土壤的原则宣言》的基础上建立国际海底制度，赞同宣言关于保证海底区域的和平利用、建立适用于该区域及其资源的国际制度并成立适当的国际机构进行管理、任何国家和个人不得以任何方式将国际海底区域的任何部分据为己有等内容。

中国在会议发言中提出了关于国际海底制度的八项原则，主要观点包括:(1)国际海底区域及其资源属于世界各国人民所共有，任何国家或个人不得据为己有。世界各国公平合理地分配开发资源的收益，特别照顾发展中国家的需要。(2)应当合理管理区域及其资源，反对超级大国的垄断和操纵。国际机构的活动不应损害沿海国家的权益和利益，管理对象不仅包括海底资源的探测和开发，也应包括科学研究等其他活动。(3)保证国际海底区域的和平利用，禁止核潜艇活动和设置包括核武器在内的一切武器。(4)对国际海底资源的管理范围包括一切矿物资源和生物资源。(5)保护海洋环境，防止污染。尽管中国认为"国际机构对国际海底区域的科学研究、探测，以及资源的开采应该具有管理权力"，但也警惕"它不应该有超国家的权力，也没有相当于国家所享有的主权或管辖权"。

中国的"八项原则"精神与《公约》及《执行协定》确立的"区域"制度的主要内容是基本一致的。特别是"八项原则"还提出将生物资源也纳入拟建立的国际机构和制度的管理范围之内，具有超前性和预见性。

（七）关于群岛整体性问题

岛屿、群岛特别是群岛基线问题是第三次联合国海洋法会议热烈讨论的问题。包括印度尼西亚、菲律宾、斐济等国在内的群岛国集团在争取建立特殊的群岛制度方面发挥了重要作用。群岛国集团既寻求 77 国集团的支持，也与英美等海洋强国妥协，放弃了与数量不多的拥有远洋群岛的大陆国家的合作，使群岛问题与大陆国家的远洋群岛问题剥离。从第四期会议开始，关于群岛问题的讨论只涉及群岛国制度，最终结果体现在《公约》第四部分"群岛国"。

关于群岛问题，中国的立场主要体现在《国家管辖海域工作文件》中："岛屿相互距离较近的群岛或列岛，可视为一个整体，划定领海范围。"关于岛屿、群岛及其领海范围的划定问题，一是认为相互距离较近的群岛或列岛可以视为一个整体，二是这样的群岛或列岛可以整体地划定领海范围。但对"距离较近"的具体标准未予阐述。

（八）关于海洋争端的解决

尽管中国没有单独或共同提交提案，也没有提出工作文件，但在几次会议发言中表达了关于海洋争端解决问题的立场：（1）解决争端问题关系到每个国家的主权，国家没有将海洋边界争端提交第三方拘束性解决的一般义务。任何强制解决争端的程序，只能在主权国家自愿原则的基础上才能适用，自愿原则是中国的原则立场。（2）由有关当事国在互相尊重主权和领土完整的基础上，通过谈判协商解决其间有关海洋法的任何争端，是解决争端的主要途径，符合联合国宪章的宗旨和目的。在自愿的基础上，有关国家也可以协议选择其他和平方法。（3）实行强制管辖的争端解决程序应当遵循主权国家自愿的原则，不能无条件地强加于所有的主权国家。中国不同意非正式单一协商案文中关于海洋法庭强制管辖权的规定。要求一个主权国家无条件地接受一个国际司法机构的强制管辖，违反国家主权原则。（4）关于缔约国未以特别声明的方式在海洋法法庭、国际法院、仲裁法庭和特别程序制度中选择一个或以上程序，则视为接受国际法院或海洋法法庭的管辖，结果是将强制管辖无条件地适用于所有主权国家，中国要求按照主权国家自愿原则加以修改。（5）如就争端解决问题作出规定，可作为单独的任意签字议定书，由各国自行决定参加与否而不必列入公约文本。

《公约》第十五部分"争端的解决"包括了"导致有拘束力裁判的强制程序"，包括国际海洋法法庭、国际法院、仲裁法庭和特别仲裁法庭。2006年8月25日，中国依据《公约》第298条的规定作出书面声明，将涉及海域划界等事项的争端排除适用包括仲裁在内的强制争端解决程序。然而，2013年1月22日，菲律宾对中国提起《公约》附件七仲裁。尽管中国政府多次表达"不接受、不参与"仲裁和"不接受、不承认"裁决的基本立场，但未能阻断仲裁程序的进行和裁决的发布。2015年10月29日和2016年7月12日，仲裁庭先后发表关于管辖权和可受理性问题的裁决、剩余管辖权问题和实体问题的最终裁决，否定中国的权利主张，支持了菲律宾的几乎所有实体诉求。中国政府发表声明，再次强调中国不接受、不承认裁决的基本立场。

总之，虽然在《公约》具体条文中的直接体现不多，但中国全面参加制定《公约》的第三次海洋法会议，充分阐明中国立场，紧密团结广大发展中国家，反对海洋霸权主义，既积累了宝贵的经验，也以丰富多样的方式为塑造国际海洋法律新秩序作出了独特的贡献。

三、中国对后《联合国海洋法公约》时代国际立法的贡献

美英等发达国家因对《公约》中国际海底制度部分不满意而拒绝签署《公约》。为促进《公约》的普遍性、完整性和早日生效，1990—1994年，在联合国秘书长主持下，有关国家就《公约》中有关国际海底开发的一系列问题进行非正式磋商。1994年7月，关于海洋法问题的第四十八届联

合国大会决议通过了《关于执行 1982 年 12 月 10 日〈联合国海洋法公约〉第十一部分的协定》（以下简称《执行协定》）。《执行协定》对《公约》第十一部分进行了重大调整，促使了各主要工业化国家加入《公约》。中国积极参加联合国秘书长主持的磋商会议，为《公约》生效，扩大《公约》的普遍性，建立公平公正合理的国际海底区域制度，促进"区域"法律制度的发展和"区域"治理体系建设，积极贡献中国智慧和中国方案。

（一）国际海底管理局规章的制定

根据《公约》，"区域"及其资源是人类的共同继承财产。对"区域"内资源的一切权利属于全人类，由管理局代表全人类行使。[①] 1994 年国际海底管理局成立后，先后制定了关于多金属结核、富钴结壳和多金属硫化物的勘探规章。2012 年以来，国际海底管理局持续推进"区域"资源开发规章的制定。

1. 多金属结核勘探规章的制定

1997 年 3 月，国际海底管理局第三届第一次会议重点讨论《多金属结核勘探规章（草案）》。在规章制定过程中，中国始终坚持《公约》确立的"人类共同继承财产"原则，强调规章的制定应促进对"区域"资源的保护、开发和利用，保护海洋环境，维护发展中国家在技术转让等方面的权益，保障先驱投资者的合法权益，鼓励有条件的国家和实体参与"区域"活动。2000 年 7 月，《多金属结核勘探规章》在国际海底管理局六届二次会议上通过，使《公约》规定的"人类共同继承财产"原则有了更为具体的体现，使"区域"资源勘探活动有了可资依循的操作规则。

2. 多金属硫化物和富钴结壳勘探规章的制定

2001 年，国际海底管理局开始讨论制定多金属硫化物和富钴结壳两

---

① 参见《公约》第136条、第137条第2款。

种新资源的勘探规章。中国多次就两部勘探规章制定涉及的原则政策、环境保护、技术性条款等提出建设性意见和建议，为勘探规章的出台作出重要贡献。

关于多金属硫化物勘探规章的制定，中国代表团认为，规章的审议工作应审慎行事，不能急于求成。为了更好地审议规章草案，有必要在海底多金属硫化物的资源属性、地质特征、地理分布、经济分析以及勘探技术等方面开展更深入、有针对性的研究工作，以期科学合理地解决硫化物勘探区和保留区面积以及区块组合形式等基本问题，推进规章的审议进程，保证"区域"制度的有效实现。在富钴结壳勘探规章制定的讨论过程中，中国的修改案文建议，将富钴结壳勘探区面积从 2000 平方千米提高到 3000 平方千米，将开采区面积从 500 平方千米提高到 1000 平方千米。中国的修改意见为管理局理事会所接受，解决了困扰多时的富钴结壳矿区面积问题，推动了富钴结壳勘探规章最终得以通过。

3. 国际海底资源开发规章的制定

中国大洋矿产资源研究开发协会、中国五矿集团公司和北京先驱高技术开发有限责任公司，先后与国际海底管理局签订了多金属结核、富钴结壳和多金属硫化物三种资源的五块具有专属权利的矿区合同。开发规章的制定关系中国企业的实际利益，"也是通过'区域'内活动实现全人类共同利益的重要保障"。

2012 年，国际海底管理局第十八届会议启动了"区域"资源开发规章制定的相关工作。中国高度重视、积极支持和深入参与有关开发规章的制定工作。中国政府、企业和学术研究机构多次就开发规章及配套标准和指南草案提交书面评论意见，积极就开发规章涉及的缴费机制、监管和检查机制、独立专家、区域环境管理计划以及标准和指南制定等重大事项表达立场。

中国代表团在国际海底管理局相关会议和议题下积极发言，全面、系统阐述中国的政策主张，特别是在各方权利和义务、资源开发与环境保护、缴费机制、惠益分享、监管、决策和检查机制以及标准和指南制定等方面的立场。强调开发规章的制定应循序渐进，规章的内容应与技术和产业发展相适应，体现资源利用与环境保护的平衡、开发者利益与国际社会整体利益的平衡、开发的商业性与可持续发展的平衡。随着开发规章磋商的不断深入，中国进一步就所涉区域环境管理计划、开发规章的配套标准和指南等重大事项表达立场。主张开发规章应当以鼓励和促进"区域"内矿产资源开发为导向，同时切实保护海洋环境不受"区域"内开发活动可能产生的有害影响，采取包括预防性办法、最佳环保做法、进行环境影响评估等在内的积极措施，合理平衡"区域"资源开发与海洋环境保护及海洋的可持续性和健康。

（二）BBNJ国际法律文书谈判

国家管辖范围以外区域海洋生物多样性（The Conservation and Sustainable Use of Marine Biological Diversity of Areas Beyond National Jurisdiction, BBNJ）国际文书谈判是当前国际海洋法领域最为重要的立法进程之一。BBNJ国际文书被视为《公约》的第三个执行协定，其制定和实施将重构国家管辖范围以外海域的海洋利益格局，深度影响国际海洋秩序的调整。

从2004年到2017年，BBNJ国际文书谈判特设工作组和筹备委员会进行了比较充分的磋商。2015年联合国大会第69/292号决议决定，就国家管辖范围以外区域海洋生物多样性养护和可持续利用问题拟定一份具有法律约束力的国际协定。2017年12月联合国大会第72/249号决议决定在联合国主持下召开政府间大会，审议BBNJ国际文书案文草案要素建议,拟订案文,以期尽早完成BBNJ国际文书的制定。2018年9月BBNJ国际文书谈判政府间第一次会议以来,尽管国际上尽快完成制定工作的呼声一直较高,但关于海洋遗传资源的惠益分享、能力建设和技术转让、划区管理工具相关制度的建立、环境影响评价等谈判焦点问题的分歧久拖不决。随着谈判的深入,核心问题更聚焦于前两项,发展中国家面临较大压力。

中国高度重视国家管辖范围以外海域海洋生物多样性的养护和可持续利用,已经并继续深入参与作为《公约》第三份执行协定的BBNJ国际文书的谈判和制定全过程,包括特设工作组、筹委会、预委会和政府间谈判。中国坚持将人类共同遗产原则作为BBNJ新法律制度基础的基本立场,这与中国在第三次联合国海洋法会议期间关于国际海底问题的立场有一致性;中国主张兼顾各方利益和关切,在国家管辖范围以外海域海洋生物多样性的养护和可持续利用方面保持合理平衡;BBNJ国际文书有关制度安排应有充分的法律依据和坚实的科学基础,符合《公约》的目的和宗旨,促进与现有相关国际机构的协调与合作。中国还主要就BBNJ谈判所涵盖的海洋遗传资源及惠益分享,包括公海保护区在内的划区管理工具、环境影响评价、能力建设和海洋技术转让等核心问题多次发表具体的意见建议。

(三)200海里外大陆架外部界限的"初步信息"

《公约》已于1996年11月16日生效。根据《公约》第76条第8款,大陆架超过200海里从而可能享有200海里以外大陆架权利的沿海国,应将相关信息资料尽早提交根据《公约》附件二成立的大陆架界限委员会(以下简称"委员会"),"而且无论如何应于本公约对该国生效后10年内提出"。显然,就《公约》第76条第4—6款有关确定大陆架外部界限的技术规则的高度复杂性而言，该条款的实施难度较大，相关信息资料的提交对各沿海国的科学技术能力来说不啻一次严峻的挑战。

鉴于 200 海里以外大陆架外部界限的重要性和很多发展中国家不具备提供这种信息资料能力的现实，2001 年 5 月召开的《公约》第十一次缔约国大会通过决议，将 10 年期限的起始时间定为 1999 年 5 月 13 日委员会发表《大陆架界限委员会科学和技术准则》（以下简称《科学和技术准则》）之日。这意味着 1999 年 5 月 13 日之前批准或加入《公约》的国家，最迟应于 2009 年 5 月 13 日之前完成 200 海里以外大陆架的划定和有关的法律程序工作。第十一次缔约国大会通过的决议，相当于修改了划界案的提交时限要求，但在客观效果上反倒更像是对积极批准、加入《公约》国家的"惩罚"——对那些预备提交 200 海里外大陆架划界案的沿海国而言，如果推迟批准或加入《公约》，则留给本国准备提交划界案的时间更加充分。这显然并非缔约国大会决议的"初衷"。尽管如此，多数发展中沿海国仍无力在截止日期之前将其 200 海里以外大陆架的有关信息资料提交委员会。

为了解决这个新问题，在 2007 年 6 月召开的《公约》第十八次缔约国大会上，中国提出了"允许有关国家在 2009 年之前发表声明，提出外大陆架申请意向"的"挂号"的建议。经过讨论磋商，大会就 200 海里外大陆架信息资料提交的截止日期通过了一项新决议：沿海国向联合国秘书长提交一份"初步信息"，就其拟将提交 200 海里外大陆架划界案先行"挂号"。"初步信息"中应该载明该国 200 海里外大陆架外部界限的指示性资料、编制划界案的情况声明和拟提交正式划界案的日期。这个日期由沿海国自行决定，不再受到 2009 年 5 月 13 日截止期限的限制。以"初步信息"的方式"挂了号"，视同符合《公约》关于划界案期限的规定，但却无需即刻正式提交划界案。显然，关于"初步信息"的决议又一次客观而灵活地修改了提交划界案的截止期限。对于那些拟提交 200 海里外大陆架划界案的沿海国和委员会而言，通过提交"初步信息"进行"挂号"排队，一方表达了拟将提交 200 海里外大陆架划界案的国家立场，另一方则对审议划界案的工作量有所预估。"初步信息"不是划界案，委员会不对"初步信息"进行审议。沿海国提交"初步信息"，并不影响其根据《公约》第 76 条的要求、《大陆架界限委员会议事规则》以及《科学和技术准则》提交的划界案，也不影响委员会对划界案的审议。"初步信息"是关系到《公约》所更新大陆架制度的具体实施的重要措施，中国方案为此作出了创造性的贡献。

截至 2022 年 11 月 3 日，委员会已经收到 48 份"初步信息"，包括一个国家提交多份（如法国提交 2 份）和几个国家联合提交一份（如斐济与所罗门群岛、斐济与所罗门群岛和瓦努阿图）的情况。2009 年 5 月 11 日，根据《公约》有关规定及《公约》缔约国会议的有关决定，中国常驻联合国代表团向联合国秘书长提交了"中华人民共和国关于确定二百海里以外大陆架外部界限的初步信息"，涉及中国东海部分海域 200 海里以外大陆架外部界限。[1]中国外交部发言人表示，中国对南海诸岛及其附近海域拥有无可争辩的主权、主权权利和管辖权。中方保留今后在其他海域提交 200 海里以外大陆架外部界限信息资料的权利。中国政府将继续根据一贯主张和立场维护海洋权益，同时坚持与海上邻国在国际法基础上，按照公平原则，通过和平谈判进行海洋划界。[2]

---

[1] 国家海洋局海洋发展战略研究所课题组. 中国海洋发展报告2010[M]. 北京: 海洋出版社, 2010: 555-558.

[2] 2009年5月11日, 外交部发言人马朝旭就我国提交200海里外大陆架初步信息答记者问。

第二节 参加国际司法和准司法活动

一、主要国际司法机构

(一)常设仲裁院

1899年5月至7月,包括中国在内的26个国家在荷兰海牙召开和平会议,会议通过了《和平解决国际争端公约》及相关公约,并于1900年建立了首个国家间的争端解决机构——常设仲裁院。当时的清政府先后派杨儒、陆徵祥等人参加了1899年第一次和1907年第二次海牙和平会议,并于1904年和1910年批准了1899年和1907年《和平解决国际争端公约》,中国是常设仲裁院最早的成员国之一。中华民国成立后,继承了上述条约和仲裁院资格。1972年中华人民共和国恢复在联合国的合法席位后,窃据中国在常设仲裁院席位的台湾当局代表被驱逐。

根据1907年第二次海牙会议修订的《和平解决国际争端公约》,"便利将不能用外交方法解决的国际争议立即提交仲裁",是设立常设仲裁院的目的之所在。常设仲裁院并非传统意义上的法院,而是为因某个特定纠纷而临时组建的解决争端的仲裁庭提供服务的常设机构。常设仲裁院保有一份由成员国提供的仲裁员名单,每一缔约国至多可选定4名被公认精通国际法且享有最高道德声誉的人担任仲裁员。拟将争端提交仲裁的当事方可以挑选仲裁庭员,组成仲裁庭。仲裁庭由5名仲裁员组成,争端双方各指派1名仲裁员,另外3名仲裁员由双方协议指派。常设仲裁院自成立以来,受理的案子相对较少,仲裁庭的审理也很少公开,裁决书也可应仲裁双方的要求而保密。

1993年11月22日,时任外交部部长钱其琛致函仲裁院秘书长,通知中国恢复在常设仲裁院的活动,指派李浩培、邵天任、王铁崖和端木正为仲裁员。2009 年 5 月 4 日，外交部部长杨洁篪致函仲裁院秘书长，通知中国政府指派邵天任、许光建、薛捍勤和刘楠来为仲裁员。

1913 年以来，常设仲裁院设在荷兰海牙的和平宫。和平宫也是国联时期的常设国际法院和后来的国际法院的所在地。

（二）国际法院

国际法院是联合国的主要司法机关，1945 年 6 月成立，取代了 1922 年 2 月成立的常设国际法院。[①] 国际法院的职责是依照国际法解决各国向其递交的法律争端，并就正式认可的联合国机关和专门机构提交的法律问题提供咨询意见。国际法院依照《国际法院规约》行使职权，《国际法院规约》也是《联合国宪章》的一部分。

国际法院的职能包括审理诉讼案件和提供咨询意见。法院只有在涉案国家接受其管辖时才有权审理该案。国家可以通过多种方式接受国际法院的管辖：一是争端双方订立特别协定将争端提交至法院；二是通过管辖权条款，即当争端双方同为某条约缔约国，而该条约规定当缔约方对条约的解释或适用发生争端时，其中一方可将该争端提交至国际法院；三是通过国家根据《国际法院规约》作出的单方声明的对等效力，《国际法院规约》规定各国可以作出声明，对于接受同等义务的其他国家，承认法院的管辖权有强制性，不需另外的特别协定。

国际法院依据《国际法院规约》和《法院规则》对诉讼案件进行审理，审理案件适用现行有效的国际条约和公约、国际习惯、一般法律原则，作为辅助资料的司法判例以及具有最高权威的国际法学家的学说。

提供咨询意见是国际法院的另外一项职能。联合国的 5 个主要机关

---

① 常设国际法院于 1922 年 2 月 15 日在荷兰海牙成立。起初有 11 名法官和 4 名候补法官，1929 年取消候补法官而将法官增加为 15 名。1946 年以全体法官辞职而宣告解散。

和联合国系统内的 16 个专门机构能够在法院提起咨询程序。国家和国际组织可就咨询意见案向国际法院提交书面或口头意见。国际法院的咨询意见是咨询性质的，不具有强制性。但是，相关机构可以通过法律文书或规章事先规定国际法院的咨询意见具有强制性。自 1946 年以来，国际法院已经发表过 27 份咨询意见。在被占领的巴勒斯坦领土修建隔离墙的法律后果一案中，联合国安全理事会五大常任理事国都到国际法院发表过意见，这在国际法院历史上是较为罕见的。国际法院在审理关于科索沃独立的咨询意见案时，中国发表了书面和口头意见。

国际法院由 15 名法官组成，法官由联合国大会和安全理事会选举产生，任期九年。法官选举每三年举行一次，可以连选连任。国际法院的法官必须在各自国家具备最高司法职位的就任资格，或者是获得公认的国际法学家。另外，国际法院的法官组成必须来自世界各大文化和主要法系，不得有两名来自同一国家的公民。如果某案当事国在国际法院中没有本国国籍的法官，则该国可选派一名专案法官，参与该案的审理。

历史上，王宠惠、郑天锡、徐谟、顾维钧先后当选常设国际法院和国际法院法官，顾维钧还担任过国际法院副院长。1984 年，倪征燠当选国际法院法官。此后，史久镛、薛捍勤相继当选国际法院法官，史久镛还担任过国际法院的副院长、院长。他们在国际法院审理的案件中都积极发挥作用，代表和彰显了中华法系对国际法发展的价值和贡献。

（三）国际海洋法法庭

国际海洋法法庭是根据《公约》设立的。根据《公约》附件六《国际海洋法法庭规约》，法庭由 21 名来自不同国家的独立法官组成，从享有公平和正直的最高声誉、在海洋法领域内具有公认资格的人士中选出。

法庭法官中不得有两人为同一国家的国民。法庭作为一个整体，应确保能代表世界各主要法系和公平地区分配。联合国大会所确定的每一地理区域集团（非洲国家、亚洲国家、东欧国家、拉丁美洲和加勒比国家以及西欧和其他国家）应有法官至少三人。法庭法官任期九年，可连选连任；每三年有三分之一成员的任期到期。

从国际海洋法法庭成立至今，已有赵理海、许光建、高之国、段洁龙作为中国政府推荐的法官人选，参加选举并成功当选。现任法官是段洁龙。

国际海洋法法庭官网的受案列表显示，截至2022年11月13日，法庭已受理了30个案件，包括咨询意见案。应法庭之邀，中国政府在关于担保国责任的第17号案和关于次区域渔业组织的第21号案发表过书面意见。

二、新中国参加国际准司法活动的尝试

早在第三次联合国海洋法会议谈判公约期间，中国就明确表示，反对强制管辖权。中国代表团团长在发言中指出：中国政府一贯主张，国家之间的任何争端，应当由各当事国在互相尊重主权和领土完整以及平等的基础上通过谈判协商解决。

2006年8月25日，中国依据《公约》第298条的规定，向联合国秘书长提交书面声明，排除第三方的强制管辖："对于《联合国海洋法公约》第298条第1款（a）、（b）和（c）项所述的任何争端，中国政府不接受《公约》第十五部分第二节规定的任何国际司法或仲裁管辖。"[1]这一声明表明：未经中国政府同意，与中国相关的海洋划界、军事活动、渔业和科研执法等重要领域的争端，都不得提交《公约》所规定的第三方强制解

---

[1] 中国依《联合国海洋法公约》第298条规定提交排除性声明[J]. 中国海洋法学评论，2007（1）：178.

决程序，而只能通过双边协商等政治方法加以解决。当然，中国政府也不主动提交或采取这些争端解决方式。声明与中国一贯坚持的通过协商方式解决海洋争端的基本立场是完全一致的。

在 1996 年批准加入《公约》之后，中国有关争端解决问题的立场并未改变。[①]

发表咨询意见是国际性法院和法庭的职能。中国就国际法院的"科索沃"案、国际海洋法法庭海底争端分庭"担保国责任"案，以及国际海洋法法庭全庭"次区域渔业委员会"案，分别向国际法院、国际海洋法法庭提交了中国的书面意见，并有选择地参加了口头程序，表达中国的立场和观点。科索沃独立问题的咨询意见案是新中国自 1949 年成立以来首次参与国际法院的司法程序，担保国责任问题的咨询意见案则是中国第一次参加国际海洋法法庭的司法程序，具有重要的历史意义。

尽管法院和法庭发表的咨询意见没有法律拘束力，但对于国际争端的解决和国际海洋法的发展有着重要的影响。

三、国际海洋法法庭海底争端分庭的担保国责任案

（一）咨询意见案的提起

2008 年，瑙鲁海洋资源公司和汤加近海采矿有限公司向国际海底管理局提交请求核准在克拉里昂 – 克利伯顿（Clarion–Clippton）中央太平洋断裂带多金属结核保留区内开展勘探多金属结核工作计划的申请书，瑙鲁和汤加作为担保国。2009 年 5 月 5 日，瑙鲁海洋资源公司和汤加近海采矿有限公司通知国际海底管理局秘书处，请求推迟考虑其勘探多金属结核工作计划的申请。

---

① Liu Zhenmin. The Basic Position of China on the Settlement of Maritime Disputes through Negotiations. China Oceans Law Review, 2005（2）: 18-23.

2010 年，瑙鲁代表团向国际海底管理局提交了"就担保国的责任和赔偿责任问题请国际海洋法法庭海底争端分庭（以下简称海底争端分庭）提供咨询意见的提议"。瑙鲁顾虑，由于自身的技术能力和经济实力限制，如果因担保"区域"内活动造成环境污染等损害而被追究责任，一些发展中国家可能无力承担相关的法律风险，而由此产生的赔偿责任或费用在某些情况下可能远远超过其自身的经济实力。虽然《公约》中有相关条款涉及担保国的责任和义务问题，但仍有必要进一步明晰。

2010 年 5 月 6 日，经协商一致①，国际海底管理局理事会通过第 ISBA/16/C/13 号决定，请求海底争端分庭就如下问题发表咨询意见：

1. 《公约》缔约国在依照《公约》特别是依照第十一部分以及 1994 年《关于执行 1982 年 12 月 10 日〈联合国海洋法公约〉第 11 部分协定》（以下简称《执行协定》）担保"区域"内的活动方面有哪些法律责任和义务？

2. 如果某个缔约国依照《公约》第 153 条第 2（b）款担保的实体没有遵守《公约》特别是第十一部分以及 1994 年《协定》（《执行协定》）的规定，该缔约国应担负何种程度的赔偿责任？

3. 担保国必须采取何种适当措施来履行《公约》特别是第 139 条和附件三以及 1994 年《协定》（《执行协定》）为其规定的义务？

2010 年 5 月 6 日，国际海底管理局理事会请求国际海洋法法庭海底

---

① 根据国际海底管理局第 SB/16/19 号新闻简报，在国际海底管理局理事会通过关于请求分庭发表咨询意见的决定时，没有反对意见。《公约》第 161 条第 8 款第（e）项规定，"'协商一致'是指没有任何正式的反对意见。"鉴于此，此决定符合《关于执行 1982 年 12 月 10 日〈联合国海洋法公约〉第十一部分的协定》附件第 3 节第 2 段规定："作为一般规则，管理局各机关的决策应当采取协商一致方式。"

争端分庭就担保国责任等问题发表咨询意见。[①]

（二）海底争端分庭的审理

2010年5月18日，国际海洋法法庭将其列为第17号案，这是分庭受理的第一个咨询意见案。海底争端分庭对第17号案的审理经过了有关国家和国际组织提交书面意见、举行口头陈述、进行初步审理、对法律咨询意见初稿进行审读、发表正式的法律咨询意见等几个主要阶段。

2010年5月18日，通过第2010/3号文书，海底争端分庭庭长邀请《公约》各缔约国、国际海底管理局和作为观察员参加国际海底管理局大会的政府间组织向海底争端分庭提出书面陈述。包括英国、瑙鲁、韩国、罗马尼亚、荷兰、俄罗斯、墨西哥、德国、中国、澳大利亚、智利和菲律宾在内的12个国家，以及国际海洋金属联合组织、国际自然及自然资源保护联盟、国际海底管理局和联合国环境规划署4个国际组织提交了书面意见。绿色和平基金理事会（国际绿色和平组织）和世界自然基金会联合提交了书面陈述，但未被列为第17号案的档案文件。

在2010年9月14日至9月16日的口述程序中，有包括国际海底管理局、德国、荷兰、阿根廷、智利、斐济、墨西哥、瑙鲁、英国、俄罗斯、联合国教科文组织政府间海洋学委员会和国际自然及自然资源保护联盟在内的12个国家和国际组织，在海底争端分庭发表了意见。

口述程序之后，海底争端分庭进行了闭门讨论，拟定咨询意见稿并进行了多次审读。2011年2月1日上午，海底争端分庭就国家在担保个人或实体进行"区域"内活动的法律责任和义务问题，正式发表了法律咨询意见。咨询意见由四部分组成，包括导言和对理事会所提三个问题的

[①] 参见国际海底管理局理事会主席关于第十六届会议期间理事会工作的说明（ISBA/16/C/14），国际海底管理局理事会关于依照《联合国海洋法公约》第一九一条请求发表一项咨询意见的决定（ISBA/16/C/13）。

答复意见，主要内容涉及案件管辖权、可审性、适用的法律、"区域"内活动担保国所应承担的责任和义务、担保国应采取的必要和适当措施、严格法律责任和剩余责任的制度、损害赔偿的范围和限度等问题。

关于对本案的管辖权和可审性问题，海底争端分庭全体一致决定，对国际海底管理局就"区域"内活动发表咨询意见的请求享有管辖权；全体一致地决定，应就理事会请求所提之法律问题发表咨询意见。

（三）咨询意见的主要内容

2011 年 2 月 11 日，海底争端分庭发表了关于国际海底资源开发的担保国责任问题的咨询意见。

1. 关于缔约国在担保"区域"内活动方面的法律责任和义务

咨询意见认为，按照《公约》和有关法律文件的规定，缔约国在担保"区域"内活动方面的法律责任和义务，包括两大类："确保遵守"的原则性义务和其他的直接义务。

"确保遵守"的原则性义务。担保国应确保被担保的承包者遵守合同条款和《公约》及相关法律文书中所规定的义务。这是一种"尽职"（due diligence）的义务。担保国必须尽最大努力确保被担保的承包者履行义务。尽职义务要求担保国在其法律制度范围内采取措施，这些措施应由法律、规章和行政措施构成，所采取的措施必须"合理和适当"。

其他的直接义务。（1）《公约》第 153 条第 4 款规定的协助国际海底管理局的义务。主要是指，国际海底管理局应对"区域"内活动行使必要的控制。缔约国应按照《公约》第 139 条采取一切措施，协助国际海底管理局确保这些规定得到遵守。（2）"区域"规章和《里约环境与发展宣言》（以下简称《里约宣言》）规定的预防性措施的义务。《"区域"内多金属结核探矿和勘探规章》（以下简称《锰结核规章》）、《"区域"内多金属硫化物探矿和勘探规章》（以下简称《硫化物规章》）和《里约宣言》第15项原则规定了"预防性措施"（precautionary approach）的义务。该项义务也是担保国"尽职"义务的一部分。国际海底管理局分别于2000年7月和2010年5月通过的《锰结核规章》和《硫化物规章》，在规范"区域"内探矿、勘探和开发资源等活动方面发挥着重要的作用。《里约宣言》由联合国环境与发展大会于1992年6月14日通过，旨在为各国在环境与发展领域采取行动和开展国际合作提供指导原则，规定一般义务。《里约宣言》第15项原则规定：为了保护环境，各国应根据它们的能力广泛采取预防性措施。凡有可能造成严重的或不可挽回的损害的地方，不能把缺乏充分的科学肯定性作为推迟采取防止环境退化的费用低廉的措施的理由。（3）"最佳环境做法"的义务。《硫化物规章》第5条对探矿过程中的海洋环境保护和保全问题作出专门规定，要求各探矿者应采用预防做法和最佳环境做法，在合理的可能范围内采取必要措施，防止、减少和控制探矿活动对海洋环境的污染及其他危害。"最佳环境做法"的义务也适用于锰结核的勘探开发。（4）在国际海底管理局为保护海洋环境发布紧急命令的情形下，有采取措施确保履行担保条款的义务。（5）提供追索赔偿的义务。

此外，担保国履行尽职义务，还应确保被担保的承包者遵守《执行协定》附件第一节第7条中规定的进行环境影响评估的义务。开展环境影响评估也是习惯国际法规定的一般义务。《公约》第206条将其规定为各国的直接义务。各国如有合理根据认为在其管辖或控制下的计划中的活动可能对海洋环境造成重大污染或重大和有害的变化，应在实际可行范围内就这种活动对海洋环境的可能影响作出评价，并应依照规定的方式提送这些评估结果报告。《公约》第153条第4款将其规定为担保国协助国际海底管理局义务的一个方面。

以上义务对于发达国家和发展中国家同等适用。为使发展中国家能够在深海海底采矿中与发达国家处于平等的地位，《公约》中规定的关于发展中国家特殊利益和需求的条款应得到有效执行。

2. 关于缔约国对被担保的实体违反《公约》及《执行协定》的规定所应承担的赔偿责任

关于缔约国对被担保的实体违反《公约》及《执行协定》的规定应承担何种程度的赔偿责任，海底争端分庭在咨询意见中一致认为，担保国的责任源于其未履行《公约》及相关法律文书中的义务。被担保的承包者未能履行其义务本身不能引起担保国的责任。

担保国承担责任的要件是：（1）没有履行《公约》规定的义务（responsibilities）；（2）发生了损害。

担保国因未能履行"尽职"义务而承担责任的条件是：未履行义务与损害之间存在因果关系。此责任是承包者未能履行义务导致损害所引起的。担保国未履行义务和损害之间的因果联系应当是实际存在的，而不能基于推定。

如果担保国已经采取了"一切必要和适当的措施"以确保被担保的承包者有效履行其义务，则可免除其责任。但此种责任的免除不适用于担保国未履行其直接义务的情形。

担保国和被担保的承包者分别并行地承担责任，两者间不承担连带或共同责任，担保国也不承担任何剩余责任。多重担保者间应承担连带责任。担保国承担的责任应与实际损害相当。

根据《锰结核规章》和《硫化物规章》，即使在勘探阶段完成之后，承包者依然应对所造成的损害负责。此规定同样适用于担保国的责任。

《公约》和相关法律文书中有关赔偿责任的规定，不妨碍其他相关国际法规则的适用。如果担保国履行了自身的义务，被担保的承包者造成的损害不应引发担保国的责任；如果担保国未能履行义务，但是此未履行义务的行为没有造成损害，此种不法行为的后果应由习惯国际法确定。

在某些情形下，损害可能无法得到全部赔偿。例如，担保国已履行了应尽的义务，或担保国未履行其义务与损害间无因果关系，但承包者未能全部赔偿损失，可考虑建立一个信托基金，以用于未能获得全部赔偿的那部分损失。

3. 关于担保国为履行《公约》及《执行协定》的责任而应采取的措施

关于国际海底管理局所提出的第三个问题，即担保国必须采取何种必要和适当的措施来履行《公约》以及《执行协定》为其规定的责任，咨询意见指出：《公约》要求担保国在其法律制度框架内，通过法律、规章并采取行政措施。这一规定有两个层面的意义：确保承包者遵守其义务和免除担保国的责任。

法律、规章和行政措施的范围和程度，取决于担保国的法律制度。在承包者与国际海底管理局签订合同的有效期内，上述法律、规章和行政措施应一直有效。虽然法律、规章和行政措施的存在并非与国际海底管理局签订合同的前提条件，但这是担保国履行应有的"尽职"义务和在寻求免责时的必然要件。

按照《公约》规定，担保国采取的措施应包括法律、规章和行政措施。担保国仅与承包者签订一纸合同的安排，不能被认为是履行了《公约》规定的义务。担保国在制定法律、规章以及采取行政措施方面不存在绝对的自由裁量权。担保国必须善意地履行义务，并且以合理、相关和有益于全人类利益的方式行事。

在海洋环境保护方面，担保国的法律、规章和行政措施不得宽松于国际海底管理局所采取的规章和措施，或低于国际规则、规章和程序的要求。

最后，法律咨询意见特别提及，分庭的裁定（decision）应以缔约国最高法院判决或命令的同样方式，在缔约国领土内得到执行。

（四）中国的立场

2010 年 8 月 19 日，中国政府提交了关于第 17 号案的书面意见，明确表达了中国对"区域"活动中担保国责任问题的基本立场。①

中国书面意见的主要观点包括：在担保"区域"内活动方面，担保国有"确保遵守"的责任，即应在其法律制度范围内，确保所担保的承包者在"区域"内活动中遵守合同、管理局规则、规章和程序以及《公约》的有关规定。

为履行"确保遵守"责任，担保国应采取必要和适当的措施，包括制定有关法律和规章以及采取监管等行政措施。上述措施应由担保国在其法律制度框架下自行确定。判断担保国有关措施能否满足其履行《公约》义务的要求，应考虑该国法律制度的具体情况。

对于承包者在从事"区域"内活动时的不法行为所致的损害，如担保国为履行"确保遵守"责任已采取《公约》规定的必要和适当措施，则应无赔偿责任。如缔约国未履行其"确保遵守"的责任，对由此产生的损害应承担相应的赔偿责任。

---

① ITLOS. Responsibilities and Obligations of States Sponsoring Persons and Entities with respect to Activities in the International Sea-bed Area (Request for Advisory Opinion Submitted to the Seabed Disputes Chamber) Written Statement of the People's Republic of China. 18 August 2010.

对于担保国所承担的赔偿责任，应根据担保国未履行《公约》义务的程度以及担保国未履行《公约》义务与损害事实之间的关联程度等因素加以确定。同直接造成损害的承包者相比，担保国的赔偿责任应处于次要地位。

总之，担保国依据《公约》及《执行协定》所承担的责任和义务应合理、适度，既能对承包者实施监管，又避免给担保国造成过重负担。中国的这一核心观点，在法庭最后发表的"咨询意见"中得到体现。

四、国际海洋法法庭渔业分庭的次区域渔业组织案

根据 2001 年联合国粮食和农业组织《关于预防、制止和消除非法、未申报和无管制捕捞的国际行动计划》，非法、未申报和无管制捕捞（Illegal, Unreported and Unregulated Fishing，IUU）是一个全球性问题，不仅严重危及鱼类种群的养护与可持续发展，而且对粮食安全、经济发展和海洋生态环境均产生消极影响，中国和其他一些发展中国家都是 IUU 捕捞的受害者。

渔业捕捞业是西非地区沿海国家主要的生产活动，渔业资源的收益是这些国家的主要财政收入。但是，西非地区沿海国的专属经济区也是世界上 IUU 捕捞最为猖獗的地区之一，导致渔业资源严重减少。为了保证本国民众对渔业资源的需求与国家经济发展，该地区七个国家佛得角、冈比亚、几内亚、几内亚比绍、毛里塔尼亚、塞内加尔和塞拉利昂成立了次区域渔业委员会（Sub-Regional Fisheries Commission，SRFC，以下简称渔委会），以促进国家间有序的渔业合作、共同合理开发和养护渔业资源。作为政府间国际组织，渔委会于 1993 年通过了《关于在分区域渔业委员会成员国管辖海域内最低限度利用和开发渔业资源的决定公约》（以下简称《最低限度利用和开发公约》）。2013 年 3 月 28 日，第十四届

渔委会部长会议通过决议，决定依据 2012 年修订的《最低限度利用和开发公约》第 33 条，请求国际海洋法法庭就以下问题发表咨询意见：

1. 当悬挂一国旗帜的船舶在他国的专属经济区内从事 IUU 捕捞时，船旗国应当承担什么义务？

2. 船旗国应当对悬挂其旗帜并从事 IUU 捕捞的船舶负有怎样的责任？

3. 在船旗国或国际机构的船舶依据国际公约取得捕搜许可证的情况下，该国或国际机构是否应当对这些船舶违反沿海国家的渔业法律法规承担责任？

4. 沿海国在确保对共享种群和共同利益种群，特别是小型中上层种群和金枪鱼的可持续管理方面的权利和义务是什么？

法庭受理此案，将其列为第 21 号案。[①] 第 17 号案由海底争端分庭发表咨询意见，第 21 号案则是法庭全庭接受的首例咨询意见案，受到国际社会的广泛关注。法庭邀请《公约》缔约国、相关国际组织等提交书面陈述。

第 21 号案引人关注的焦点在于国际海洋法法庭全庭是否有咨询管辖权。中国、美国、英国等国家认为法庭全庭对咨询请求没有管辖权，日本、德国等则认为法庭对咨询请求有管辖权，法庭本身当然认为自己是有管辖权的。

法庭全庭的咨询管辖权遭到来自案件参与国和相关国际组织的诸多质疑。反对法庭全庭对本案享有咨询管辖权的主要理由包括：第一，《公约》和《国际海洋法法庭规约》（以下简称《法庭规约》）没有明确规定法

---

① ITLOS. Request for an advisory opinion submitted by the Sub-Regional Fisheries Commission (SRFC).

庭全庭的咨询管辖权。第二，对《国际海洋法法庭规则》（以下简称《法庭规则》）第 138 条不应超越作为"上位法"的《公约》的规定而作出扩大解释，第 138 条不是法庭全庭享有咨询管辖权的根据。第三，《公约》第 288 条和《法庭规约》第 21 条都是就法庭的争端管辖权，而非咨询管辖权作出的规定。第四，《法庭规约》第 21 条中的"事项"（matters），与《国际法院规约》和《常设国际法院规约》中的措辞相同，指的都是争端案件，而非咨询案件。第五，渔委会提出的咨询意见请求不符合《法庭规则》第 138 条的要求。

（一）第 21 号案咨询意见的主要问题

2015 年 4 月 5 日，法庭对第 21 号案发表咨询意见。法庭首先自赋管辖权，认为虽然《公约》和《法庭规约》中都没有明文规定法庭全庭享有咨询管辖权，但通过对《公约》第 288 条和《法庭规约》第 21 条"管辖权"条款的分析，法庭得出《公约》和《法庭规约》在实质上默示了法庭全庭的咨询管辖权的结论。

法庭认为，《法庭规约》第 21 条中的"事项"（matters）包括了咨询意见。法庭全庭的咨询管辖权暗含在《公约》和《法庭规约》的条款之中。《法庭规约》第 21 条所谓法庭对"一切争端"（all disputes）、"一切申请"（all applications）和"一切事项"（all matters）的管辖权，前两者并无疑问，但对"一切事项"的理解，应包括对其他类型案件，如咨询案件的管辖权。"……将管辖权赋予法庭的任何其他协定中具体规定的一切事项（ ... all matters specifically provided for in any other agreement which confers jurisdiction on the Tribunal ）"应认为包括了对咨询案件的管辖权。

法庭还认为，虽然《法庭规约》《国际法院规约》《常设国际法院规约》都使用了"事项"一词，但出现在不同公约中的同一措辞可能具有不同的含义。《法庭规约》中的"事项"与《国际法院规约》和《常设国际法院规约》中"事项"不宜作同一解释。

《最低限度利用和开发公约》第 33 条，作为"其他国际协定的特别规定"，授予法庭咨询管辖权，是法庭全庭对本案行使咨询管辖权的初步证据，与《法庭规约》第 21 条共同构成了法庭全庭咨询管辖权的实质性法律基础，因而法庭全庭对第 21 号案有管辖权，可以对 SRFC 的请求发表咨询意见。

这个解释似乎并不能令人满意和信服。从相关国际条约的既有规定和法庭已经受理的两个咨询意见案的情况来看，海底争端分庭的咨询管辖权是确定无疑的，法庭全庭是否享有咨询管辖权则是一个众说纷纭、备遭质疑的问题。在《公约》和《法庭规约》都没有明确规定法庭全庭作为一个整体享有咨询管辖权的情况下，法庭全庭自赋管辖权，恐欠妥当。以《公约》《法庭规约》的所谓"默示""暗含"作为全庭管辖权之依据，似过牵强。法庭明显的扩权倾向，可能导致对《公约》权威性的消极影响。

法庭全庭的咨询管辖权问题在法庭内部似乎也认识不一。国际海洋法法庭前庭长、海底争端分庭庭长叶肃斯（José Luis Jesus），在第 63 届联合国大会全体会议的报告中坚称，《法庭规则》第 138 条赋予了法庭全庭咨询管辖权。[1] 但渔业争端分庭庭长恩迪亚（Tafsir Malick Ndiaye）却认为，在《公约》没有明确规定的情况下，仅从《法庭规则》的条款就推

---

[1] H. E. José Luis Jesus. Statement by President of the International Tribunal of the Law of the Sea on Agenda Item 70(a) at the Plenary of the Sixty-third Session of the United Nations General Assembly, 5 December. 2008, para. 9.

断法庭全庭享有咨询管辖权是一件很"奇怪的"事情。[①] 一些法官似乎慧眼独具，能够看出"暗含"在《公约》和《法庭规约》条款之中的法庭全庭的咨询管辖权。然而，如果法庭都不能将同一法律用语作同义或近义的解释，而是为了扩权追求或促进不同的解释，国际法碎片化的加剧也就不足为奇了。

毋庸讳言，如果咨询管辖权门槛过低，就存在着被滥用的可能。正如有些国家的书面意见指出的，如果任意两个或两个以上国家达成协议，即可将任何所谓的"法律问题"提交法庭发表咨询意见，则《公约》起草者的努力和咨询意见程序都可能遭到破坏和利用。[②] 咨询意见虽无法律拘束力，但会对海洋法的发展产生较大影响，法庭理应审慎考虑和处理全庭的咨询管辖权问题。

第21号案不仅首次明确了法庭全庭的咨询管辖权，还首次阐明了船旗国的适当注意义务和国家责任。除了上述两个重大突破外，还分析阐释了如下法律问题：第一，悬挂国际组织成员国旗帜的船舶在渔委会成员国的专属经济区中从事IUU捕捞，若该国际组织没有尽到适当注意义务，则该国际组织与其成员国可能承担连带责任。第二，沿海国在渔业资源养护方面的权利和义务具有同质性的特征，沿海国养护渔业资源应尽到适当注意义务。第三，船旗国与沿海国无论在共同打击IUU捕捞还是养护渔业资源方面均有合作义务。第四，法庭再次强调了"养护海洋生物资源是保护和保全海洋环境的重要方式"这一命题。[③]

---

① Tafsir Malick Ndiaye. The Advisory function of the International Tribunal for the Law of the Sea. Chinese Journal of the International Law, 2010, 9(3): 184-187.

② Written Statement of the United States of America, 27 November 2013. Para.19. Written Statement of Thailand, 29 November 2013, Part. 4.

③ 谭畅. 分区域渔业委员会提交的咨询意见请求案评析[J]. 武大国际法评论，2015（12）：336.

（二）中国立场

中国政府的书面意见认为，法庭全庭缺乏咨询管辖权的基础。国际司法机构咨询管辖权的创设需要有严格的规制，不论是对该权利的创制，还是未来对其进行修改，都需经过缔约国的同意，基于缔约国之间设定的协议来行使咨询管辖权。《公约》没有明确的条款规定法庭全庭享有咨询管辖权，只是有"管辖权"这一模糊的界定。法庭对第 21 号案行使咨询管辖权缺乏法律依据。咨询管辖权作为新设的管辖权，在没有明确的条文规定下，被纳入管辖权的行列缺乏合理性和合法性，有必要对此提出质疑。

在第 17 号案中发表书面意见是中华人民共和国参加国际海洋法法庭（准）司法活动的第一步。在第 21 号案中，中国的书面意见强调法庭全庭的咨询管辖权缺乏充分的法律基础。在国际海洋法法庭的上述两案中，中国都只提交了书面意见，并未参加口头陈述。上述两案的咨询意见，以及中国在国际法院就科索沃独立是否违反国际法一案发表的咨询意见，表明中国已经迈出步伐，谨慎参加国际（准）司法活动。

第三节　周边海域的海洋法实践

　　由直接当事方以谈判方式解决领土主权和海洋权益争端，一直是中国的基本立场和政策。由于历史等原因，中国与日本、越南、菲律宾等国存在着关于钓鱼岛、南沙岛礁等的争端，中国的岛礁被非法侵占，中国一直在努力争取双边谈判解决争端。中国与周边国家的海洋划界实践，一是谈判划定中越北部湾海洋边界，为中国今后与其他邻国划分海上边界积累了经验；二是启动中韩海洋划界谈判。中国在一南一北两个海区通过谈判解决海域划界问题的努力，为本地区国家通过谈判解决海洋争端带来积极的示范效应。在争议解决前，中国提出"搁置争议、共同开发"的倡议，并与诸多海上邻国签订了共同开发文件。

一、维护钓鱼岛主权 [①]

　　钓鱼岛位于东海海域，在福建省的正东、台湾省的东北，是中国最东端的岛屿。钓鱼岛距中国福建省东山岛约190海里，距台湾省基隆市东北约90海里，距琉球群岛的与那国岛约78海里。钓鱼岛指的是一组岛屿，除主岛钓鱼岛外，还有黄尾屿、赤尾屿、北小岛、南小岛等岛礁，散布在东经123°20′～124°40′、北纬25°40′～26°00′的海域中。钓鱼岛面积约3.91平方千米，黄尾屿面积约0.91平方千米。钓鱼岛周边海域渔业资源丰富，自古以来就是中国闽台渔民的重要渔场。人所共知的"埃默里报告"认为，东海陆架盆地蕴藏着丰富的石油、天然气资源。

　　（一）钓鱼岛是中国的固有领土

　　中国最早发现、开发钓鱼岛，通过先占取得主权。钓鱼岛及其附近

---

① 根据作者2010年10月3日发表于《人民日报》上的《国际法视野下的中日钓鱼岛争端》修订。

海域自古以来就是中国人民捕鱼、采药、避风、休息等生产经营活动的
场所，至晚到明代就已经被中国人民开发利用和命名。《顺风相送》等中
国古籍完整记载了中国渔民在此海域的航线。钓鱼岛海域是中国渔民的
传统渔场，中国渔民世代在此海域从事渔业生产。中国居民前往钓鱼岛，
从事航行、避风、在附近海域捕鱼、在岛上采集等经济性开发利用活动。
在 1895 年前长达 5 个世纪的时间里，中国一直在平稳地行使这些权利。

　　提到钓鱼岛，就不能不提及琉球国①。琉球原是明、清两朝的藩属
国，向明、清朝贡，明、清两朝均派遣使臣对琉球诸王进行册封。钓鱼
岛位于前往琉球必经的航路上，册封使臣前往册封琉球诸王，均以钓鱼
岛等岛屿为航海标志。明朝册封使陈侃所著《使琉球录》等官方文书，详
细记载了前往琉球途经钓鱼岛、黄尾屿、赤尾屿的航海经历，确认了中
琉边界，"过钓鱼屿，过黄毛屿，过赤屿，……见古米山，乃属琉球者"。
史实说明，钓鱼岛不属于琉球的范围。中国的史籍和官方文件均证明，
中国人最早发现、开发和利用钓鱼岛。根据当时的国际法，发现即先占，
先占即意味着取得领土主权。

　　中国政府有效统治和管理钓鱼岛，巩固了主权。历代中国政府都将
钓鱼岛列入疆域之内，采取开发、利用和管理等行政措施，行使主权，
进行有效统治。1171 年（南宋乾道七年），镇守福建的将领汪大猷在澎湖
建立军营，遣将分屯各岛，台湾及其包括钓鱼岛在内的附属岛屿在军事
上隶属澎湖统辖，行政上由福建泉州晋江管理。明、清两朝均将钓鱼岛
及其附属岛屿列入疆土版图，划入海防管辖范围之内。1561 年明朝驻防
东南沿海的最高将领胡宗宪等人编纂的《筹海图编》、1621 年茅元仪编制

---

① 古琉球国是东南太平洋上的一个小岛国。明洪武年间与明朝建立藩属关系，清光绪五年
（1879 年）被日本非法吞并。

的《武备志》以及 1863 年《皇清中外一统舆图》等，均有清晰规定和标示，将钓鱼岛列入中国海疆之内。1871 年，陈寿祺等编纂的《重纂福建通志》更将钓鱼岛列入海防要冲，隶属于台湾府噶玛兰厅（今台湾省宜兰县）管辖。史实说明，中国政府通过多种形式管理钓鱼岛，有效行使和巩固了对钓鱼岛的主权。

（二）日本关于钓鱼岛主权的依据不成立

日本关于钓鱼岛主权的所谓法理依据主要有二：一是所谓无主地先占，二是所谓时效取得。此二者皆不足以立论。

国际法上先占的"客体只限于不属于任何国家的土地"。这种无主地，乃是未经其他国家占领或被他国放弃的土地。事实上，钓鱼岛及其附属岛屿从明朝时起便由中国政府作为海上防区确立了统治权，是中国的固有领土。尽管这些岛屿因环境险恶，无人定居，只有渔民季节性居住，但无人岛并非无主岛，更不是无主地。钓鱼岛是中国的领土，日本朝野对此心知肚明，日本政府的官方档案以及官员的公文、信件等，皆记载和证明了这一点。当时的日本外务卿井上馨在给内务卿山县有朋的答复中，明确言及这些岛屿已被清国命名，日本政府的觊觎之心"已屡遭清政府之警示"，只"可待他日见机而作"。直到甲午战争胜败大局已定，日本内阁认为"今昔形势已殊"，通过秘密决议，将钓鱼岛"编入"冲绳县管辖。可见，钓鱼岛既不是无主地，日本对钓鱼岛也不存在什么"先占"，而是赤裸裸的窃取。"不法行为不产生合法权利"是基本的国际法原则，日本的所谓"先占"是恶意的、非法的，是不成立的，不能产生国际法效力。

日本的另一依据是所谓"长期连续的有效治理"，通过所谓"时效"取得对钓鱼岛的主权。国际法上所谓领土的"时效取得"，一直是极具争议的问题。反对论者完全否认时效作为一种领土取得方式的合法性，认为这种说法"徒然供扩张主义的国家利用作霸占别国领土的法律论据"。[①]
肯定论者则将时效认作一种领土取得方式，指"在足够长的一个时期内
对于一块土地连续地和不受干扰地行使主权，以致在历史发展的影响下
造成一种一般信念，认为事务现状是符合国际秩序的，因而取得该土地
的主权"。[②] 国际司法实践从未明确肯定过"时效"是一种独立的领土取
得方式。至于"足够长的一个时期"究竟有多长，国际法并无50年或
100年的定论。[③]

　　姑且不论"时效取得"的合法性，仅就其关键要素而言，不论中国中
央政府还是台湾地方当局，在中国拥有钓鱼岛主权和反对日本窃取钓鱼
岛的问题上，长期以来态度都是非常坚定、明确和一致的，对日本右翼
分子在钓鱼岛设置灯塔、日本政府将灯塔"收归国有"和从所谓钓鱼岛土
地民间拥有者手中有偿"租借"，以及日本政府向联合国提交标注有钓鱼
岛领海基线的海图等官方行为和官方支持的民间活动，都进行了抗议，
特别是外交抗议。日本对钓鱼岛的侵占，不论时间长短，都不能取得合
法的权利。

　　（三）日美协定不能赋予日本对钓鱼岛的主权

　　第二次世界大战结束后，作为反法西斯战争胜利成果的《开罗宣言》
和《波茨坦公告》，明确规定了日本的领土范围。1943年12月，中、美、
英《开罗宣言》规定，剥夺日本自1914年第一次世界大战开始后在太平
洋上所夺得或占领的一切岛屿，务使日本将所窃取于中国的领土归还中
国。日本以武力或贪欲所攫取的其他土地，亦务将日本驱逐出境。

---

① 周鲠生. 国际法: 下册[M]. 北京: 商务印书馆, 1983: 449.
② 詹宁斯，瓦茨. 奥本海国际法: 第一卷 第二分册[M]. 王铁崖, 陈公焯, 杨宗舜, 等译. 北京: 中国大百科全书出版社, 1995: 88.
③ 周鲠生. 国际法: 下册[M]. 北京: 商务印书馆, 1983: 448.

1945 年的《波茨坦公告》不仅再次确认《开罗宣言》的上述规定必将实施，更将日本的主权"限于本州、北海道、九州、四国及吾人所决定其他小岛之内"。1946 年 1 月 29 日，《盟军最高司令部训令第 677 号》明确规定了日本版图的范围，即"日本的四个主要岛屿（北海道、本州、四国、九州）及包括对马诸岛、北纬 30 度以北的琉球诸岛的约 1000 个邻近小岛"。《开罗宣言》和《波茨坦公告》确定的日本领土范围是明确的，其中根本不包括钓鱼岛。

1951 年，美日等排除中国，私下达成《旧金山和约》，将北纬 29 度以南的南西诸岛交由美国托管。1952 年和 1953 年，琉球列岛美国民政府先后发布第 68 号令（《琉球政府章典》）和第 27 号令（"琉球列岛地理界限布告"），擅自扩大托管范围，包括从北纬 28 度到北纬 24 度、东经 122 度到东经 133 度，由六个坐标点组成的大致呈梯形的区域内的"各岛、小岛、环形礁、岩礁及领海"，中国的钓鱼岛被挟带其中。1971 年，日美签订"归还冲绳协定"时，这些岛屿也被划入"归还区域"。

1971 年 12 月 30 日，中国外交部的声明指出："美日两国在'归还'冲绳协定中，把我国钓鱼岛等岛屿列入'归还区域'，完全是非法的，这丝毫不能改变中华人民共和国对钓鱼岛等岛屿的领土主权。"美国政府也表示："把原从日本取得的对这些岛屿的行政权归还给日本，毫不损害有关主权的主张。美国既不能给日本增加在它们将这些岛屿行政权移交给我们之前所拥有的法律权利，也不能因为归还给日本行政权而削弱其他要求者的权利。……对此等岛屿的任何争议的要求均为当事者所应彼此解决的事项。"[①]直到 1996 年 9 月 11 日，美国政府发言人伯恩斯仍表示：

---

① 美国参议院外交关系委员会听证会. 第 92 届国会记录，1971 年 10 月 27 日至 29 日，第 91 页，转引自郭永虎. 关于中日钓鱼岛争端中"美国因素"的历史考察[J]. 中国边疆史地研究，2005（4）：115.

"美国既不承认也不支持任何国家对钓鱼列岛的主权主张。"①

对于美日之间私下签署的没有中华人民共和国合法政府参加的所谓《旧金山和约》，中国政府在 1951 年 9 月 8 日发表的声明中就已指出其非法性。据此产生的所谓"托管"和"归还"，将钓鱼岛裹挟其中，侵犯了中国的领土主权，也成为中日领土之争的根源。《旧金山和约》及其他相关规定，无权涉及和决定中国领土的归属问题，不能产生将钓鱼岛主权授予日本的法律后果。

钓鱼岛是中国的固有领土，美国所谓从日本取得对钓鱼岛的行政权，以及将钓鱼岛的行政权"归还"给日本，都是不能成立的。日本据此主张对钓鱼岛的主权也是没有国际法效力的。

总之，日本的领土范围本已在第二次世界大战以后通过《开罗宣言》和《波茨坦公告》加以确定，但"二战"以后日本在钓鱼岛问题上没有停止动作。先是毁掉岛上的中国标记，再对诸岛"重新命名"，在岛上修建机场等设施，更以所谓"民间行为"为先导，企图造成一种"实际控制"的既成事实，再以"租借""接管""购岛"等所谓"政府行为"，渐进式铺垫占据钓鱼岛的"法律基础"，以期逐渐得到国际社会的承认。但是，鉴于日本对钓鱼岛主权主张和侵占行为的非法性，日本一系列精心设计的所谓"政府行为"，既无合法依据，也不构成国家权利的行使，自始即无法律效力，今后也不能产生法律效力。

（四）坚定维护钓鱼岛主权

多年来，中国政府通过一系列坚定有力的措施，坚决维护钓鱼岛主权。早在 20 世纪 50 年代，中国政府就对"旧金山和会"和《旧金山和

---

① 浦野起央.钓鱼台群岛问题研究资料汇编[G].香港：香港励志出版社，2001：71.

约》排除中国、对日媾和的行为予以强烈抗议和坚决反对,强调《旧金山和约》是非法无效的,中国绝对不承认。针对 1971 年美日两国私相授受钓鱼岛,中国外交部严正声明,钓鱼岛等岛屿自古以来就是中国领土不可分割的一部分。

中国的国内法明确规定钓鱼岛是属于中国的领土。在 1958 年《领海声明》和 1992 年《领海及毗连区法》中,有规定"台湾及其包括钓鱼岛在内的附属各岛"属于中国领土的内容和条款。根据 2009 年《海岛保护法》关于海岛名称的确定和发布的规定,2012 年 3 月,国家海洋局和民政部受权公布了钓鱼岛及其部分附属岛屿的标准名称。[①]2012 年 9 月 10 日,中国政府发表声明,公布了钓鱼岛及其附属岛屿的领海基线。9 月 13 日,中国常驻联合国代表向联合国秘书长交存了钓鱼岛及其附属岛屿领海基点基线的坐标表和海图。中国履行《公约》义务,完成了公布钓鱼岛及其附属岛屿的领海基点基线的所有法律手续。[②]中国的海洋执法队伍坚持在钓鱼岛海域进行常态化巡航执法,维护该海域正常的渔业生产秩序。自 2012 年 9 月 11 日起,中国国家海洋局海洋预报台正式发布钓鱼岛附近海域海洋环境预报,对钓鱼岛及其附近海域实施管理,确保海上作业渔民及过往船只的航行安全。[③]

二、维护南海诸岛主权

南海中有许多岛屿、岩礁、沙洲、暗礁、暗沙及浅滩,多由珊瑚礁石形成,分布在北纬 3° 57′ 至 21°、东经 109° 30′ 至 117° 50′ 之间,这些

---

① 我国公布钓鱼岛及其部分附属岛屿标准名称[N]. 人民日报,2012-03-04(4).
② 我国向联合国秘书长交存钓鱼岛及其附属岛屿领海基点基线坐标表和海图[N]. 人民日报,2012-09-15(1).
③ 余建斌. 国家海洋局正式发布钓鱼岛附近海域的海洋环境预报[N]. 人民日报,2012-09-12(1).

自然地形总称为南海诸岛。按自然分布特点，南海诸岛可分为东沙群岛、西沙群岛、中沙群岛（包括黄岩岛）和南沙群岛四大岛群。[①] 1983 年 4 月 24 日，中国地名委员会受权公布南海诸岛部分标准地名，包括群岛、岛屿、沙洲和礁滩等群体和个体名称 287 个，刊登在 1983 年 4 月 25 日的《人民日报》上。[②]

西沙群岛由东面的宣德群岛和西面的永乐群岛两个群岛组成，有海岛 32 个，海岛陆域总面积约为 7.17 平方千米。[③] 宣德群岛中的永兴岛是南海诸岛中面积最大的岛屿，是中国海南省三沙市的市府所在地。2012 年 6 月 21 日，民政部发布《关于国务院批准设立地级三沙市的公告》。7 月 23 日，海南省三沙市成立大会暨揭牌仪式在永兴岛举行，宣告三沙市正式成立。中沙群岛位于西沙群岛东南方，由中沙大环礁、黄岩岛、中南暗沙和宪法暗沙等 20 余个礁滩沙组成。[④] 东沙群岛由东沙岛及北卫滩、南卫滩等组成，其中东沙岛面积最大，现在处于中国台湾的实际控制之下。

南沙群岛是南海四大群岛中位置最南、岛礁最多、散布最广的群岛，分布在北纬 3° 40′ 至 11° 55′ 和东经 109° 33′ 至 117° 50′ 之间的南海海域，是南海最大的一组岛礁群，由 230 多个岛屿、沙洲、礁滩等海洋地形（features）组成，露出海面的岛、礁总面积约 2 平方千米。面积大于 0.1 平方千米的岛屿有太平岛、中业岛、西月岛、南威岛、北子岛和南子岛等 6 个岛礁。太平岛面积最大，约为 0.43 平方千米。除这些较大的岛礁外，南沙群岛还包括沙洲 6 个、暗礁 113 个、暗沙 35 个、暗滩 21 个以

---

① 郑资约. 南海诸岛地理志略[M]. 上海：商务印书馆，1947：83-94.

② 中国地名委员会受权公布我国南海诸岛部分标准地名[N]. 人民日报，1983-04-25（4）.

③ 杨文鹤. 中国海岛[M]. 北京：海洋出版社，2000：267-268.

④ 杨文鹤. 中国海岛[M]. 北京：海洋出版社，2000：268.

及其他一些海洋地形。曾母暗沙位于南沙群岛的最南端，[①] 也是中国领土的最南端。

（一）中国对南海诸岛领土主权的确定

中国是最早发现南海诸岛的国家，中华先民世世代代在南海捕鱼、航行。历朝历代的中央政府，通过命名、列入版图、巡视海疆、开发经营和行使管辖等方式，取得和巩固了对南海诸岛的主权。数千年的文献记载和历史事实证明了这一点。20 世纪 70 年代以前，南海周边国家及国际社会从未提出过异议。

1. 最先发现、命名和开发南海诸岛

早在公元前 2 世纪的汉朝，中国人民就在南海从事航行和生产活动。很多历史文献都记载了中国人对南海岛礁的发现、命名以及在南海的捕捞、航行等生产和开发活动。

关于南海诸岛的记载可以上溯至汉朝。东汉时，担任临海太守的官员杨孚在其所著《异物志》中，有"涨海崎头，水浅而多磁石"的记载。"涨海"是古代中国对南海的最早称谓。中国之境的涨海，隋唐以前已经比较确定，历隋、唐、宋、元、明、清，涨海的范围都是以"千里长沙、万里石塘"作为"天地所设以堤防炎海（涨海）之溢者"。[②]"崎头"是对南海岛、礁、沙、滩的称呼，此地的特点是"水浅而多磁石"[③]。

唐宋时期，中国人民已将南海诸岛区分为不同的群岛，许多历史地

① 孙湘平，姚静娴，黄易畅，等.中国沿岸海洋水文气象概况[M].北京：科学出版社，1981：9.

② 韩振华.南海诸岛史地研究[M].北京：社会科学文献出版社，1996：5.

③《异物志》又称《南裔异物志》，是最早记载岭南物产、风俗和南海奇观、海外奇闻的异物志书。现已失传，散见于类书所引。曾任明朝户部主事、员外郎、广西布政使的唐胄所著《正德琼台志》是一部著名的地方史志。该书第九卷引杨孚《异物志》："涨海崎头，水浅而多磁石，徼外大舟，锢以铁叶，值之多拔。"1964年，上海古籍书店根据宁波天一阁藏书明正德残本影印。

理著作将西沙和南沙群岛相继命名为"九乳螺洲""石塘""长沙""千里石塘""千里长沙""万里石塘""万里长沙"等。有宋以降，历经元、明、清朝，以"石塘""长沙"为名记述南海诸岛的书籍多达上百种。

15世纪初叶，被明成祖永乐皇帝任命为总兵的郑和，率领规模庞大的船队"七下西洋"，南海是郑和船队远航的必经要道。《郑和航海图》标出了"石星石塘""万生石塘屿""石塘"等岛群的名称和相对位置，后被载入茅元仪编撰的《武备志》。①

1730年，陈伦炯编撰《海国闻见录》，内附《四海总图》，明确标绘有南海四大群岛的地名和位置，"气""长沙""石塘"和"七州洋"，分别指称东沙群岛、中沙群岛、南沙群岛和西沙群岛及其附近海域。② 后来，清政府在开展大规模全国地图测量的基础上编绘了多种地图。③

南海诸岛附近海域是中国渔民的传统渔场，中国渔民常年往来于海南岛、广东省与南海各群岛之间，从事捕捞、养殖等生产经营活动。中国人民开发南海诸岛的历史还可以从世代传抄的《更路簿》中得到直接、有力的历史证明。《更路簿》是沿海渔民的航海针经书，详细记录了南海岛礁的名称、特征、准确位置和航行针位（航向）、更数（距离），具体标明了航行到西沙、南沙、中沙各岛屿的主要航线。④ 1868年英国海军部出版的《中国海指南》，也记载了中国渔民在太平岛、郑和群礁等海域从

---

① 茅元仪（1594—1640），官至副总兵。《武备志》成书于1621年。

② 陈伦炯编撰的《海国闻见录》成书于1730年，内有《南洋记》《南澳气记》等文，附有《四海总图》。

③ 这些地图包括但不限于1716年的《大清中外天下全图》、1724年的《清直省分图》之《天下总舆图》、1755年的《皇清各直省分图》之《天下总舆图》、1767年的《大清万年一统天下全图》、1800年的《清绘府州县厅总图》、1810年的《大清万年一统地理全图》、1817年的《大清一统天下全图》、1895年的《古今地舆全图》等。

④ 韩振华.我国南海诸岛史料汇编[G].北京：东方出版社，1988：366-399.

事渔业捕捞、居住等生产和生活的情况。这是中国人民开发南海诸岛的有力证据，既是对中国东南沿海的渔民前往南海捕捞生产的真实记载，也清楚地表明他们世代航行于南海的历史事实。

2. 长期持续对南海诸岛行使主权管辖

中国政府通过明确行政区划、设立行政建制、列入海防区域、派遣水师巡视海疆、开展行政执法、管理开发活动等方式，对南海诸岛持续实施有效管辖，不断巩固主权。

南海诸岛被纳入中国版图，迄今能够发现的最早的正式记载是在唐朝。"千里长沙""万里石塘"在唐代隶属于海南四州军。宋代沿袭唐代设置，仍将南海诸岛归入地方行政管辖范围。[①]《元史》地理志和《元代疆域图叙》记载的元代疆域包括了南沙群岛。明、清官方修纂的《琼州府志》《万州志》等地方志书对南海诸岛都有记载，明确将其置于具体的行政管辖之下，并划入海防区域。

西汉时期开始在海南设置行政建制，对海南岛及南海诸岛进行统治和管理。随着生产发展和航海技术的进步，中国人民对南海的开发利用不断加大。历代统治者对南海和南海诸岛的认识不断加深，管理南海诸岛的行政建制和管辖日渐完备。明朝已经在海南统一设立了地方行政管理机构——琼州府，将南海诸岛划归琼州府领属的万州管辖。清朝基本沿袭明制，清后期将东沙群岛划归惠州管辖，西沙群岛、南沙群岛、中沙群岛仍由琼州府辖下的万州管辖。自此南海诸岛分属惠州和万州两个州级地方行政机构管辖。

除了设置行政建制进行管辖外，历代统治者也注重地理测量，明确海岛位置和海疆所在。724 年（唐开元十二年），由僧一行等人主持的

---

① 韩振华. 我国南海诸岛史料汇编[G]. 北京：东方出版社，1988：32-33.

子午线测量，范围南至南海及南海诸岛。据明朝宋濂编修的《元史·卷四十八·志第一》记载，为了统一历法，1279 年，元世祖忽必烈派著名天文学家、同知太史院事郭守敬进行"四海测影"，测量范围包括南海。郭守敬作为掌管天文历法的官员，其测量行为是政府行为。明、清两代大量的官方图、籍、方志对南海诸岛的记载不胜枚举，不但明确标绘南海诸岛，而且将其列入中国疆域之内。

南海诸岛陆域狭小，缺少淡水，生活条件恶劣，基本上无常住人口，多为渔民季节性短期利用，属于无人定居的岛屿。但无人岛不等于无主岛，更不是无主地。囿于南海诸岛地理位置的特殊性以及古代各朝的管辖能力，难以实施亦无必要在南海各岛驻官管理及驻岛防守。早期中国政府主要是以派遣水师巡视海疆为管辖和行使主权的主要方式。宋朝以后，中央政府实施水师巡视制度，派海军巡防南海，维护治安，行使对南海诸岛的主权。

中国第一部规模宏大的官修综合性军事著作、专门记载宋朝军事制度和国防大事的《武经总要》①，清楚记载了水师巡视西沙群岛的史实。《元史》中亦有元朝海军巡辖西沙群岛的记载。

在明、清两朝，南海诸岛被纳入海防范围，军事守卫逐步形成制度。明朝设立了巡海备倭官和海南卫，巡辖西沙、中沙和南沙群岛。清朝设立崖州协水师营，负责巡视和戍卫从西沙群岛一直到南沙群岛的海域、朝贡护送及海难救助等。清朝对南海诸岛巡视的范围和频率超过以往各个历史时期。清代后期把南沙群岛纳入海防范围，在南沙群岛行使军事守卫的职责已经逐步成为惯例。1883 年，德国在西沙群岛和南沙群岛调查和测量，这一非法行动引起清政府的警觉。清政府提出抗议后，德方

---

① 北宋官修，曾公亮、丁度等编撰。于庆历四年（1044）成书，由仁宗皇帝作序。

停止了其在南海诸岛的活动。① 这表明清政府拥有南海诸岛主权及其维护主权所采取的行动得到了公认。

这种派遣海军定期巡视海疆的行为是否满足国际法对于国家行使主权的要求？对于远离大陆、荒芜无人的岛礁来说，许多国际判例仅仅要求象征性地行使权利，并不要求派人定居。1928 年，常设仲裁院关于帕尔马斯岛案的裁决表明，主权不可能每时每刻在一块领土的每个点上都得到行使。② 1933 年，常设国际法院在东格陵兰案的判决中指出，在有关领土主权的许多案件中，稍许实际行使权利即可满足要求，对人口稀少或无人定居的地区的主权要求尤其如此。③

3. 晚近时期对南海诸岛主权的行使和维护

中华民国时期，中国政府继续采取军政、外交上的行动和措施，维护了南沙群岛的主权，加强了对南沙群岛的管辖。

1930 年 4 月 30 日，在香港举行的远东气象会议上，来自菲律宾的马尼拉天文台代表提议，远东气象会议承认中华民国政府所创设的东沙岛观象台为南中国海之最重要气象机关，并希望和提议中国政府在西沙群岛和南沙群岛（今中沙群岛）建设气象台，以增进航海安全。这项提议得到各国代表赞同并形成会议决议。由中国与会代表，即东沙岛观象台台长呈请中国政府在此两岛设置观象机关。④

1933 年 7 月，法国驻安南军队出兵占领南海九个小岛礁，引起了中

---

① 中国对西沙群岛和南沙群岛的主权无可争辩——中华人民共和国外交部文件[N]. 人民日报，1980-01-31（1）.

② PCA.The Island of Palmas Case (or Miangas) (U.S.A. v. Netherlands), Award of the Tribunal, 1928.

③ PCIJ.SERIES A./B. Judgments, Orders and Advisory Opinions: Legal Status of Eastern Greenland, 1933.

④ 韩振华. 我国南海诸岛史料汇编[G]. 北京：东方出版社，1988：534.

国各界民众的强烈抗议。广东省政府奉命向法国当局提出抗议，并将此事昭告世界，请伸公道。[①] 1933 年 8 月 4 日，中国政府照会法国驻华使馆，提出抗议。经过中国政府长达数年的外交交涉且迫于中国人民的压力，1938 年法国方面不得不停止其行动。

抗日战争胜利后，中国政府为接收一度被日本侵占的西沙、南沙群岛和恢复行使主权采取了一系列行动和措施。中国政府在收复了这些岛礁后，在太平岛、南威岛、西月岛等主要岛屿上重新树立主权标志，再次宣示对南沙群岛的主权。按照内政部的指示，广东省地政局测量、绘制了万分之一的西南沙群岛图，核准并改定各岛、沙、礁、滩的名称，复由内政部公布实行。接收后留军队驻守太平岛等地，负责西南沙群岛及其周围海域的防卫。中国政府通过一系列法律程序和行动向全世界宣示和重申中国恢复对南海诸岛的主权。对于这些恢复行使主权的行为，南海周边及其他国家并无任何异议。

（二）新中国对南沙群岛主权的维护

南沙群岛构成中国领土不可分割的组成部分。中国对南沙群岛及其附近海域拥有无可争辩的主权。[②]

1949 年中华人民共和国成立后，中国政府继续对南沙群岛及其附近海域进行管辖。1959 年，中国政府在西沙群岛的永兴岛设立西南中沙群岛办事处。中国政府 1958 年宣布的《领海声明》和 1992 年颁布的《领海及毗连区法》均明确规定，南沙群岛构成中国领土的组成部分。

20 世纪 70 年代之前，除南越当局提出过"领土"要求并非法侵占了

---

① 韩振华. 我国南海诸岛史料汇编[G]. 北京：东方出版社，1988：262.

② 中国对西沙群岛和南沙群岛的主权无可争辩——中华人民共和国外交部文件[N]. 人民日报，1980-01-31（1）.

南沙群岛的部分岛礁外，其他南海周边国家既未对中国的主权提出异议，也未对南沙岛礁及其海域提出公开的主权要求。关于中国对南沙群岛的主权，国际上并不存在争议。此外，中国台湾当局的军队自 20 世纪 50 年代初以来一直驻守在南沙群岛的主岛——太平岛上[①]。20 世纪 70 年代以前，不存在南海问题或南沙争端。

20 世纪 60 年代末、70 年代初，菲律宾、越南、马来西亚和文莱先后对中国南沙群岛提出领土要求，菲、越、马还派军队占领南沙部分岛礁。其中，越南侵占 29 个，还对整个南沙群岛都提出了主权要求；菲律宾侵占 8 个，还将中国南沙群岛的部分岛礁划归所谓的"卡拉延群岛"，提出领土要求；马来西亚侵占 3 个；文莱对南通礁提出了领土要求。

为了妥善处理同邻国之间存在的南沙群岛主权争议，本着发展同周边国家友好关系的愿望，中国一贯秉持同有关国家通过双边和平谈判解决南沙群岛主权争议这一建设性主张，一时解决不了，可"搁置争议，共同开发"。

（三）新中国对南海岛礁主权的维护

黄岩岛，也称民主礁，位于中沙群岛最东处，经纬度为北纬 15° 06′～15°14′、东经 117° 43′～117° 51′，是中沙群岛中唯一露出水面的岛礁。黄岩岛是珊瑚遗骸堆积形成的环礁，环礁外形近似等腰三角形。[②]低潮时礁坪上数以百计的岩礁突出海面，高潮时仅西北角的北岩、东南端的南岩和西南角的大石块露出，面积共约 10 平方米。黄岩岛的潟湖直径 8～13 千米、水深为 1～19.5 米。潟湖东南端有一个"口门"与外

---

① Marwyn S.Samuels. Contest for the South China Sea [M]. New York: Methuen, 1982, xii-203 p.
　　傅崐成. 南海主权和矿产：历史和法律[M]. 台北：友氏文化事业公司，1981：251.
② 黄金森. 南海黄岩岛的一些地质特征[J]. 海洋学报，1980：112-122.

海相连，口门内宽外窄，水深约 4 米、宽 200～500 米，① 中型渔船可由口门进入潟湖从事渔业捕捞、避风，是天然的避风良港。

黄岩岛自古以来就是中国的领土，黄岩岛海域是中国渔民的传统渔场，中国渔民世代在此进行渔业生产和开发活动。中国政府一直对黄岩岛行使着主权和管辖，曾于 1935 年、1947 年和 1983 年三次正式公布黄岩岛的名称。从 20 世纪 70 年代起，中国科学工作者曾多次登上黄岩岛进行考察和其他活动。中国政府对在黄岩岛海域开展的国际科学考察活动进行了管理。1994 年以来，日本、德国、美国、芬兰等国无线电爱好者组建的国际联合 DX（Distant Exchange）远征队，在得到中国外交部和国家体委等主管部门批准后，多次赴黄岩岛架设无线电台进行 DX 活动。

国际社会早已广泛承认包括黄岩岛在内的南海诸岛是中国领土。1997 年以前，菲律宾从未就中国政府对黄岩岛行使主权管辖和开发利用提出过任何异议。1997 年以后，菲律宾以 200 海里专属经济区和大陆架制度及"地理邻近"为由，对中国中沙群岛的黄岩岛提出非法的主权要求，并不时非法抓扣在此海域进行正常渔业生产的中国渔民、渔船。2009 年 2 月 17 日，菲律宾国会通过"领海基线法案"，其中将中国的黄岩岛和南沙群岛划为菲律宾领土。中国政府表示强烈反对，并且发表声明，重申中国对黄岩岛和南沙群岛拥有无可争辩的主权，任何其他国家对黄岩岛和南沙群岛的岛屿提出领土要求，都是非法的、无效的。②

2012 年 4 月 10 日，菲律宾海军舰艇非法闯入黄岩岛海域，无理袭扰在此正常作业的中国渔民和渔船，制造了挑起"南海仲裁案"的借口。

---

① 许宗藩，钟晋梁. 黄岩岛的地貌特征 [M]//广东地名委员会. 南海诸岛地名资料汇编. 广州：广东省地图出版社，1987：589.
② 中国外交部就菲通过"领海基线法案"发表声明 [N]. 人民日报，2009-02-19（4）.
张慧中. 外交部举行记者会 [N]. 人民日报，2009-03-13（13）.

2013 年 1 月 22 日，菲律宾单方面提起《公约》附件七仲裁，开始从国际司法的角度挑衅和侵犯中国的岛礁主权和海洋权益。中国"不接受，不参与"菲律宾单方面炮制的"仲裁案"，"不接受，不承认"仲裁庭的所谓"裁决"，并进行了坚定的庭外法理斗争。

越南还对中国西沙群岛提出了非法的领土要求。从 1975 年起，越南以改变地图画法、颁布国内立法、公布政府声明、宣布石油招标区块以及向国际组织提交其立场文件等方法，对中国的西沙群岛也提出了领土要求。这当然缺乏历史证据和国际法依据，是非法、无效的。

西沙群岛和南沙群岛一样，自古以来就是中国领土。中国历代政府都一直对西沙群岛行使持续、有效的管辖。虽然在第二次世界大战期间，西沙群岛曾同南沙群岛一样一度被日本所侵占，但是战后中国依据国际法和国际文件已经在法律和事实上予以收回。[①]在西沙群岛问题上，越南应回到 1975 年前承认中国对西沙群岛主权的立场上去。任何将西沙群岛变成中越之间争议的企图都是徒劳的，也是违反国际法的。[②]

三、海洋划界

（一）中越北部湾海域划界

1. 争端由来与发展

北部湾（旧称东京湾）位于南海西北部，地处北纬 17°～21° 30′、东经 105° 40′～109° 50′，东起雷州半岛、琼州海峡，东南为海南岛，北面

---

① 郑资约. 南海诸岛地理志略[M]. 上海: 商务印书馆，1947: 83-94.
　　中国地名委员会受权公布我国南海诸岛部分标准地名[N]. 人民日报，1983-04-25（4）.
② 中国对西沙群岛和南沙群岛的主权无可争辩——中华人民共和国外交部文件[N]. 人民日报，1980-01-31（1）.
　　中华人民共和国外交部发表关于西沙群岛、南沙群岛问题的备忘录[N]. 人民日报，1988-05-13（4）.

是广西海岸，西至越南陆地海岸，南面面向开阔的南海，是一个三面陆地环抱、一面向海的半封闭海湾，南北长约 500 千米，东西宽约 250 千米，最宽处宽约 184 海里，最窄处约为 112 海里。北部湾岸线曲折，总长约 3680 千米，海域面积约 12.8 万平方千米，湾内平均水深 38 米，最深处不到 90 米，属于浅海半封闭性大陆海域。北部湾海域海底地形平坦，自西北向东南略倾斜。北部湾蕴藏着丰富的油气资源，位于东部的北部湾盆地和中部的莺歌海盆地是两个重要的油气沉积盆地。湾内还蕴藏有石英矿等固体矿产资源。

北部湾连通内地与外洋，自古就是开洋重地。秦始皇统一六国后实行郡县制，在西南部设立了桂林、象郡、南海三郡，北部湾被纳入大秦版图。汉承秦制，北部湾在汉代基本上隶属合浦郡管辖，彼时的交趾、九真、日南三郡即今天的越南。汉武帝时中国的船队从合浦等地出发，开始跨洋远航，远抵印度半岛和斯里兰卡。公元 968 年（宋开宝元年）越南独立后，中越边界多因循以前郡县辖地的界限。1885 年中法战争后，越南成为法国的殖民地，中法之间就中越边界问题签署了一系列条约，划分粤越陆地边界，也涉及一些近岸岛屿的归属。

1887 年 6 月 26 日（清光绪十三年五月初六），中法在北京签订《续议界务专条》，就广东界务规定："现经两国勘界大臣定边界之外，芒街以东及东北一带，所有商论未定之处，均归中国管辖。至于海中各岛，照两国勘界大臣所划红线，向南接此线，正过茶古社东边山头，即以该线为界（茶古社汉文为万注，在芒街以南，竹山西南），该线以东，海中各岛归中国；该线以西，海中九头山（越名格多）及各小岛归越南，若有中国人民犯法逃往九头等山，按照光绪十二年三月二十二日和约第十七款，由法国地方官查访，严拿交出。"①

这条"两国勘界大臣所画红线"是北纬 108° 03′ 13″线。条款中所谓"茶古社"（万注）、"九头山"（格多）是中越交界处北仑河口附近海上的岛屿。中越陆地边界广东段以北仑河口为界，根据中法《续议界务专条》上述条款，接着北仑河口界点向南划一红线，这条北纬 108° 03′ 13″的红线正好通过茶古社东边的山头。该线以东海中各岛归中国，该线以西包括九头山在内的各小岛归越南。显然，这条红线划分的是中越陆地边界北仑河口附近的近海岛屿的归属，不是海域界限。

2. 旷日持久的海域划界谈判

中越两国海岸特征是既相邻又相向。20 世纪 70 年代，中越两国曾就北部湾海域划界问题举行会谈。双方对上述 108° 03′ 13″红线性质的认定有重大分歧。越南认为此线乃是中越北部湾海域界限，按照越南的主张，北部湾的三分之二将划归越南。中国认为中越从未划分过北部湾海域界限，所谓北纬 108° 03′ 13″的红线，仅属确定北仑河口附近近海岛屿的归属线。2002 年国际法院对印度尼西亚和马来西亚之间关于利吉丹岛和西巴丹岛主权争端判决中，体现了相类似的原则精神。

1991 年，中越两国政府签署了《关于处理两国边境事务的临时协定》。1993 年，又签署了《关于解决中越边界领土问题的基本原则协议》，设立了政府级边界谈判机制，再次启动边界谈判。

经过两轮专家级谈判、七轮政府级谈判、三次政府代表团团长非正式会晤、十八轮划分北部湾联合工作组会谈、三轮联合专家小组非正式会谈、六轮渔业专家小组会谈和七轮测绘专家小组会谈，中越双方终于在 1999 年 12 月 30 日和 2000 年 12 月 25 日，签署了《中华人民共和国

---

① 王铁崖. 中外旧约章汇编: 第一册[G]. 北京: 生活·读书·新知三联书店，1957: 513.

和越南社会主义共和国关于陆地边界的条约》和《中华人民共和国和越南社会主义共和国关于两国在北部湾领海、专属经济区和大陆架的划界协定》(以下简称《中越北部湾划界协定》),解决了两国之间的陆地边界问题和北部湾海洋划界问题。[①] 这是中国与海上邻国公开划定的第一条海上边界。

2004 年 6 月 15 日,越南第十一届国会第五次会议通过决议,批准了《中越北部湾划界协定》。2004 年 6 月 25 日,中国第十届全国人大常委会第十次会议批准了《中越北部湾划界协定》。

3. 划界协定的主要内容

《中越北部湾划界协定》确定的双方划界的北部湾范围是:北面是中越两国陆地领土海岸,东面为中国的雷州半岛和海南岛海岸,西面是越南大陆海岸所环抱的半封闭海湾。北部湾的封口线是自中国的海南岛莺歌嘴最外缘突出点(北纬 18° 30′ 19″、东经 108° 41′ 17″)经越南昏果岛至越南海岸(北纬 16° 57′ 40″、东经 107° 08′ 42″)的直线连线。

《中越北部湾划界协定》划定的中越北部湾海上边界,由 21 个界点及这些界点之间的 20 段直线连线组成,自中越界河北仑河入海口起,大致向南延伸,至北部湾封口线为止。

中越北部湾海域界限全长约 506 千米,划定了中越两国在北部湾的领海、专属经济区和大陆架范围。其中,第 1—9 点为领海界限,第 9—21 点为专属经济区和大陆架边界。

经过计算机海域划界系统测算,划归中方的海域占北部湾划界海区面积的 46.77%,划归越南的占 53.23%,越南比中国多得 8000 平方千

---

① 中华人民共和国和越南社会主义共和国关于两国在北部湾领海、专属经济区和大陆架的划界协定[J]. 中华人民共和国全国人民代表大会常务委员会公报, 2004 (5): 339.

米。① 越南似乎并不满意这个结果，认为它应该得到更多，因为越南的海岸线更长。②

中越两国在划界海区海岸线的长度比为 1:1.1，双方所得海域面积之比则为 1:1.135。对这个数字，中方认为是"基本相当"，划界取得了"公平的结果"。③ 这个比例对渔业协定和渔业安排的长远影响，有待时间的检验和证明。

4. 白龙尾岛的划界效力

白龙尾岛位于北纬 20°01′、东经 107°42′，地处北部湾的中心位置，面积约 5 平方千米。在中国 20 世纪 50 年代的地图上标名为"夜莺岛"，隶属广东省儋县，广西、广东、海南的渔民又称"浮水州"，是当地渔民的鲍鱼生产基地。④

白龙尾岛本属中国领土，20 世纪 50 年代，岛上还有中国人定居。白龙尾岛现为越南实际控制。在《中越北部湾划界协定》中，白龙尾岛被赋予 15 海里的划界效力，相当于 12 海里的领海及 3 海里的专属经济区和大陆架。

作为中越双方划分北部湾领海、专属经济区和大陆架的海域划界条约，《中越北部湾划界协定》既不能判定也不能改变陆地领土的主权归属，该协定中也没有任何条款作出这样的规定。⑤同时签订的《中华人民共和国政府和越南社会主义共和国政府北部湾渔业合作协定》（以下简称

---

① 数据来源：国家海洋局海洋发展战略研究所依据全球地理信息系统（GIS）计算。
② Nguyen Dy Nien. Interview by Foreign Minister Nguyen Dy Dien about Tonkin Gulf Delimitation Agreement. 1 july 2014.
③ 让中越海上边界成为和平友好与合作的纽带——王毅就中越北部湾划界协定和渔业合作协定生效答记者问[N]. 人民日报，2004-07-01（3）.
④ 吕一燃. 中国海疆历史与现状研究[M]. 哈尔滨：黑龙江教育出版社，1995: 138-142.
⑤ 中越北部湾划界是双赢[N]. 新京报，2004-08-03（A14）.

《中越北部湾渔业合作协定》）更没有涉及或改变白龙尾岛的领土主权问题。国家领土的变更，应有最高权力机构的批准。迄今为止，中国全国人大没有作出过这样的批准决定。

（二）中韩海域划界谈判

中韩两国在南黄海和东海北部的海岸相向。韩国已于 1996 年 1 月批准《公约》。自 1997 年建立海洋法磋商机制以来，中韩之间就海洋划界及其他海洋法问题保持着交换意见和磋商进程，不断就双方共同关心的问题有所沟通。

在 1997 年至 2009 年的 15 次司局级海洋法磋商中，两国代表团讨论了海域划界的原则、第一阶段划界对象海域的范围、海洋科学调查、合作防止海盗行为等议题。其中，2005 年第十次海洋法磋商中达成就不涉及第三方主张的第一阶段划界对象海域范围的初步一致意见，对于开展具体的中韩海洋划界非常有意义。2014 年 7 月 3 日，中韩联合声明表示"双方商定于 2015 年启动海域划界谈判"[1]，表明中韩两国政府已形成了启动海域划界谈判的政治共识。

在两国首脑的一致推动下，2015 年中韩启动海域划界谈判，双方于 12 月下旬在韩国首尔举行了首轮副部级会谈。虽然第二轮副部级会谈因"萨德"等原因推迟至 2019 年 7 月才进行，但会谈取得了一定成果，包括确认了中韩海域划界谈判启动以来达成的有关共识，并就划界有关问题交换了意见。截至 2021 年 11 月，中韩两国已经进行了九轮海域划界的司局级谈判。

此外，两国还启动了中韩海洋事务对话合作机制，就两国海域划界等问题交换意见。2022 年 6 月举行的第二次对话合作机制会议上，双方

---

① 中华人民共和国和大韩民国联合声明[N]. 人民日报，2014-07-04（2）.

一致认为应"通过谈判协商解决处理海上问题",表示应"加快海域划界谈判"。① 中韩启动两国海洋事务对话合作机制,有利于扩大两国海洋交流合作,推进两国海域划界谈判。

尽管中韩在海域划界谈判和海洋事务对话机制等方面取得一些积极进展,但实质性成效并不明显。在海洋划界问题上,中韩在划界原则、相关岛礁的划界效力、有关情况的具体内容以及生物资源的开发等方面还有较大分歧。

中国主张依据《公约》在内的国际法,按照公平原则,同时考虑所有有关情况,公平地解决黄海南部海域划界问题,以实现公平合理的划界结果。中间线或等距离线只是一个划界方法,并不是划界原则。韩国则认为,中韩之间应按照中间线进行海洋划界,在黄海南部海域划界时可以适用三阶段方法。

如果三阶段方法能够取得双方均满意的公平的划界结果,中国并不绝对反对适用这一方法。但是否存在需要调整或移动临时等距离线的有关情况,以及哪些情况导致应对临时等距离线的走向予以调整,中韩之间尚未取得全面共识。此外,黄海海域鱼类的洄游特征、中国沿海渔民的生计等关乎中国当地经济社会发展等方面的问题,应予以积极的考虑和足够的重视。划界谈判迄今未取得较大的实质性进展,但两国仍在积极努力推进。

中韩之间还有一个不是问题的苏岩礁问题。苏岩礁是一块水下暗礁,在水下约 4 ~ 5 米处,位于东海北部中韩两国专属经济区和大陆架主张的重叠区。2002 年,韩国在苏岩礁建设海洋观察站,韩方媒体将其渲染为韩国最南端的"领土"。中国政府多次就苏岩礁问题向韩国政府提出交

---

① 中韩举行海洋事务对话合作机制第二次会议[N]. 解放军报,2022-06-17(4).

涉,反对韩方在两国专属经济区主张重叠海域单方面进行活动,韩方的单方面行动不能产生任何法律效果。韩方表示,韩方在苏岩礁的活动不影响两国专属经济区划界。在 2006 年 12 月的中韩海洋法磋商中,双方共同确认,"苏岩礁"不具有领土地位,中韩之间不存在领土争议。苏岩礁所处的海域位于中韩两国专属经济区主张的重叠区,其最终归属将取决于中韩海洋划界谈判的结果。

中国与周边邻国的划界谈判任重道远,面临着复杂的挑战,对国际、区域、法律、政治和经济等各方面因素应予以综合考虑。双方意愿、周边形势、启动时机等殊为重要,唯有各方面条件成熟,方能水到渠成。

四、渔业协定

1994 年,《公约》的生效带来新一轮国际海洋秩序波动。1996 年,黄海、东海沿岸国的中、日、韩三国先后批准《公约》,建立专属经济区制度。在这个大背景下,有关国家开始谈判新的渔业协定。中国与日本、韩国签署的两个渔业协定,是《公约》生效以后我国与周边国家较早缔结的政府间渔业协定,是中日、中韩在尚未进行海域划界的情况下,针对渔业问题作出的过渡性临时安排。2000 年签署的《中越北部湾渔业合作协定》则是中越两国在进行海域划界谈判,签署划界协定的同时一并签署的。

（一）中韩渔业协定

2000 年,中韩两国签订渔业协定,就两国划界前的渔业问题达成临时性安排。《中韩渔业协定》设置了四种不同性质的水域,"暂定措施水域""过渡水域""专属经济区水域"和"维持现有活动水域",成立了中韩渔业联合委员会(渔委会)。 在"暂定措施水域",由渔委会协商确定采取共同的养护和管理措施,对渔船实行船旗国管辖,缔约一方不对另一方国民和渔船采取管理和其他措施。"暂定措施水域"东西两侧是中韩各自的"过渡水域",过渡期为 4 年,过渡期内基本按船旗国管理,过渡期满后分别按各自的专属经济区管理。"专属经济区水域"是中韩两国沿岸各自的水域,以及不存在划界问题的两国其他专属经济区水域。双方按照本国的法律法规,通过入渔许可的形式,准许对方的国民和渔船到本国专属经济区从事渔业活动。在"维持现有活动水域"的渔业活动维持现状,缔约方不得将本国的渔业法律法规适用于另一方的国民和渔船。

中韩都是《公约》缔约国,在海域划界完成前,基于谅解与合作的精神,就渔业问题达成实际性的临时安排,签订《中韩渔业协定》,为规范相关海域渔业秩序起到一定的积极作用。《中韩渔业协定》签署、实施已有 20 多年。有学者认为,《中韩渔业协定》在海上执法管辖、渔民权利维护、信息通报规范等方面暴露出不足与问题,原有的规范已经无法满足两国保障渔业权益、推进海洋综合治理的要求。[①]

(二)中日渔业协定

早在 20 世纪 50 年代,中日之间就曾签订过民间渔业协定。1972 年中日建交后,两国政府在此前民间渔业安排基础上,通过谈判,于 1975 年 8 月 15 日正式签订了《中华人民共和国与日本国渔业协定》,确定了在黄海、东海两国领海以外的协定适用海域。双方同意,渔业协定不损害双方各自关于海洋管辖权的立场。协定确定了两国渔业合作的基本框架,对保护和合理利用渔业资源、维护渔业正常作业秩序、及时处理海上事故,双方渔船紧急避难等事项作出了规定。双方还成立了中日渔业联合委员会,负责协定实施。

中日都是《公约》的缔约国,在 20 世纪 90 年代先后批准了《公约》。

---

① 郝会娟,孟晓.中韩争议海域渔业问题的解决路径研究[J].当代韩国,2020（3）：93.

双方都认识到有必要根据《公约》所确立的专属经济区制度对两国之间的渔业关系和渔业利益进行重新调整，建立新的渔业秩序，共同养护和合理利用海洋生物资源，维护海上正常作业秩序。1997 年，中日签署新的政府间渔业协定（以下简称《中日渔业协定》）。[1]这一协定于 2000 年 6 月 1 日正式生效，适用水域分为"暂定措施水域""中间水域"和"实行专属经济区制度水域"三类。

在"暂定措施水域"中，中日双方各自管理本国渔船，不对对方渔船实施管理。双方可共同协商采取适当的资源养护管理措施，以保护海洋生物资源。"中间水域"基本维持现有渔业活动，双方渔船无须领取对方捕捞许可证即可进行作业，但应当对本国作业渔船数量加以控制，并交换渔获资料。在上述两种水域界限外侧的"实行专属经济区制度水域"，双方根据互惠原则，准许对方一定数量渔船进入本国专属经济区内作业。但进入他国专属经济区作业的渔船，须经本国政府向对方提出申请，获得对方捕捞许可证，并遵守双方制定的有关规定及对方国法律。具体入渔船数和渔获配额，通过每年召开的中日渔业联合委员会协商确定。虑及钓鱼岛等问题的敏感性，《中日渔业协定》不涉及北纬 27°以南的东海海域。

《中日渔业协定》顺应了国际海洋法律秩序和海洋管理发展的历史潮流。中日两国在遵循《公约》精神和原则的基础上，就渔业问题作出妥善安排，一定程度上减缓了海域划界对我国渔业生产造成的直接冲击，为渔业结构调整和渔业管理方式转变争取到了必要的时间。

---

[1]《中国海洋年鉴》编纂委员会，《中国海洋年鉴》编辑部. 中国海洋年鉴2001[M]. 北京：海洋出版社，2002：59-61.

（三）中越渔业协定

北部湾海域渔业资源丰富，有鱼类 500 多种，其中有重要经济价值的鱼类有 30 多种，包括红鱼、石斑鱼、马鲛鱼、鱿鱼、墨鱼等，渔业资源可持续利用量约 60 万吨，是优良的渔场。[①] 但是，北部湾的渔业资源分布并不均衡，主要集中在中间线靠近越南一侧。中越两国渔民按照世代相传的古老习惯，可以自由进入北部湾海域进行捕捞作业，并由此形成了两国渔民在北部湾的传统渔场和传统捕鱼权。2000 年之前，中越两国从未划分过北部湾的海洋边界。

历史上，为解决两国沿北部湾渔民的历史捕鱼习惯，以及提供作业渔场和避风港问题，中越曾于 1957 年、1961 年签署过北部湾渔业协定。协定签署后，中国渔船可以进入越南水域，在青兰山、水朗州一带捕鱼。越南渔船也可以在东兴河口至雷州半岛和海南岛西岸一带海域捕鱼，但渔船数量不能超过在越南海岸的中国渔船的数量。1963 年 8 月，中越双方再次签订渔业协定，规定双方 10 吨以下的小渔船可进入对方距岸 12 海里协议线内捕鱼，数量不超过 120 艘，其他渔船均应在 12 海里协议线外作业，该协定到 1966 年 8 月失效。上述三次协定中，双方都承认两国边境渔民有互进对方沿海捕鱼的历史习惯。[②]

2000 年，中越两国在签署北部湾划界协定的同时，一并签署《中越北部湾渔业合作协定》，"对于调整两国渔业关系，逐步实现由传统捕鱼权的法律制度向现代国际法上的专属经济区制度过渡创造了良好的条件"[③]。2004 年 6 月 30 日，《中越北部湾划界协定》和《中越北部湾渔业合

---

① 彭国洪. 北部湾划界后广东渔业问题的对策刍议[J]. 水产科技，2000：35-39.

② 黄永兰，黄硕琳.《中越北部湾渔业合作协定》对我国南海各省（区）海洋渔业影响的初步分析[J]. 上海水产大学学报，2001（3）：223-228.

③ 周健. 中越北部湾划界的国际法实践[J]. 边界与海洋研究，2019（5）：31.

作协定》同时生效后，双方的渔业主管部门经过近三年的谈判，制定了具体措施，就《中越北部湾渔业合作协定》的"补充议定书"和《北部湾共同渔区资源养护和管理规定》达成一致。

《中越北部湾渔业合作协定》确定了"共同渔区""过渡性安排水域"和"小型渔船缓冲区"三种性质不同的水域，分别作出生产和管理的规定，一定程度上减缓了北部湾划界对现有渔业活动的影响。

1. 共同渔区

共同渔区面积约 3 万平方千米，位于北部湾封口线以北、北纬 20°以南，由中越北部湾海域界线向双方各 30.5 海里，跨越中越两国各自的专属经济区。共同渔区几乎涵盖了北部湾大部分中高产渔区，两国渔船都可进入共同渔区生产作业。共同渔区的有效期为 12 年，期满后延长 3 年，共 15 年。

2. 过渡性安排水域

过渡性安排水域位于共同渔区以北、自北纬 20°起算的中越双方各自的专属经济区，面积约为 9000 平方千米，允许两国渔船进入作业。缔约各方应对过渡性安排水域内缔约一方的现有渔船活动作出过渡性安排，缔约另一方应采取措施逐年削减进入对方一侧过渡性安排水域的渔业活动。过渡性安排自本协定生效之日起 4 年内结束。

3. 小型渔船缓冲区

中越两国将领海相邻部分自分界线第一界点起、沿分界线向南延伸 10 海里、距双方线各自 3 海里的范围确定为小型渔船缓冲区。小型渔船缓冲区是一个永久性设立的区域，面积约为 177 平方千米，目的在于避免双方小型渔船误入对方领海引起纠纷。

根据《中越北部湾渔业合作协定》，中越两国一方渔船进入共同渔区或过渡性安排水域另一方（即分界线另一侧水域）作业的，必须按照规定办理捕捞许可证等各种证件，并接受另一方的管理或检查监督。

《中越北部湾渔业合作协定》还规定了双方对等的、进入对方一侧水域作业的渔船数量等，其中过渡性安排水域的渔船数每年减少25%，四年后全部退出对方一侧水域；而双方进入共同渔区对方一侧的渔船数，则由中越北部湾渔业联合委员会每年协商确定，双方在共同渔区内进行长期渔业合作。

中国与韩、日、越达成的渔业协定的共同特点，都是设置一些特殊的水域，如"暂定措施水域""过渡水域""中间水域""共同渔区""专属经济区水域"等，成立渔业联合委员会，协商确定采取共同的养护和管理措施，保护海洋生物资源，规范和调整海上渔业秩序。

作为《公约》缔约国，实行专属经济区制度是大势所趋。及时谈判签订渔业协定，就渔业问题作出妥善安排，既是顺应国际海洋法律秩序和海洋管理发展历史潮流之举，也在一定程度上减缓了海域划界对我国渔业生产造成的直接冲击，为渔业结构调整和渔业管理方式转变争取了必要的时间。

五、海洋油气资源共同开发

中国积极探寻维护周边海洋形势稳定的路径和办法。在与周边国家未解决领土及海洋划界问题之前，先进行海洋油气资源的共同开发，是中国解决周边海洋问题的重要政策主张。早在中日邦交正常化的过程中，邓小平就多次谈到搁置钓鱼岛争议，在不涉及领土主权的情况下，共同开发钓鱼岛附近的海洋资源。"有些国际上的领土争端，可以先不谈主权，先进行共同开发。这样的问题，要从尊重现实出发，找条新的路子来解决。"①

（一）东海共识

围绕东海油气资源的开发问题，中日两国进行了十几轮磋商，终于探索出了"新路子"。2008 年 6 月 18 日，两国外交部门同时发表了"中日关于东海共同开发的谅解"和"关于日本法人依照中国法律参加春晓油气田开发的谅解"（以下简称"东海共识"）。②

"为使中日之间尚未划界的东海成为和平、合作、友好之海"，双方一致同意在实现划界前的过渡期间，在不损害双方法律立场的情况下进行合作。"东海共识"确定了由 7 点坐标顺序连线围成的区域为双方共同开发区块；双方将在此区块中选择一致同意的地点进行共同开发，并为尽早实现东海其他海域的共同开发继续磋商。中国企业欢迎日本法人按照中国对外合作开采海洋石油资源的有关法律，参加对春晓现有油气田的开发。这是中国企业依照中国国内法吸收外资的商业性合作和安排，不是国际法意义上的共同开发。日本企业参加春晓油气田的合作开发，应遵守中国的法律法规，接受中国政府有关主管部门的检查和监督。

"东海共识"是中日两国政府达成的政治磋商文件。这个原则共识既不涉及各自既往的权利诉求，也不影响未来的海洋划界。东海的最终划界问题，应由中日双方通过谈判加以解决。

（二）南海的共同开发

在南海，中国与有关国家也进行了很多共同开发的努力和尝试。2000 年，中国和越南签署《中越北部湾划界协定》。根据协定，双方均有权在各自的大陆架上自行勘探开采油气或矿产资源。对于尚未探明的跨

---

① 邓小平. 邓小平文选：第三卷[M]. 北京：人民出版社，1993：49.
② 中日就东海问题达成原则共识[J]. 中国海洋法学评论（中英文版），2008（2）：170-171.

界单一油气地质构造或跨界矿藏，参照各国的划界条约和实践，双方约定就此进行友好磋商，达成合作开采协议。

2005 年，中、菲、越签署《在南中国海协议区三方联合海洋地震工作协议》，拟就南海油气资源调查进行合作，但因受某些势力阻挠而不幸夭折。2018 年，中菲两国再次就南海油气资源共同开发进行合作。2018 年 11 月 20 日，中菲签署《关于油气开发合作的谅解备忘录》。2019 年 8 月 29 日，习近平主席在会见菲律宾总统杜特尔特时表示，"双方在海上油气共同开发方面步子可以迈得更大些"。杜特尔特表示菲方愿同中方加快推进海上油气共同开发。中菲成立油气合作政府间联合指导委员会和企业间工作组，以推动共同开发取得实质性进展。[①]

2013 年，中国与文莱签署了海上合作谅解备忘录，两国石油公司还签订了成立油田服务领域合资公司的协议。

此外，中朝两国也于 2005 年 12 月 24 日签署《中朝政府间关于海上共同开发石油的协定》，后续进展虽不显著，但对该海域的共同开发仍有积极意义。

---

① 习近平会见菲律宾总统杜特尔特[N]. 光明日报，2019-08-30（1）.

第四节　"南海仲裁案"

仲裁亦称"公断"，主要指争端各方同意把他们之间的争端交付其合意选择的仲裁员进行仲裁，并服从其裁决。仲裁作为一种和平解决国际争端的方法，主要特点之一就是争端各方对选择仲裁这种解决方法的合意一致。

《公约》附件七"仲裁"是《公约》提供的一种解决争端的方法，仲裁庭是纠纷产生后组成的临时性争端解决机构，与常设仲裁院仅提供行政服务有本质的区别，与国际法院、国际海洋法法庭等常设性争端解决机制也是根本不同的。

一、关于争端解决的有关规定

《公约》第十五部分对争端的解决作出规定。与一般国际法规则不同的是，《公约》框架下的争端解决机制，很大程度上体现了强制性特征，但此种强制并非适用于所有种类的争端。《公约》将缔约国用自行选择的和平方法解决争端摆在了首位。

（一）用争端方选择的和平方法解决争端

《公约》第十五部分就缔约国间关于《公约》的解释和适用争端的解决作了规定，缔约国应按照《联合国宪章》相关条款规定的和平方法解决争端，包括谈判、调查、调停、和解、仲裁、司法解决、区域机关或区域办法的利用，或各国自行选择的其他和平方法。《公约》第287条第1款规定，缔约国可选择的用于解决争端的机构包括国际海洋法法庭、国际法院、仲裁法庭、特别仲裁法庭。

仲裁是一种和平解决国际争端的"准司法"方法，争端各方对选择仲裁这种解决方法应有事先的合意一致。但《公约》框架下解决争端的法律方法和程序体现了一定的强制性。依据《公约》第 287 条和附件七，争端任何一方可单方面提起仲裁程序。这种"强制仲裁"彻底颠覆了传统国际法中关于仲裁需要双方合意的理论和实践。

然而，一国未经另一国同意而诉诸《公约》附件七规定的仲裁，至少应满足以下要件：一是提起的事项是关于《公约》的解释或适用的争端；二是争端国用尽谈判等方法以及履行了《公约》第十五部分第一节，即践行和平解决争端的一般规定和义务仍未能解决争端；三是提起的事项不属于争端国根据《公约》第 298 条作出排除管辖声明的事项。依据《公约》第 298 条，缔约国可以提交书面声明的方式，对领土主权、海域划界等争端，排除导致有拘束力裁判的争端解决程序的适用。

（二）《公约》附件七组成的仲裁庭

《公约》第十五部分第二节第 287 条规定的四种可由缔约国采用书面声明方式自由选择的解决争端的法律方法，都是独立的争端解决方法。若争端一方未就此作出选择，或是争端各方未能作出一致选择，有关争端国可不经另一争端国的同意，单方面提交附件七规定的仲裁。菲律宾就南海问题提起仲裁，正是利用了此程序。

按《公约》附件七组成的仲裁庭不是常设的法律机构，没有固定的办公地点和人员。组成仲裁庭的仲裁员可从联合国秘书长编制并保持的一份仲裁员名单中指派。仲裁员名单由缔约国提名的仲裁员组成，每一缔约国有权提名四名仲裁员，这些仲裁员应在海洋事务方面富有经验并享有公平、才干和正直的最高声誉（附件七第 2 条）。国际海洋法法庭的法官也可经相应国家提名被列入仲裁员名单，被争端一方指派为仲裁员。应当指出的是，当被争端一方指派为某一特定案件的仲裁员时，他们是以仲裁员而非国际海洋法法庭法官的身份参加仲裁的。

由于《公约》附件七仲裁庭的非常设特征，仲裁庭在组成前后可能和两个机构发生程序上的联系：一个是国际海洋法法庭，另一个是常设国际仲裁院。根据《公约》附件七第 3 条（e），当在指定的时间内争端一方未能指派一名仲裁员，或对需当事各方协议指派的仲裁员不能达成一致时，通常由国际海洋法法庭的庭长作出必要的指派。《公约》附件七设立的仲裁庭可以将常设国际仲裁院作为登记处，由后者提供秘书处等服务。

（三）《公约》附件七的主要规定

《公约》附件七是关于"仲裁"的规定。争端任何一方可向争端他方发出书面通知，将争端提交附件七所规定的仲裁程序。在当事国为两国的情况下，仲裁庭应由五名仲裁员组成：（1）提起程序的一方应指派一人，最好从仲裁员名单中选派，可以是其本国国民。（2）争端他方应在收到仲裁通知 30 天内指派一名仲裁员，最好从名单中选派，也可以是其国民。如争端他方未在该期限内作出指派，提起程序的一方可在该期限届满两星期内，请求国际海洋法法庭庭长作出必要的指派。（3）另三名仲裁员应由争端双方以协议指派，最好也从名单中选派，并应为第三国国民。（4）争端各方应从协议指派的三名仲裁员中选派一人为仲裁庭庭长。如果在收到仲裁通知后 60 天内，各方未能就协议指派的仲裁员的指派达成协议，或未能就指派庭长达成协议，经争端一方请求，由国际海洋法法庭庭长作出必要的指派。仲裁庭应按照附件七及《公约》的其他规定执行职务。

附件七特别规定了"不应诉"的情况。"如争端一方不出庭或对案件不进行辩护，他方可请求仲裁庭继续进行程序并作出裁决。争端一方缺席或不对案件进行辩护，并不妨碍程序的进行。仲裁庭在作出裁决前，必须查明对该争端确有管辖权，而且查明所提要求在事实上和法律上均确有根据。""裁决应有确定性，不得上诉，争端各方均应遵守裁决。"

二、"南海仲裁案"的缘起和发展

（一）黄岩岛事件

黄岩岛海域生物种类繁多，盛产金枪鱼、红鱼、石斑鱼、苏眉鱼、梅花参、黑海参、扇蟹、海胆以及金口蝾螺等，是中国渔民的传统渔场。明清时期就已有中国渔民在黄岩岛进行渔业捕捞，《更路簿》详细记载了包括海南潭门镇渔民前往黄岩岛海域捕鱼的航路、更数等内容。近年来，每年有 100 多艘中国渔船在黄岩岛及附近海域从事渔业生产。黄岩岛海域是广东、海南等地渔民的主要渔业捕捞地。

菲律宾觊觎黄岩岛久矣。引燃菲律宾"南海仲裁案"的导火索是 2012 年的黄岩岛事件。2012 年 4 月 10 日，12 艘中国海南籍渔船在黄岩岛潟湖内正常作业时，被菲律宾海军"德尔皮拉尔"号巡逻舰强行堵截和干扰，菲方武装人员登上中国渔船强行搜查和拍照。中国政府采取措施保护中国公民的人身和财产安全，保护中国渔民正常的渔业生产活动。中国一方面与菲律宾方面进行外交交涉，另一方面派出海监和渔政船只赶赴事发海域，保护中国渔船渔民有序撤离。为防止菲律宾新的挑衅行为，中国船只留守黄岩岛附近海域，开始实施实际管控。[①]

仁爱礁事件使"南海仲裁案"更加复杂。仁爱礁是位于南沙群岛东北部的一个礁盘，一直是中国渔民捕鱼和避风之地。仁爱礁总面积约 56 平方千米，潟湖面积约 42 平方千米，平均水深约 20 米，礁坪面积约 21 平方千米，南北长约 17 千米，东西宽约 1 ～ 5 千米。早在 1999 年，菲律宾将一艘破旧不堪的坦克登陆舰搁浅在中国南沙群岛的仁爱礁，继而以

---

① 吴士存. 中菲南海争议 10 问 [M]. 北京：时事出版社，2014：19.

船底漏水为由，持续坐滩。中国多次交涉，菲方虽曾口头允诺将舰拖走，但行动上不但拒不离开，反而以此舰为基地，派出定期轮换的士兵，意图进行长期侵占。2013 年 5 月 9 日，菲律宾三艘军舰意欲以"补给"为借口，行为坐滩军舰打桩加固之实，进而伺机扩大在仁爱礁的军事存在。2014 年 3 月 29 日，菲律宾又以"补给"为名，强闯仁爱礁，并特意邀请多国媒体随行炒作。中国海警执法船在现场保持了高度克制。[①] 然而，菲律宾仍不断扩大事态，向仲裁庭申请增加关于仁爱礁事件的仲裁事项，不但严重损害了中菲双边关系，也破坏了地区和平与稳定大局。此后，菲方经常以空投等方式向坐滩军舰输送物资，对军舰进行维修加固。

（二）菲律宾单方面提起仲裁

2013 年 1 月 22 日，菲律宾外交部照会中国驻菲律宾大使馆，递交"仲裁通知和权利主张说明"，对中国提起《公约》附件七仲裁。2 月 19 日，中国拒绝接受并退回菲方照会及所附通知和权利主张说明，坚持通过双边协商谈判来解决争议。

菲方不顾中方反对，继续单方面强行推进仲裁程序。菲律宾在其仲裁通知中，指派国际海洋法法庭德国籍法官吕迪格·沃尔夫鲁姆（Rudiger Wolfrum）为代表菲方的仲裁员。2013 年 3 月 23 日，时任国际海洋法法庭庭长、日本籍法官柳井俊二指定波兰籍法官斯坦尼斯瓦夫·帕夫拉克（Stanislaw Pawlak）为代表中方的仲裁员。4 月 24 日，柳井又指定法国籍让-皮埃尔·科特（Jean-Pierre Cot）、荷兰籍阿尔弗雷德·松斯（Alfred H. A. Soons）和斯里兰卡籍平托（M. C. W. Pinto）为仲裁员，组成仲裁庭，指定平托为庭长。平托因故退出后，6 月 21 日，柳井指定加纳籍法官托马斯·门萨（Thomas A. Mensah）接任平托。常设仲裁院担任该案的书记

---

① 吴士存. 中菲南海争议 10 问 [M]. 北京：时事出版社，2014：20.

官处。

仲裁庭 2013 年 7 月 11 日在海牙和平宫召开第一次仲裁庭会议之后，于 8 月 27 日发布了第一号程序令。仲裁庭通过了《程序规则》，确定 2014 年 3 月 30 日为菲律宾提交书面陈述的日期。菲律宾于 2014 年 3 月 30 日提交仲裁申请和附件材料，提出了十五项仲裁请求，内容涉及南海断续线和历史性权利、黄岩岛和部分南沙岛礁的法律地位和海洋权利、中国在黄岩岛和南沙部分岛礁附近海域海上执法的合法性、指责中国干涉菲律宾享有和行使《公约》权利等方面问题。

中方多次重申南海争议应由有关当事方通过协商谈判解决的立场，表示"不接受、不参与"菲律宾单方提起的所谓"仲裁"。2014 年 5 月 21 日，中国向常设仲裁院发出照会，重申不接受和不参与该仲裁案的立场，并强调该照会不应被视为中国接受或参与了仲裁程序。但是，仲裁庭在 2014 年 6 月 3 日发布了第二号程序令，确定 2014 年 12 月 15 日为中国提交辩诉状的日期。

2014 年 12 月 7 日，中国外交部受权发表《中华人民共和国政府关于菲律宾共和国所提南海仲裁案管辖权问题的立场文件》（以下简称《立场文件》），详细阐述了仲裁庭对菲律宾提起的仲裁没有管辖权，并表明"本立场文件也不意味着中国接受或参与菲律宾提起的仲裁"。[①]

仲裁庭随后发布第三号程序令，要求菲律宾在 2015 年 3 月 15 日之前就管辖权和某些实体问题提交进一步书面陈述；要求中国在 2015 年 6 月 16 日之前向仲裁庭提交对菲律宾补充书面陈述的评论。

2015 年 4 月 22 日，仲裁庭发布第四号程序令，决定将中国通信（包

---

① 中华人民共和国外交部边界与海洋事务司. 中国应对南海仲裁案文件汇编[G]. 北京: 世界知识出版社，2016: 5-27.

括立场文件）视为《程序规则》第 20 条中规定的关于仲裁庭管辖权的抗辩。

2015 年 7 月，仲裁庭就管辖权和可受理性问题进行了两次开庭审理。菲律宾出庭答辩，越南、马来西亚、印度尼西亚、日本、泰国等国作为观察员旁听。

2015 年 11 月，仲裁庭就实体问题以及剩余管辖权和可受理性问题两次开庭审理。菲律宾出庭答辩，越南、马来西亚、印度尼西亚、日本、泰国、新加坡和澳大利亚等国作为观察员旁听。

（三）仲裁庭发表两个非法"裁决"

2015 年 10 月 29 日，仲裁庭作出了关于管辖权和可受理性问题的裁决（以下简称《管辖权裁决》），裁定对菲律宾十五项诉求中的七项具有管辖权，对其他七项诉求的管辖权需要与实体问题一并审议。仲裁庭还要求菲律宾对第十五项诉求进行澄清并限缩其范围。

2016 年 7 月 12 日，仲裁庭就实体问题和剩余管辖权问题公布裁决（以下简称《实体问题裁决》），不仅确立了对剩余事项的管辖权，还"一边倒"地支持了菲方几乎所有的实体诉求，全面否定了中国的合法海洋权利主张和实践，严重损害了《公约》的完整性和权威性，破坏了世界海洋秩序。

三、中国的基本立场和主张

仲裁庭肆意扩权和滥权，开启国际司法的恶劣先例，仲裁庭违反事实认定和法律适用基本原则的裁决，严重侵犯中国领土主权和海洋权益。被政治利益操纵的法律文书不应具有拘束力。中国政府先后发表了一系列声明和相关文件，表明了"不接受、不参与"仲裁和"不接受、不承认"裁决的严正立场，并重申了中国在南海的领土主权和海洋权益。

（一）中国对两个裁决的基本立场

2013 年 2 月 19 日，中国政府郑重宣布不接受、不参与菲律宾提起的仲裁，此后多次重申此立场。2014 年 12 月 7 日，中国政府发表《立场文件》，指出菲律宾提起仲裁违背中菲协议，违背《公约》，违背国际仲裁一般实践，仲裁庭没有管辖权。

1. 关于管辖权和可受理性裁决

针对仲裁庭 2015 年 10 月 29 日发布的无视中国立场的《管辖权裁决》，中国外交部于 2015 年 10 月 30 日发表《关于应菲律宾共和国请求建立的南海仲裁案仲裁庭关于管辖权和可受理性问题裁决的声明》。2016 年 6 月 8 日，中国外交部发表《关于坚持通过双边谈判解决中国和菲律宾在南海有关争议的声明》。菲律宾单方面提起仲裁违背中菲之间关于通过双边谈判解决争议的共识和承诺，不符合《公约》的规定。仲裁庭关于管辖权的裁决存在诸多谬误，对属于领土主权性质的事项裁定具有管辖权，背离《公约》宗旨和目的；认定菲律宾所提诉求构成中菲两国有关《公约》解释或适用的争端，法理论证不充分；无视中菲之间存在海域划界问题的事实，越权管辖与海域划界有关的事项。仲裁庭损害《公约》完整性和权威性，滥用程序，强推仲裁，侵犯了中国作为《公约》缔约国的合法权利。所谓"裁决"是非法无效的，对中方没有拘束力。

在领土主权和海洋划界问题上，中国不接受任何诉诸第三方的争端解决方式，不接受任何强加于中国的争端解决方案。[①]

2. 关于实质问题的"裁决"

仲裁庭 2016 年 7 月 12 日发布《实体问题裁决》，中国外交部同日发

---

① 中华人民共和国外交部关于坚持通过双边谈判解决中国和菲律宾在南海有关争议的声明[N].
人民日报，2016-06-09（3）.

表《中华人民共和国外交部关于应菲律宾共和国请求建立的南海仲裁案仲裁庭所作裁决的声明》，再次强调中国不接受、不承认裁决的基本立场。声明重申中国在南海的领土主权和海洋权益，指出中国对南海的东沙群岛、西沙群岛、中沙群岛和南沙群岛拥有主权，南海的四组群岛拥有内水、领海、毗连区、专属经济区和大陆架，中国在南海享有历史性权利。[1]"中国在南海的领土主权和海洋权益在任何情况下不受仲裁裁决的影响，中国反对且不接受任何基于该仲裁裁决的主张和行动"；仲裁庭认定事实不清，历史事实错漏，适用法律错误，对《公约》曲解。"在领土问题和海洋划界争议上，中国不接受任何第三方争端解决方式，不接受任何强加于中国的争端解决方案。"[2]

2016 年 7 月 13 日，国务院新闻办公室发表《中国坚持通过谈判解决中国与菲律宾在南海的有关争议》白皮书，系统回顾了中菲南海争议的历史过程，全面阐述了中国处理南海问题的政策主张。[3]仲裁庭对于《公约》某些条款的解释"明显违反诸项条约解释原则，未来难以被公约缔约国遵循"[4]。中国政府将继续遵循《联合国宪章》确认的国际法和国际关系基本准则，包括尊重国家主权和领土完整以及和平解决争端原则，坚持与直接有关当事国在尊重历史事实的基础上，根据国际法，通过谈判协

---

[1] 中华人民共和国政府关于在南海的领土主权和海洋权益的声明[N]. 人民日报，2016-07-13（1）.

[2] 中华人民共和国外交部关于应菲律宾共和国请求建立的南海仲裁案仲裁庭所作裁决的声明[N]. 人民日报，2016-07-13（1）.

[3] 中华人民共和国国务院新闻办公室. 中国坚持通过谈判解决中国与菲律宾在南海的有关争议[J]. 新华月报，2016（15）：22-33.

[4] 高圣惕. 论南海仲裁裁决对《联合国海洋法公约》第121（3）条的错误解释[J]. 太平洋学报，2018（12）：24.

商解决南海有关争议，维护南海和平稳定。①

（二）中国立场的国际法依据

中国对本案"不接受、不参与、不承认"的基本立场有充足的国际法依据。仲裁庭无视菲律宾提起仲裁事项的实质是领土主权和海洋划界问题，错误解读中菲对争端解决方式的共同选择，规避中国对强制管辖的排除性声明，在认定事实和适用法律上存在明显错误。仲裁庭的行为及裁决背离国际仲裁的一般实践，背离《公约》促进和平解决争端的目的及宗旨，损害了《公约》的完整性和权威性，损害了中国作为主权国家和《公约》缔约国的合法权利，是不公正和不合法的。

1. 仲裁庭没有管辖权

《公约》第十五部分规定的争端解决机制具有"自主性"和"强制性"双重特点。"自主性"体现在缔约国选择的和平解决争端的方法应得到尊重。根据《公约》第280条，《公约》的任何规定均不损害缔约国于任何时候协议用自行选择的和平方法解决海上争端的权利。这些方法包括谈判、调查、调停、和解、公断、司法解决、区域机关或区域办法之利用，或各国自行选择的其他和平方法。"强制性"体现在《公约》第十五部分第二节规定的"导致有拘束力裁判的强制程序"，尤其是附件七仲裁。根据《公约》第287条，缔约国有权选择国际海洋法法庭、国际法院、附件七仲裁、附件八特别仲裁中的一个或一个以上，以解决有关《公约》的解释或适用的争端。若争端双方未作出上述选择，或未选择同一程序，应视为已接受附件七所规定的仲裁。与通常意义上以"自主""合意"为基础的仲裁不同，《公约》附件七仲裁带有较大的强制性，存在单方面强行

---

① 中华人民共和国外交部关于应菲律宾共和国请求建立的南海仲裁案仲裁庭所作裁决的声明 [N]. 人民日报，2016-07-13（1）.

启动的可能。

《公约》为强制争端解决程序的适用也设置了多项前提和条件。其一，所诉事由应构成法律上的"争端"，并且是有关《公约》的解释或适用的争端。其二，如果争端双方已协议通过谈判等其他方法解决争端，附件七的强制仲裁程序则不应适用。其三，领土主权争端不属于《公约》调整的范围，不能作为诉讼或仲裁事项。其四，《公约》允许缔约国以书面声明的方式，将第298（1）条中的一类或一类以上事项排除于《公约》争端解决强制程序之外。这些可排除的事项包括海洋划界、历史性海湾或所有权、军事活动以及相关主权权利和管辖权的法律执行活动等争端。此外，《公约》第283条还规定了"交换意见的义务"，缔约国之间对《公约》的解释或适用发生争端，争端各方应迅速就以谈判或其他和平方法解决争端一事交换意见。如果双方并未就仲裁涉及的争端交换意见，或交换意见的争端并非仲裁中提到的主体事项，不应适用《公约》附件七的仲裁程序。

据《实体问题裁决》，菲律宾提出的十五项诉求可以归纳为三类：第一，中国的南海断续线和历史性权利的合法性问题（第1—2项诉求）；第二，某些岛礁地形的法律地位和海洋权利问题（第3—7项诉求）；第三，中国海上活动的合法性问题（第8—15项诉求）。菲律宾所提的三类事项都不符合上述强制争端解决程序的前提和条件。

菲律宾所提事项的实质是南海部分岛礁的领土主权问题，不涉及《公约》的解释或适用，超出《公约》的调整范围，不属于仲裁庭管辖事项。如果不首先确定中国对南海岛礁的领土主权，就无法确定中国在南海享有何种海洋权利，也就无从判断中国所主张的海洋权利是否超出《公约》规定；如果脱离了国家领土主权，岛礁的地位及其海洋权利没有任何法律意义。菲方有关诉求不构成中菲两国之间"真实"的争端。类似地，要确定中国相关活动是否合法，必须首先判定相关活动所在海域的权属。在中菲之间岛礁主权归属问题未获解决的情况下，仲裁庭径行处理菲律宾诉求是一种本末倒置的行为。①

菲律宾提出的各项仲裁事项，是海域划界不可分割的组成部分，属于中国明确声明排除强制管辖的事项。中菲之间相向海岸不足 400 海里，存在专属经济区和大陆架主张的重叠，需要进行海洋划界。根据《公约》第 298 条，中国已于 2006 年发表排除声明，将"关于划定海洋边界的争端"明确排除适用包括仲裁在内的强制程序。菲律宾提出的关于岛礁法律地位和海洋权利的事项是海洋划界不可分割的内在组成部分，不应脱离海洋划界而单独处置。仲裁庭无视中国的排除性声明，执意在中菲开展划界谈判之前，处理中菲海洋划界中相关岛礁地形的法律地位问题，直接干预中菲海洋划界争端的解决，事实上剥夺了当事国谈判和达成协议的权利。②

中菲两国已通过双边、多边协议选择通过谈判方式解决有关争端，且排除任何其他程序的适用。按照《公约》第 281 条的规定，如果争端各方"已协议用自行选择的和平方法来谋求解决争端，则只有在诉诸这种方法而仍未得到解决以及争端各方间的协议并不排除任何其他程序的情形下"，才适用《公约》第十五部分规定的争端解决程序。中菲之间存在《公约》第 281 条所称的"协议"。一系列中菲双边文件以及中菲两国均厕身其间的《南海各方行为宣言》（以下简称《宣言》），确认了双方通过谈

① 中国国际法学会. 菲律宾所提南海仲裁案仲裁庭的裁决没有法律效力[J]. 中国国际法年刊，2016（1）：1-29.
② 中国海洋法学会关于菲律宾共和国单方面提起的南海仲裁案的声明[N]. 人民日报，2016-05-31（21）.

判和磋商解决有关南海争端的共识，表明存在此种"协议"。①中菲之间的有关争端显然应当通过谈判和磋商来解决，而不应诉诸仲裁等强制争端解决程序。仲裁庭以中菲之间的双边文件和《宣言》不具有法律拘束力为由，认定中菲之间没有关于争端解决方式的"协议"，这是对"协议"含义的曲解，有悖《公约》相关条款的通常含义和立法精神。②

综上，仲裁庭对菲律宾所提诉求确立管辖权是完全错误的。建立在错误确立的管辖权基础之上的任何关于实体问题的裁决，当然也不具有法律效力。

2. 实体裁决有重大失误

仲裁庭对实体问题的审查犯有严重错误，违反了条约解释、职权法定、证据采信等原则，对中国海洋权益问题作出了不公正、不合法的裁决。

裁决错误界定《公约》的优先地位，得出《公约》优于习惯法等其他国际法规则的荒谬结论。基于这一错误论断，仲裁庭认定基于习惯法的历史性权利与《公约》产生冲突，从而归于消灭，中国主张的历史性权利已为《公约》规定的专属经济区、大陆架制度所取代或吸收。这一结论既没有法律和事实依据，也不符合国际实践，更缺乏充分的说理论证。尽管《公约》被誉为"海洋宪章"，但并非所有海洋法问题都能在《公约》中找到恰当的答案，包括习惯国际法在内的一般国际法也是国家主张海洋权利不可或缺的法理依据。《公约》序言也确认："本公约未予规定的事项，应继续以一般国际法规则和原则为准据。"条约法和习惯法这两套规

---

① 中国国际法学会. 菲律宾所提南海仲裁案仲裁庭的裁决没有法律效力[J]. 中国国际法年刊, 2016（1）: 20.

② 中国国际法学会. 菲律宾所提南海仲裁案仲裁庭的裁决没有法律效力[J]. 中国国际法年刊, 2016（1）: 23.

则之间是平行共存关系，而非相互排斥、相互取代。①《公约》并不具有优于一般国际法的地位。仲裁庭错误地解释《公约》有关规定，否定习惯法在海洋法领域的重要地位和作用，扭曲了《公约》本义，是条约解释和适用的重大失误。

历史性权利是一个归纳性概念，国际实践中的"历史性权利"涉及"历史性所有权""历史性海湾""历史性水域"和"传统捕鱼权"等多个方面。《公约》生效后，如"历史性所有权"和"历史性海湾"等主权性质的历史性权利被纳入《公约》体系，但"历史性捕鱼权"等历史性权利，仍由习惯国际法加以规范。中国在南海的活动已有两千多年历史，中国在南海的历史性权利在《公约》谈判、制定、生效前就已经客观存在，并且符合当时的国际法。1994 年生效的《公约》不能否定中国既已存在的合法权利。中国在南海的历史性权利是完全符合国际法的。②

裁决背离了《维也纳条约法公约》有关条约解释的规定，实际上篡改了《公约》第八部分"岛屿制度"第 121 条关于"岛屿"的规定，擅自设立"岛屿"标准，将《公约》第 121 条第 3 款中的"人类居住"错误解释为"稳定人类社群的永久或惯常居住"，将"其本身的经济生活"错误解释为"自给自足"的经济生活。这种解释严重违背《公约》第 121 条第 3 款的立法目的和宗旨，实质上修改了《公约》，严重超越了仲裁庭的权限。仲裁庭以此等肆意造法的解释为依据，否定作为南沙群岛一部分的太平岛③拥有专属经济区和大陆架，完全是枉法裁判，是绝对不能接受的。④

仲裁庭未尽职查明南沙群岛作为"群岛"的事实，否定中国南沙群岛

---

① 马新民."南海仲裁案"裁决缘何非法无效[J]. 中国法学，2016（5）: 34.

② 马新民."南海仲裁案"裁决缘何非法无效[J]. 中国法学，2016（5）: 34-35.

③ 太平岛是南沙群岛中最大的岛屿，岛上热带林木茂盛，有淡水且水质良好。

④ 马新民."南海仲裁案"裁决缘何非法无效[J]. 中国法学，2016（5）: 35-36.

作为群岛的法律地位，严重侵犯中国的合法海洋权利。菲律宾在援引中国 2011 年有关照会时，故意篡改其中的用词，将中国照会中有关"南沙群岛"作为整体概念之后的动词由单数"is"变成了复数"are"，意在误导中国是以各个单个岛礁主张海洋权利。[①] 仲裁庭未尽职查明中国的真实海洋权利主张，只根据菲律宾的片面曲解，就得出中菲双方就南沙群岛中的单个岛礁的地位存在争端的错误结论。

仲裁庭错误地否定南沙群岛的整体性，认定南沙群岛本身不能作为整体主张专属经济区和大陆架，不能适用群岛制度，也不能适用群岛基线或直线基线。仲裁庭的这一裁定不符合国际法和国际实践。中国将南沙群岛作为远海"群岛"主张领土主权和海洋权利是历史形成的，得到国际社会的承认，并为包括《旧金山和约》在内的国际文件所认可，有充分的事实和法律依据。联合国第三次海洋法会议讨论了群岛问题，但最后形成的《公约》没有对大陆国家远海群岛作出规定，也没有规定远海群岛是适用群岛基线还是直线基线的问题。远海群岛及其基线问题属于"公约未予规定的事项"，应继续由习惯国际法规范。世界上有远海岛屿的国家约有 20 多个，其中 10 多个国家都将其远海群岛作为一个整体划设直线基线，包括英国、法国等。这是远海群岛习惯国际法规则存在的重要证据。[②]

综上，仲裁庭实体裁决在认定事实和适用法律上均存在明显错误。仲裁庭的行为及其裁决严重背离国际仲裁一般实践，严重背离《公约》促进和平解决争端的目的及宗旨，严重损害《公约》的完整性和权威性，严重侵犯中国作为主权国家和《公约》缔约国的合法权利，是不公正和不合

---

① 马新民."南海仲裁案"裁决缘何非法无效[J]. 中国法学，2016（5）: 35.
② 同上。

法的，中国"不接受、不承认"。

（三）中国对南海的权利主张

2016 年 7 月 12 日，中国发表《中华人民共和国关于在南海的领土主权和海洋权益的声明》，全面阐述在南海的权利主张。

一是阐释中国在南海的领土主权和相关权益的由来与确立。"中国南海诸岛包括东沙群岛、西沙群岛、中沙群岛和南沙群岛。中国人民在南海的活动已有 2000 多年历史。中国最早发现、命名和开发利用南海诸岛及相关海域，最早并持续、和平、有效地对南海诸岛及相关海域行使主权和管辖，确立了在南海的领土主权和相关权益。"

二是说明 1949 年之前中国政府收复被侵占的南海诸岛、维护南海权益的历程。"第二次世界大战结束后，中国收复日本在侵华战争期间曾非法侵占的中国南海诸岛，并恢复行使主权。中国政府为加强对南海诸岛的管理，于 1947 年审核修订了南海诸岛地理名称，编写了《南海诸岛地理志略》和绘制了标绘有南海断续线的《南海诸岛位置图》，并于 1948 年 2 月正式公布，昭告世界。"

三是阐述中华人民共和国自 1949 年 10 月 1 日成立以来，坚定维护中国在南海的领土主权和海洋权益。1958 年《中华人民共和国政府关于领海的声明》、1992 年《中华人民共和国领海及毗连区法》、1998 年《中华人民共和国专属经济区和大陆架法》以及 1996 年《中华人民共和国全国人民代表大会常务委员会关于批准〈联合国海洋法公约〉的决定》等系列法律文件，进一步确认了中国在南海的领土主权和海洋权益。

四是概括中国在南海的领土主权和海洋权益的基本内涵。基于中国人民和中国政府的长期历史实践及历届中国政府的一贯立场，根据中国国内法以及包括《公约》在内的国际法，中国在南海的领土主权和海洋权益包括：中国对南海诸岛，包括东沙群岛、西沙群岛、中沙群岛和南沙群岛拥有主权；中国南海诸岛拥有内水、领海和毗连区；中国南海诸岛拥有专属经济区和大陆架；中国在南海拥有历史性权利。中国上述立场符合有关国际法和国际实践。

五是重申通过谈判协商和平解决争议的立场。中国一向坚决反对一些国家对中国南沙群岛部分岛礁的非法侵占及在中国相关管辖海域的侵权行为。中国愿继续与直接有关当事国在尊重历史事实的基础上，根据国际法，通过谈判协商和平解决南海有关争议。中国愿同有关直接当事国尽一切努力作出实际性的临时安排，包括在相关海域进行共同开发，实现互利共赢，共同维护南海和平稳定。

六是表示中国尊重和支持各国依据国际法在南海享有的航行和飞越自由，愿与其他沿岸国和国际社会合作，维护南海国际航运通道的安全和畅通。①

菲律宾南海仲裁案是一百多年来中国面临的第一案。中国坚持由直接当事方通过谈判和磋商解决领土主权和海洋划界争端的一贯立场。同时，中国通过坚定积极的庭外法理斗争，揭批菲律宾违反中菲关于双边谈判磋商解决争端的承诺，向国际社会阐释仲裁庭对菲律宾所提事项没有管辖权，仲裁庭的所谓"裁决"曲解《公约》，破坏国际法治，因而裁决无效，没有拘束力。中国"不接受、不参与"仲裁、"不接受、不承认"裁决有理有据。

此外，中国还在联合国大会法律委员会国际法周、联合国大会关于海洋和海洋法决议的磋商、《公约》缔约国会议、国际海洋法法庭成立 20

---

① 中华人民共和国政府关于在南海的领土主权和海洋权益的声明[N]. 人民日报，2016-07-13（1）.

周年纪念活动等场合，阐释了中国对菲律宾"南海仲裁案"的立场。

"南海仲裁案"创下了数个"第一"。首先，它是一百多年来中国面对的、真正走上"法庭"的"强制争端解决"第一案。自国际法传入中国以来，中国逐步学习、运用国际法维护国家主权和海洋权益。此间也面临过被诉至国际性法院的"威胁"。除了1926—1927年的中比改约之诉外，中法之间也曾"虚晃一枪"。

中比、中法两"案"结果都是擦肩而过，没有真正走上法庭。但"南海仲裁案"则将中国构陷其间。它是自《公约》生效以来第一例在一国已经作出排除管辖权声明的情况下，另一国对该国排除声明所涵盖的争端单方面启动强制仲裁程序的案件。这是"南海仲裁案"创下的第二个"第一"。菲律宾置中菲之间多重、各种意义上的双边谈判磋商解决争端的共识于不顾，径自提起仲裁，逆情悖理。仲裁庭明知故犯，在中国明确、清楚表示"不接受、不参与"的情况下，自赋管辖权、径行枉法裁决。如果这种巧立名目包装出来的案子，在仲裁庭的"设计"下今后可以大行其道，那么《公约》第298条就失去了价值，30多个国家已经作出的排除性声明也就毫无意义了。

仲裁庭曲解《公约》，通过裁决修改《公约》，"创设"了关于岛屿等制度的新条件，限制了历史性权利等一般国际法的发展空间。凡此种种，都不是光彩的"第一"。

弗朗西斯·培根有句名言，"一次不公正的审判，其恶果甚至超过十次犯罪。因为犯罪虽是无视法律——好比污染了水流，而不公正的审判则毁坏法律——好比污染了水源"。仲裁庭本是临时性的，案结庭散，但"毒树之果"污染的却是国际法治公平的水源，损害的不仅是中国的合法权利，《公约》的科学性、争端解决程序的合法性、国际性法庭的权威性，以及世界各国对国际司法的信心所受到的损害，恐非短时间内可以弥补。

新中国的海洋法治建设历经艰辛、不断前行，伴随着国家的日益强大而快速发展。1949 年新中国成立后，中国的海洋立法聚焦维护国家主权和安全，建立领海基本制度，规制海洋资源开发和海洋经济发展，为海洋法治建设和发展奠定了良好的基础。1978 年改革开放之后，中国的海洋立法从社会主义初级阶段的实际出发，立足中国国情，认真研究、吸收和借鉴国外海洋立法的有益经验和国际规范、国际惯例，确保改革发展于法有据，确保改革开放的成果得到巩固，逐步建立、健全中国的海洋法律制度。

海洋法律制度是中国特色社会主义法律体系的重要组成部分，在维护海洋主权和海洋权益，开发海洋资源、发展蓝色经济，保护海洋生态环境和建设海洋强国方面发挥重要作用。70 多年来，中国的海洋法律体系日益健全和完善，处理海洋问题的能力不断提升，参与全球海洋治理日渐深入，在国际海洋立法，塑造国际海洋秩序，全球海洋治理等方面，积极贡献中国智慧和中国方案。

人类只有一个地球，世界海洋是一体。"我们人类居住的这个蓝色星球，不是被海洋分割成了各个孤岛，而是被海洋连结成了命运共同体，各国人民安危与共。"国际社会的所有成员，都应该坚定维护以国际法为基础的国际秩序，不断完善全球海洋治理的国际法治，共同保护好蓝色星球这个人类共同的家园。

附　件

附件 1. 中华人民共和国政府关于领海的声明

（1958 年 9 月 4 日）

中华人民共和国政府宣布：

（一）中华人民共和国的领海宽度为十二海里（浬）。这项规定适用于中华人民共和国的一切领土，包括中国大陆及其沿海岛屿，和同大陆及其沿海岛屿隔有公海的台湾及其周围各岛、澎湖列岛、东沙群岛、西沙群岛、中沙群岛、南沙群岛以及其他属于中国的岛屿。

（二）中国大陆及其沿海岛屿的领海以连接大陆岸上和沿海岸外缘岛屿上各基点之间的各直线为基线，从基线向外延伸十二海里（浬）的水域是中国的领海。在基线以内的水域，包括渤海湾、琼州海峡在内，都是中国的内海。在基线以内的岛屿，包括东引岛、高登岛、马祖列岛、白犬列岛、乌岾岛、大小金门岛、大担岛、二担岛、东碇岛在内，都是中国的内海岛屿。

（三）一切外国飞机和军用船舶，未经中华人民共和国政府的许可，不得进入中国的领海和领海上空。

任何外国船舶在中国领海航行，必须遵守中华人民共和国政府的有关法令。

（四）以上（二）（三）两项规定的原则同样适用于台湾及其周围各岛、澎湖列岛、东沙群岛、西沙群岛、中沙群岛、南沙群岛以及其他属于中国的岛屿。

台湾和澎湖地区现在仍然被美国武力侵占，这是侵犯中华人民共和国领土完整和主权的非法行为。台湾和澎湖等地尚待收复，中华人民共和国政府有权采取一切适当的方法，在适当的时候，收复这些地区，这是中国的内政，不容外国干涉。

附件 2. 中华人民共和国领海及毗连区法

（1992 年 2 月 25 日第七届全国人民代表大会常务委员会
第二十四次会议通过）

第一条 为行使中华人民共和国对领海的主权和对毗连区的管制权，维护国家安全和海洋权益，制定本法。

第二条 中华人民共和国领海为邻接中华人民共和国陆地领土和内水的一带海域。

中华人民共和国的陆地领土包括中华人民共和国大陆及其沿海岛屿、台湾及其包括钓鱼岛在内的附属各岛、澎湖列岛、东沙群岛、西沙群岛、中沙群岛、南沙群岛以及其他一切属于中华人民共和国的岛屿。

中华人民共和国领海基线向陆地一侧的水域为中华人民共和国的内水。

第三条 中华人民共和国领海的宽度从领海基线量起为十二海里。

中华人民共和国领海基线采用直线基线法划定，由各相邻基点之间的直线连线组成。

中华人民共和国领海的外部界限为一条其每一点与领海基线的最近点距离等于十二海里的线。

第四条 中华人民共和国毗连区为领海以外邻接领海的一带海域。毗连区的宽度为十二海里。

中华人民共和国毗连区的外部界限为一条其每一点与领海基线的最近点距离等于二十四海里的线。

第五条 中华人民共和国对领海的主权及于领海上空、领海的海床及底土。

第六条 外国非军用船舶，享有依法无害通过中华人民共和国领海的权利。

外国军用船舶进入中华人民共和国领海，须经中华人民共和国政府批准。

第七条　外国潜水艇和其他潜水器通过中华人民共和国领海，必须在海面航行，并展示其旗帜。

第八条　外国船舶通过中华人民共和国领海，必须遵守中华人民共和国法律、法规，不得损害中华人民共和国的和平、安全和良好秩序。

外国核动力船舶和载运核物质、有毒物质或者其他危险物质的船舶通过中华人民共和国领海，必须持有有关证书，并采取特别预防措施。

中华人民共和国政府有权采取一切必要措施，以防止和制止对领海的非无害通过。

外国船舶违反中华人民共和国法律、法规的，由中华人民共和国有关机关依法处理。

第九条　为维护航行安全和其他特殊需要，中华人民共和国政府可以要求通过中华人民共和国领海的外国船舶使用指定的航道或者依照规定的分道通航制航行，具体办法由中华人民共和国政府或者其有关主管部门公布。

第十条　外国军用船舶或者用于非商业目的的外国政府船舶在通过中华人民共和国领海时，违反中华人民共和国法律、法规的，中华人民共和国有关主管机关有权令其立即离开领海，对所造成的损失或者损害，船旗国应当负国际责任。

第十一条　任何国际组织、外国的组织或者个人，在中华人民共和国领海内进行科学研究、海洋作业等活动，须经中华人民共和国政府或者其有关主管部门批准，遵守中华人民共和国法律、法规。

违反前款规定，非法进入中华人民共和国领海进行科学研究、海洋作业等活动的，由中华人民共和国有关机关依法处理。

第十二条 外国航空器只有根据该国政府与中华人民共和国政府签订的协定、协议，或者经中华人民共和国政府或者其授权的机关批准或者接受，方可进入中华人民共和国领海上空。

第十三条 中华人民共和国有权在毗连区内，为防止和惩处在其陆地领土、内水或者领海内违反有关安全、海关、财政、卫生或者入境出境管理的法律、法规的行为行使管制权。

第十四条 中华人民共和国有关主管机关有充分理由认为外国船舶违反中华人民共和国法律、法规时，可以对该外国船舶行使紧追权。

追逐须在外国船舶或者其小艇之一或者以被追逐的船舶为母船进行活动的其他船艇在中华人民共和国的内水、领海或者毗连区内时开始。

如果外国船舶是在中华人民共和国毗连区内，追逐只有在本法第十三条所列有关法律、法规规定的权利受到侵犯时方可进行。

追逐只要没有中断，可以在中华人民共和国领海或者毗连区外继续进行。在被追逐的船舶进入其本国领海或者第三国领海时，追逐终止。

本条规定的紧追权由中华人民共和国军用船舶、军用航空器或者中华人民共和国政府授权的执行政府公务的船舶、航空器行使。

第十五条 中华人民共和国领海基线由中华人民共和国政府公布。

第十六条 中华人民共和国政府依据本法制定有关规定。

第十七条 本法自公布之日起施行。

附件 3. 全国人民代表大会常务委员会 关于批准《联合国海洋法公约》的决定

（1996 年 5 月 15 日通过）

第八届全国人民代表大会常务委员会第十九次会议决定，批准《联合国海洋法公约》，同时声明如下：

一、按照《联合国海洋法公约》的规定，中华人民共和国享有二百海里专属经济区和大陆架的主权权利和管辖权。

二、中华人民共和国将与海岸相向或相邻的国家，通过协商，在国际法基础上，按照公平原则划定各自海洋管辖权界限。

三、中华人民共和国重申对 1992 年 2 月 25 日颁布的《中华人民共和国领海及毗连区法》第二条所列各群岛及岛屿的主权。

四、中华人民共和国重申:《联合国海洋法公约》有关邻海内无害通过的规定，不妨碍沿海国按其法律规章要求外国军舰通过领海必须事先得到该国许可或通知该国的权利。

附件 4. 中华人民共和国政府 关于中华人民共和国领海基线的声明

（1996 年 5 月 15 日）

中华人民共和国政府根据 1992 年 2 月 25 日《中华人民共和国领海及毗连区法》，宣布中华人民共和国大陆领海的部分基线和西沙群岛的领海基线。

一、大陆领海的部分基线为下列各相邻基点之间的直线连线：

1. 山东高角（1） 北纬 37° 24.0′ 东经 122° 42.3′

2. 山东高角（2） 北纬 37° 23.7′ 东经 122° 42.3′

3. 镆铘岛（1） 北纬 36° 57.8′ 东经 122° 34.2′

4. 镆铘岛（2） 北纬 36° 55.1′ 东经 122° 32.7′

5. 镆铘岛（3） 北纬 36° 53.7′ 东经 122° 31.1′

6. 苏山岛 北纬 36° 44.8′ 东经 122° 15.8′

7. 朝连岛 北纬 35° 53.6′ 东经 120° 53.1′

8. 达山岛 北纬 35° 00.2′ 东经 119° 54.2′

9. 麻菜珩 北纬 33° 21.8′ 东经 121° 20.8′

10. 外磕脚 北纬 33° 00.9′ 东经 121° 38.4′

11. 佘山岛 北纬 31° 25.3′ 东经 122° 14.6′

12. 海礁 北纬 30° 44.1′ 东经 123° 09.4′

13. 东南礁 北纬 30° 43.5′ 东经 123° 09.7′

14. 两兄弟屿 北纬 30° 10.1′ 东经 122° 56.7′

15. 渔山列岛 北纬 28° 53.3′ 东经 122° 16.5′

16. 台州列岛（1） 北纬 28° 23.9′ 东经 121° 55.0′

17．台州列岛（2）　北纬 28° 23.5′　东经 121° 54.7′

18．稻挑山　北纬 27° 27.9′　东经 121° 07.8′

19．东引岛　北纬 26° 22.6′　东经 120° 30.4′

20．东沙岛　北纬 26° 09.4′　东经 120° 24.3′

21．牛山岛　北纬 25° 25.8′　东经 119° 56.3′

22．乌丘屿　北纬 24° 58.6′　东经 119° 28.7′

23．东碇岛　北纬 24° 09.7′　东经 118° 14.2′

24．大柑山　北纬 23° 31.9′　东经 117° 41.3′

25．南澎列岛（1）　北纬 23° 12.9′　东经 117° 14.9′

26．南澎列岛（2）　北纬 23° 12.3′　东经 117° 13.9′

27．石碑山角　北纬 22° 56.1′　东经 116° 29.7′

28．针头岩　北纬 22° 18.9′　东经 115° 07.5′

29．佳蓬列岛　北纬 21° 48.5′　东经 113° 58.0′

30．围夹岛　北纬 21° 34.1′　东经 112° 47.9′

31．大帆石　北纬 21° 27.7′　东经 112° 21.5′

32．七洲列岛　北纬 19° 58.5′　东经 111° 16.4′

33．观帆　北纬 19° 53.0′　东经 111° 12.8′

34．大洲岛（1）　北纬 18° 39.7′　东经 110° 29.6′

35．大洲岛（2）　北纬 18° 39.4′　东经 110° 29.1′

36．双帆石　北纬 18° 26.1′　东经 110° 08.4′

37．陵水角　北纬 18° 23.0′　东经 110° 03.0′

38．东洲（1）　北纬 18° 11.0′　东经 109° 42.1′

39．东洲（2）　北纬 18° 11.0′　东经 109° 41.8′

40．锦母角　北纬 18° 09.5′　东经 109° 34.4′

41. 深石礁　北纬 18° 14.6′　东经 109° 07.6′

42. 西鼓岛　北纬 18° 19.3′　东经 108° 57.1′

43. 莺歌嘴（1）　北纬 18° 30.2′　东经 108° 41.3′

44. 莺歌嘴（2）　北纬 18° 30.4′　东经 108° 41.1′

45. 莺歌嘴（3）　北纬 18° 31.0′　东经 108° 40.6′

46. 莺歌嘴（4）　北纬 18° 31.1′　东经 108° 40.5′

47. 感恩角　北纬 18° 50.5′　东经 108° 37.3′

48. 四更沙角　北纬 19° 11.6′　东经 108° 36.0′

49. 峻壁角　北纬 19° 21.1′　东经 108° 38.6′

二、西沙群岛领海基线为下列各相邻基点之间的直线连线：

1. 东岛（1）　北纬 16° 40.5′　东经 112° 44.2′

2. 东岛（2）　北纬 16° 40.1′　东经 112° 44.5′

3. 东岛（3）　北纬 16° 39.8′　东经 112° 44.7′

4. 浪花礁（1）　北纬 16° 04.4′　东经 112° 35.8′

5. 浪花礁（2）　北纬 16° 01.9′　东经 112° 32.7′

6. 浪花礁（3）　北纬 16° 01.5′　东经 112° 31.8′

7. 浪花礁（4）　北纬 16° 01.0′　东经 112° 29.8′

8. 中建岛（1）　北纬 15° 46.5′　东经 111° 12.6′

9. 中建岛（2）　北纬 15° 46.4′　东经 111° 12.1′

10. 中建岛（3）　北纬 15° 46.4′　东经 111° 11.8′

11. 中建岛（4）　北纬 15° 46.5′　东经 111° 11.6′

12. 中建岛（5）　北纬 15° 46.7′　东经 111° 11.4′

13. 中建岛（6）　北纬 15° 46.9′　东经 111° 11.3′

14. 中建岛（7）　北纬 15° 47.2′　东经 111° 11.4′

15．北礁（1）　北纬 17° 04.9′　东经 111° 26.9′

16．北礁（2）　北纬 17° 05.4′　东经 111° 26.9′

17．北礁（3）　北纬 17° 05.7′　东经 111° 27.2′

18．北礁（4）　北纬 17° 06.0′　东经 111° 27.8′

19．北礁（5）　北纬 17° 06.5′　东经 111° 29.2′

20．北礁（6）　北纬 17° 07.0′　东经 111° 31.0′

21．北礁（7）　北纬 17° 07.1′　东经 111° 31.6′

22．北礁（8）　北纬 17° 06.9′　东经 111° 32.0′

23．赵述岛（1）　北纬 16° 59.9′　东经 112° 14.7′

24．赵述岛（2）　北纬 16° 59.7′　东经 112° 15.6′

25．赵述岛（3）　北纬 16° 59.4′　东经 112° 16.6′

26．北岛　北纬 16° 58.4′　东经 112° 18.3′

27．中岛　北纬 16° 57.6′　东经 112° 19.6′

28．南岛　北纬 16° 56.9′　东经 112° 20.5′

1．东岛（1）　北纬 16° 40.5′　东经 112° 44.2′

中华人民共和国政府将再行宣布中华人民共和国其余领海基线。

附件 5. 中华人民共和国政府
关于钓鱼岛及其附属岛屿领海基线的声明
二〇一二年九月十日

中华人民共和国政府根据一九九二年二月二十五日《中华人民共和国领海及毗连区法》，宣布中华人民共和国钓鱼岛及其附属岛屿的领海基线。

一、钓鱼岛、黄尾屿、南小岛、北小岛、南屿、北屿、飞屿的领海基线为下列各相邻基点之间的直线连线：

1、钓鱼岛 1　　北纬 25° 44.1′　　东经 123° 27.5′

2、钓鱼岛 2　　北纬 25° 44.2′　　东经 123° 27.4′

3、钓鱼岛 3　　北纬 25° 44.4′　　东经 123° 27.4′

4、钓鱼岛 4　　北纬 25° 44.7′　　东经 123° 27.5′

5、海豚岛　　北纬 25° 55.8′　东经 123° 40.7′

6、下虎牙岛　　北纬 25° 55.8′　东经 123° 41.1′

7、海星岛　　北纬 25° 55.6′　东经 123° 41.3′

8、黄尾屿　　北纬 25° 55.4′　东经 123° 41.4′

9、海龟岛　　北纬 25° 55.3′　东经 123° 41.4′

10、长龙岛　　北纬 25° 43.2′　东经 123° 33.4′

11、南小岛　　北纬 25° 43.2′　东经 123° 33.2′

12、鲳鱼岛　　北纬 25° 44.0′　东经 123° 27.6′

1、钓鱼岛 1　　北纬 25° 44.1′　　东经 123° 27.5′

二、赤尾屿的领海基线为下列各相邻基点之间的直线连线：

1、赤尾屿　　北纬 25° 55.3′　东经 124° 33.7′

2、望赤岛　北纬 25° 55.2′　东经 124° 33.2′

3、小赤尾岛　北纬 25° 55.3′　东经 124° 33.3′

4、赤背北岛　北纬 25° 55.5′　东经 124° 33.5′

5、赤背东岛　北纬 25° 55.5′　东经 124° 33.7′

1、赤尾屿　北纬 25° 55.3′　东经 124° 33.7′

附件 6. 中华人民共和国专属经济区和大陆架法

（1998 年 6 月 26 日第九届全国人民代表大会常务委员会
第三次会议通过）

第一条　为保障中华人民共和国对专属经济区和大陆架行使主权权利和管辖权，维护国家海洋权益，制定本法。

第二条　中华人民共和国的专属经济区，为中华人民共和国领海以外并邻接领海的区域，从测算领海宽度的基线量起延至二百海里。

中华人民共和国的大陆架，为中华人民共和国领海以外依本国陆地领土的全部自然延伸，扩展到大陆边外缘的海底区域的海床和底土；如果从测算领海宽度的基线量起至大陆边外缘的距离不足二百海里，则扩展至二百海里。

中华人民共和国与海岸相邻或者相向国家关于专属经济区和大陆架的主张重叠的，在国际法的基础上按照公平原则以协议划定界限。

第三条　中华人民共和国在专属经济区为勘查、开发、养护和管理海床上覆水域、海床及其底土的自然资源，以及进行其他经济性开发和勘查，如利用海水、海流和风力生产能等活动，行使主权权利。

中华人民共和国对专属经济区的人工岛屿、设施和结构的建造、使用和海洋科学研究、海洋环境的保护和保全，行使管辖权。

本法所称专属经济区的自然资源，包括生物资源和非生物资源。

第四条　中华人民共和国为勘查大陆架和开发大陆架的自然资源，对大陆架行使主权权利。

中华人民共和国对大陆架的人工岛屿、设施和结构的建造、使用和海洋科学研究、海洋环境的保护和保全，行使管辖权。

中华人民共和国拥有授权和管理为一切目的在大陆架上进行钻探的

专属权利。

本法所称大陆架的自然资源，包括海床和底土的矿物和其他非生物资源，以及属于定居种的生物，即在可捕捞阶段在海床上或者海床下不能移动或者其躯体须与海床或者底土保持接触才能移动的生物。

第五条　任何国际组织、外国的组织或者个人进入中华人民共和国的专属经济区从事渔业活动，必须经中华人民共和国主管机关批准，并遵守中华人民共和国的法律、法规及中华人民共和国与有关国家签订的条约、协定。

中华人民共和国主管机关有权采取各种必要的养护和管理措施，确保专属经济区的生物资源不受过度开发的危害。

第六条　中华人民共和国主管机关有权对专属经济区的跨界种群、高度洄游鱼种、海洋哺乳动物，源自中华人民共和国河流的溯河产卵种群、在中华人民共和国水域内度过大部分生命周期的降河产卵鱼种，进行养护和管理。

中华人民共和国对源自本国河流的溯河产卵种群，享有主要利益。

第七条　任何国际组织、外国的组织或者个人对中华人民共和国的专属经济区和大陆架的自然资源进行勘查、开发活动或者在中华人民共和国的大陆架上为任何目的进行钻探，必须经中华人民共和国主管机关批准，并遵守中华人民共和国的法律、法规。

第八条　中华人民共和国在专属经济区和大陆架有专属权利建造并授权和管理建造、操作和使用人工岛屿、设施和结构。

中华人民共和国对专属经济区和大陆架的人工岛屿、设施和结构行使专属管辖权，包括有关海关、财政、卫生、安全和出境入境的法律和法规方面的管辖权。

中华人民共和国主管机关有权在专属经济区和大陆架的人工岛屿、设施和结构周围设置安全地带，并可以在该地带采取适当措施，确保航行安全以及人工岛屿、设施和结构的安全。

第九条　任何国际组织、外国的组织或者个人在中华人民共和国的专属经济区和大陆架进行海洋科学研究，必须经中华人民共和国主管机关批准，并遵守中华人民共和国的法律、法规。

第十条　中华人民共和国主管机关有权采取必要的措施，防止、减少和控制海洋环境的污染，保护和保全专属经济区和大陆架的海洋环境。

第十一条　任何国家在遵守国际法和中华人民共和国的法律、法规的前提下，在中华人民共和国的专属经济区享有航行、飞越的自由，在中华人民共和国的专属经济区和大陆架享有铺设海底电缆和管道的自由，以及与上述自由有关的其他合法使用海洋的便利。铺设海底电缆和管道的路线，必须经中华人民共和国主管机关同意。

第十二条　中华人民共和国在行使勘查、开发、养护和管理专属经济区的生物资源的主权权利时，为确保中华人民共和国的法律、法规得到遵守，可以采取登临、检查、逮捕、扣留和进行司法程序等必要的措施。

中华人民共和国对在专属经济区和大陆架违反中华人民共和国法律、法规的行为，有权采取必要措施、依法追究法律责任，并可以行使紧追权。

第十三条　中华人民共和国在专属经济区和大陆架享有的权利，本法未作规定的，根据国际法和中华人民共和国其他有关法律、法规行使。

第十四条　本法的规定不影响中华人民共和国享有的历史性权利。

第十五条　中华人民共和国政府可以根据本法制定有关规定。

第十六条　本法自公布之日起施行。

附件 7. 中华人民共和国涉外海洋科学研究管理规定

（1996 年 6 月 18 日中华人民共和国国务院令第 199 号发布
自 1996 年 10 月 1 日起施行）

第一条　为了加强对在中华人民共和国管辖海域内进行涉外海洋科学研究活动的管理，促进海洋科学研究的国际交流与合作，维护国家安全和海洋权益，制定本规定。

第二条　本规定适用于国际组织、外国的组织和个人（以下简称外方）为和平目的，单独或者与中华人民共和国的组织（以下简称中方）合作，使用船舶或者其他运载工具、设施，在中华人民共和国内海、领海以及中华人民共和国管辖的其他海域内进行的对海洋环境和海洋资源等的调查研究活动。但是，海洋矿产资源（包括海洋石油资源）勘查、海洋渔业资源调查和国家重点保护的海洋野生动物考察等活动，适用中华人民共和国有关法律、行政法规的规定。

第三条　中华人民共和国国家海洋行政主管部门（以下简称国家海洋行政主管部门）及其派出机构或者其委托的机构，对在中华人民共和国管辖海域内进行的涉外海洋科学研究活动，依照本规定实施管理。

国务院其他有关部门根据国务院规定的职责，协同国家海洋行政主管部门对在中华人民共和国管辖海域内进行的涉外海洋科学研究活动实施管理。

第四条　在中华人民共和国内海、领海内，外方进行海洋科学研究活动，应当采用与中方合作的方式。在中华人民共和国管辖的其他海域内，外方可以单独或者与中方合作进行海洋科学研究活动。

外方单独或者与中方合作进行海洋科学研究活动，须经国家海洋行

政主管部门批准或者由国家海洋行政主管部门报请国务院批准，并遵守
中华人民共和国的有关法律、法规。

第五条　外方与中方合作进行海洋科学研究活动的，中方应当在海
洋科学研究计划预定开始日期 6 个月前，向国家海洋行政主管部门提出
书面申请，并按照规定提交海洋科学研究计划和其他有关说明材料。

外方单独进行海洋科学研究活动的，应当在海洋科学研究计划预定
开始日期 6 个月前，通过外交途径向国家海洋行政主管部门提出书面申
请，并按照规定提交海洋科学研究计划和其他有关说明材料。

国家海洋行政主管部门收到海洋科学研究申请后，应当会同外交部、
军事主管部门以及国务院其他有关部门进行审查，在 4 个月内作出批准
或者不批准的决定，或者提出审查意见报请国务院决定。

第六条　经批准进行涉外海洋科学研究活动的，申请人应当在各航
次开始之日 2 个月前，将海上船只活动计划报国家海洋行政主管部门审
批。国家海洋行政主管部门应当自收到海上船只活动计划之日起 1 个月
内作出批准或者不批准的决定，并书面通知申请人，同时通报国务院有
关部门。

第七条　有关中外双方或者外方应当按照经批准的海洋科学研究计
划和海上船只活动计划进行海洋科学研究活动；海洋科学研究计划或者
海上船只活动计划在执行过程中需要作重大修改的，应当征得国家海洋
行政主管部门同意。

因不可抗力不能执行经批准的海洋科学研究计划或者海上船只活动
计划的，有关中外双方或者外方应当及时报告国家海洋行政主管部门；
在不可抗力消失后，可以恢复执行、修改计划或者中止执行计划。

第八条　进行涉外海洋科学研究活动的，不得将有害物质引入海洋

环境，不得擅自钻探或者使用炸药作业。

第九条　中外合作使用外国籍调查船在中华人民共和国内海、领海内进行海洋科学研究活动的，作业船舶应当于格林威治时间每天 00 时和 08 时，向国家海洋行政主管部门报告船位及船舶活动情况。外方单独或者中外合作使用外国籍调查船在中华人民共和国管辖的其他海域内进行海洋科学研究活动的，作业船舶应当于格林威治时间每天 02 时，向国家海洋行政主管部门报告船位及船舶活动情况。

国家海洋行政主管部门或者其派出机构、其委托的机构可以对前款外国籍调查船进行海上监视或者登船检查。

第十条　中外合作在中华人民共和国内海、领海内进行海洋科学研究活动所获得的原始资料和样品，归中华人民共和国所有，参加合作研究的外方可以依照合同约定无偿使用。

中外合作在中华人民共和国管辖的其他海域内进行海洋科学研究活动所获得的原始资料和样品，在不违反中华人民共和国有关法律、法规和有关规定的前提下，由中外双方按照协议分享，都可以无偿使用。

外方单独进行海洋科学研究活动所获得的原始资料和样品，中华人民共和国的有关组织可以无偿使用；外方应当向国家海洋行政主管部门无偿提供所获得的资料的复制件和可分样品。

未经国家海洋行政主管部门以及国务院其他有关部门同意，有关中外双方或者外方不得公开发表或者转让在中华人民共和国管辖海域内进行海洋科学研究活动所获得的原始资料和样品。

第十一条　外方单独或者中外合作进行的海洋科学研究活动结束后，所使用的外国籍调查船应当接受国家海洋行政主管部门或者其派出机构、其委托的机构检查。

第十二条　中外合作进行的海洋科学研究活动结束后，中方应当将研究成果和资料目录抄报国家海洋行政主管部门和国务院有关部门。

外方单独进行的海洋科学研究活动结束后，应当向国家海洋行政主管部门提供该项活动所获得的资料或者复制件和样品或者可分样品，并及时提供有关阶段性研究成果以及最后研究成果和结论。

第十三条　违反本规定进行涉外海洋科学研究活动的，由国家海洋行政主管部门或者其派出机构、其委托的机构责令停止该项活动，可以没收违法活动器具、没收违法获得的资料和样品，可以单处或者并处 5 万元人民币以下的罚款。

违反本规定造成重大损失或者引起严重后果，构成犯罪的，依法追究刑事责任。

第十四条　中华人民共和国缔结或者参加的国际条约与本规定有不同规定的，适用该国际条约的规定；但是，中华人民共和国声明保留的条款除外。

第十五条　本规定自 1996 年 10 月 1 日起施行。

附件 8. 民法典相关条款

第247条　矿藏、水流、海域属于国家所有。

第248条　无居民海岛属于国家所有，国务院代表国家行使无居民海岛所有权。

第328条　依法取得的海域使用权受法律保护。

附件 9. 中国依《联合国海洋法公约》第 298 条规定提交排除性声明

(2006 年 8 月 25 日)

2006 年 8 月 25 日，中国依据《联合国海洋法公约》第 298 条规定，向联合国秘书长提交书面声明，对于《公约》第 298 条第 1 款（a）、（b）和（c）项所述的任何争端（即涉及海洋划界、领土争端、军事活动等争端），中国政府不接受《公约》第 15 部分第 2 节规定的任何国际司法或仲裁管辖。

附件 10. 中华人民共和国政府关于菲律宾共和国所提南海仲裁案管辖权问题的立场文件

（2014 年 12 月 7 日）

一、引言

1. 2013 年 1 月 22 日，菲律宾共和国外交部照会中华人民共和国驻菲律宾大使馆称，菲律宾依据 1982 年《联合国海洋法公约》（以下简称《公约》）第二百八十七条和附件七的规定，就中菲有关南海"海洋管辖权"的争端递交仲裁通知，提起强制仲裁。2013 年 2 月 19 日，中国政府退回菲律宾政府的照会及所附仲裁通知。中国政府多次郑重声明，中国不接受、不参与菲律宾提起的仲裁。

2. 本立场文件旨在阐明仲裁庭对于菲律宾提起的仲裁没有管辖权，不就菲律宾提请仲裁事项所涉及的实体问题发表意见。本立场文件不意味着中国在任何方面认可菲律宾的观点和主张，无论菲律宾有关观点或主张是否在本立场文件中提及。本立场文件也不意味着中国接受或参与菲律宾提起的仲裁。

3. 本立场文件将说明：菲律宾提请仲裁事项的实质是南海部分岛礁的领土主权问题，超出《公约》的调整范围，不涉及《公约》的解释或适用；以谈判方式解决有关争端是中菲两国通过双边文件和《南海各方行为宣言》所达成的协议，菲律宾单方面将中菲有关争端提交强制仲裁违反国际法；即使菲律宾提出的仲裁事项涉及有关《公约》解释或适用的问题，也构成中菲两国海域划界不可分割的组成部分，而中国已根据《公约》的规定于 2006 年作出声明，将涉及海域划界等事项的争端排除适用仲裁等强制争端解决程序。因此，仲裁庭对菲律宾提起的仲裁明显没有管辖权。基于上述，并鉴于各国有权自主选择争端解决方式，中国不接受、不参与菲律宾提起的仲裁有充分的国际法依据。

二、菲律宾提请仲裁事项的实质是南海部分岛礁的领土主权问题，不涉及《公约》的解释或适用

4. 中国对南海诸岛及其附近海域拥有无可争辩的主权。中国在南海的活动已有 2000 多年的历史。中国最早发现、命名和开发经营南海诸岛，最早并持续对南海诸岛实施主权管辖。20 世纪 30 年代至 40 年代，日本在侵华战争期间非法侵占中国南海岛礁。第二次世界大战结束后，中国政府恢复对南海诸岛行使主权，派遣军政官员乘军舰前往南海岛礁举行接收仪式，树碑立标，派兵驻守，进行地理测量，于 1947 年对南海诸岛进行了重新命名，并于 1948 年在公开发行的官方地图上标绘南海断续线。中华人民共和国 1949 年 10 月 1 日成立以来，中国政府一直坚持并采取实际行动积极维护南海诸岛的主权。1958 年《中华人民共和国政府关于领海的声明》和 1992 年《中华人民共和国领海及毗连区法》均明确规定，中华人民共和国的领土包括东沙群岛、西沙群岛、中沙群岛和南沙群岛。上述行动一再重申了中国在南海的领土主权和相关的海洋权益。

5. 20 世纪 70 年代之前，菲律宾的法律对其领土范围有明确限定，没有涉及中国的南海岛礁。1935 年《菲律宾共和国宪法》第一条"国家领土"明确规定："菲律宾的领土包括根据 1898 年 12 月 10 日美国同西班牙缔结的《巴黎条约》割让给美国的该条约第三条所述范围内的全部领土，连同 1900 年 11 月 7 日美国同西班牙在华盛顿缔结的条约和 1930 年 1 月 2 日美国同英国缔结的条约中包括的所有岛屿，以及由菲律宾群岛现政府行使管辖权的全部领土。"根据上述规定，菲律宾的领土范围限于菲律宾群岛，不涉及中国的南海岛礁。1961 年《关于确定菲律宾领海基线的

法案》（菲律宾共和国第 3046 号法案）重申了菲律宾 1935 年宪法关于其领土范围的规定。

6. 自 20 世纪 70 年代起，菲律宾非法侵占中国南沙群岛的马欢岛、费信岛、中业岛、南钥岛、北子岛、西月岛、双黄沙洲和司令礁等岛礁；非法将中国南沙群岛部分岛礁宣布为所谓“卡拉延岛群”，对上述岛礁及其周边大范围海域提出主权主张；并对中国中沙群岛的黄岩岛提出非法领土要求。菲律宾还在有关岛礁及其附近海域非法从事资源开发等活动。

7. 菲律宾上述行为违反《联合国宪章》和国际法，严重侵犯中国的领土主权和海洋权益，是非法、无效的。中国政府对此一贯坚决反对，一直进行严正交涉和抗议。

8. 菲律宾将其所提仲裁事项主要归纳为以下三类：

第一，中国在《公约》规定的权利范围之外，对“九段线”（即中国的南海断续线）内的水域、海床和底土所主张的“历史性权利”与《公约》不符；

第二，中国依据南海若干岩礁、低潮高地和水下地物提出的 200 海里甚至更多权利主张与《公约》不符；

第三，中国在南海所主张和行使的权利非法干涉菲律宾基于《公约》所享有和行使的主权权利、管辖权以及航行权利和自由。

9. 菲律宾提请仲裁的上述事项的实质是南海部分岛礁的领土主权问题，超出《公约》的调整范围，不涉及《公约》的解释或适用。仲裁庭对菲律宾提出的这些仲裁事项均无管辖权。

10. 关于菲律宾提出的第一类仲裁事项，很显然，菲律宾主张的核心是中国在南海的海洋权利主张超出《公约》允许的范围。然而，无论遵循何种法律逻辑，只有首先确定中国在南海的领土主权，才能判断中国在南海的海洋权利主张是否超出《公约》允许的范围。

11. 国家的领土主权是其海洋权利的基础，这是国际法的一般原则。国际法院指出，"海洋权利源自沿海国对陆地的主权，这可概括为'陆地统治海洋'原则"（2001年卡塔尔－巴林案判决第185段，亦参见1969年北海大陆架案判决第96段和1978年爱琴海大陆架案判决第86段），"因此陆地领土状况必须作为确定沿海国海洋权利的出发点"（2001年卡塔尔－巴林案判决第185段、2007年尼加拉瓜－洪都拉斯案判决第113段）。国际法院还强调，"国家对大陆架和专属经济区的权利基于陆地统治海洋的原则"，"陆地是一个国家对其领土向海延伸部分行使权利的法律渊源"（2012年尼加拉瓜－哥伦比亚案判决第140段）。

12.《公约》序言开宗明义地指出，"认识到有需要通过本公约，在妥为顾及所有国家主权的情形下，为海洋建立一种法律秩序"。显然，"妥为顾及所有国家主权"是适用《公约》确定缔约国海洋权利的前提。

13. 就本案而言，如果不确定中国对南海岛礁的领土主权，仲裁庭就无法确定中国依据《公约》在南海可以主张的海洋权利范围，更无从判断中国在南海的海洋权利主张是否超出《公约》允许的范围。然而，领土主权问题不属于《公约》调整的范畴。

14. 菲律宾也十分清楚，根据《公约》第二百八十七条和附件七组成的仲裁庭对于领土争端没有管辖权。菲律宾为了绕过这一法律障碍，制造提起仲裁的依据，蓄意对自己提请仲裁的实质诉求进行精心的包装。菲律宾一再表示自己不寻求仲裁庭判定哪一方对两国均主张的岛礁拥有主权，只要求仲裁庭对中国在南海所主张的海洋权利是否符合《公约》的规定进行判定，使仲裁事项看起来好像只是关于《公约》的解释或适用问题，不涉及领土主权问题。然而，菲律宾的包装无法掩饰其提请仲裁事项的实质就是南海部分岛礁的领土主权问题。

15. 关于菲律宾提出的第二类仲裁事项，中国认为，南海部分岛礁的性质和海洋权利问题与主权问题不可分割。

16. 首先，只有先确定岛礁的主权，才能确定基于岛礁的海洋权利主张是否符合《公约》。

17.《公约》规定的有关专属经济区和大陆架的海洋权利均赋予对相关陆地领土享有主权的国家。脱离了国家主权，岛礁本身不拥有任何海洋权利。只有对相关岛礁拥有主权的国家，才可以依据《公约》基于相关岛礁提出海洋权利主张。在确定了领土归属的前提下，如果其他国家对该国的海洋权利主张是否符合《公约》的规定提出质疑或者提出了重叠的海洋权利主张，才会产生关于《公约》解释或适用的争端。如果岛礁的主权归属未定，一国基于岛礁的海洋权利主张是否符合《公约》规定就不能构成一个可以提交仲裁的具体而真实的争端。

18. 就本案而言，菲律宾不承认中国对相关岛礁拥有主权，意在从根本上否定中国依据相关岛礁主张任何海洋权利的资格。在这种情形下，菲律宾要求仲裁庭先行判断中国的海洋权利主张是否符合《公约》的规定，是本末倒置。任何国际司法或仲裁机构在审理有关岛礁争端的案件中，从未在不确定有关岛礁主权归属的情况下适用《公约》的规定先行判定这些岛礁的海洋权利。

19. 其次，在南沙群岛中，菲律宾仅仅挑出少数几个岛礁，要求仲裁庭就其海洋权利作出裁定，实质上是否定中国对南沙群岛的领土主权。

20. 南沙群岛包括众多岛礁。中国历来对整个南沙群岛、而非仅对其中少数几个岛礁享有主权。1935 年中国政府水陆地图审查委员会出版

《中国南海各岛屿图》，1948 年中国政府公布《南海诸岛位置图》，均将现在所称的南沙群岛以及东沙群岛、西沙群岛和中沙群岛划入中国版图。1958 年《中华人民共和国政府关于领海的声明》指出，中华人民共和国的领土包括南沙群岛。1983 年中国地名委员会公布南海诸岛部分标准地名，其中包括南沙群岛的岛礁。1992 年《中华人民共和国领海及毗连区法》也明确规定，中华人民共和国的陆地领土包括南沙群岛。

21. 2011 年 4 月 14 日，中国常驻联合国代表团就有关南海问题致联合国秘书长的第 CML/8/2011 号照会中亦指出："按照《联合国海洋法公约》、1992 年《中华人民共和国领海及毗连区法》和 1998 年《中华人民共和国专属经济区和大陆架法》的有关规定，中国的南沙群岛拥有领海、专属经济区和大陆架。"显然，按照《公约》确定中国南沙群岛的海洋权利，必须考虑该群岛中的所有岛礁。

22. 菲律宾在仲裁诉求中对南沙群岛作出"切割"，只要求对其声称的"中国占领或控制的"岛礁的海洋权利进行判定，刻意不提南沙群岛中的其他岛礁，包括至今仍为菲律宾非法侵占或主张的岛礁，旨在否定中国对整个南沙群岛的主权，否认菲律宾非法侵占或主张中国南沙群岛部分岛礁的事实，从而篡改中菲南沙群岛主权争端的性质和范围。菲律宾还刻意将中国台湾驻守的南沙群岛最大岛屿——太平岛排除在"中国占领或控制"的岛礁之外，严重违反了一个中国的原则，侵犯了中国的主权和领土完整。显而易见，此类仲裁事项的实质是中菲有关领土主权的争端。

23. 最后，低潮高地能否被据为领土本身明显是一个领土主权问题。

24. 菲律宾认为其仲裁诉求所涉及的几个岛礁是低潮高地，不能被据为领土。对于上述岛礁是否属于低潮高地，本立场文件不作评论。应该指出的是，无论这些岛礁具有何种性质，菲律宾自己从上世纪 70 年代以来却一直对这些岛礁非法主张领土主权。菲律宾 1978 年 6 月 11 日颁布第 1596 号总统令，对包括上述岛礁在内的南沙群岛部分岛礁及其周边大范围的海域、海床、底土、大陆边及其上空主张主权，并将该区域设立为巴拉望省的一个市，命名为"卡拉延"。虽然 2009 年 3 月 10 日菲律宾通过了第 9522 号共和国法案，规定"卡拉延岛群"（即中国南沙群岛部分岛礁）和"斯卡伯勒礁"（即中国黄岩岛）的海洋区域将与《公约》第一百二十一条（即"岛屿制度"）保持一致，但该规定仅是对上述区域内海洋地物的海洋权利主张进行了调整，并没有涉及菲律宾对这些海洋地物，包括低潮高地的领土主张。菲律宾常驻联合国代表团在 2011 年 4 月 5 日致联合国秘书长的第 000228 号照会中还明确表示："卡拉延岛群构成菲律宾不可分割的一部分。菲律宾共和国对卡拉延岛群的地理构造拥有主权和管辖权。"菲律宾至今仍坚持其对南沙群岛中 40 个岛礁的主张，其中就包括菲律宾所称的低潮高地。可见，菲律宾提出低潮高地不可被据为领土，不过是想否定中国对这些岛礁的主权，从而可以将这些岛礁置于菲律宾的主权之下。

25. 低潮高地能否被据为领土本身是一个领土主权问题，不是有关《公约》的解释或适用问题。《公约》没有关于低潮高地能否被据为领土的规定。国际法院在 2001 年卡塔尔-巴林案的判决中明确表示："条约国际法对于低潮高地能否被视为领土的问题保持沉默。法院也不知道存在统一和广泛的国家实践，从而可能产生一项明确允许或排除将低潮高地据为领土的习惯法规则。"（判决第 205 段）这里的条约国际法当然包括 1994 年即已生效的《公约》。国际法院在 2012 年尼加拉瓜-哥伦比亚案的判决中虽然表示"低潮高地不能被据为领土"（判决第 26 段），但未指出此论断的法律依据，未涉及低潮高地作为群岛组成部分时的法律地位，也未涉及在历史上形成的对特定的海洋区域内低潮高地的主权或主权主张。无论如何，国际法院在该案中作出上述判定时没有适用《公约》。低潮高地能否被据为领土不是有关《公约》解释或适用的问题。

26. 关于菲律宾提出的第三类仲裁事项，中国认为，中国在南沙群岛和黄岩岛附近海域采取行动的合法性是基于中国对有关岛礁享有的主权以及基于岛礁主权所享有的海洋权利。

27. 菲律宾声称，中国在南海所主张和行使的权利非法干涉菲律宾基于《公约》所享有和行使的主权权利、管辖权以及航行权利和自由。菲律宾这一主张的前提是，菲律宾的海域管辖范围是明确而无争议的，中国的活动进入了菲律宾的管辖海域。然而事实并非如此。中菲尚未进行海域划界。对菲律宾这一主张进行裁定之前，首先要确定相关岛礁的领土主权，并完成相关海域划界。

28. 需要特别指出的是，中国一贯尊重各国依据国际法在南海享有的航行自由和飞越自由。

29. 综上所述，菲律宾要求在不确定相关岛礁主权归属的情况下，先适用《公约》的规定确定中国在南海的海洋权利，并提出一系列仲裁请求，违背了解决国际海洋争端所依据的一般国际法原则和国际司法实践。仲裁庭对菲律宾提出的任何仲裁请求作出判定，都将不可避免地直接或间接对本案涉及的相关岛礁以及其他南海岛礁的主权归属进行判定，都将不可避免地产生实际上海域划界的效果。因此，中国认为，仲裁庭对本案明显没有管辖权。

三、通过谈判方式解决在南海的争端是中菲两国之间的协议，菲律宾无权单方面提起强制仲裁

30. 中国在涉及领土主权和海洋权利的问题上，一贯坚持由直接有关国家通过谈判的方式和平解决争端。中菲之间就通过友好磋商和谈判解决两国在南海的争端也早有共识。

31. 1995 年 8 月 10 日《中华人民共和国和菲律宾共和国关于南海问题和其他领域合作的磋商联合声明》指出，双方"同意遵守"下列原则："有关争议应通过平等和相互尊重基础上的磋商和平友好地加以解决"（第一点）；"双方承诺循序渐进地进行合作，最终谈判解决双方争议"（第三点）；"争议应由直接有关国家解决，不影响南海的航行自由"（第八点）。

32. 1999 年 3 月 23 日《中菲建立信任措施工作小组会议联合公报》指出，双方承诺"遵守继续通过友好磋商寻求解决分歧方法的谅解"（联合公报第 5 段）。"双方认为，中菲之间的磋商渠道是畅通的。他们同意通过协商和平解决争议"（联合公报第 12 段）。

33. 2000 年 5 月 16 日《中华人民共和国政府和菲律宾共和国政府关于 21 世纪双边合作框架的联合声明》第九点规定："双方致力于维护南海的和平与稳定，同意根据公认的国际法原则，包括 1982 年《联合国海洋法公约》，通过双边友好协商和谈判促进争议的和平解决。双方重申遵守1995 年中菲两国关于南海问题的联合声明。"

34. 2001 年 4 月 4 日《中国－菲律宾第三次建立信任措施专家组会议联合新闻声明》第四点指出："双方认识到两国就探讨南海合作方式所建立的双边磋商机制是富有成效的，双方所达成的一系列谅解与共识对维护中菲关系的健康发展和南海地区的和平与稳定发挥了建设性作用。"

35. 中菲之间关于以谈判方式解决有关争端的共识在多边合作文件中也得到确认。2002 年 11 月 4 日，时任中国外交部副部长王毅作为中国政府代表与包括菲律宾在内的东盟各国政府代表共同签署了《南海各方行为宣言》（以下简称《宣言》）。《宣言》第四条明确规定，"有关各方承诺根据公认的国际法原则，包括 1982 年《联合国海洋法公约》，由直接有关的主权国家通过友好磋商和谈判，以和平方式解决它们的领土和管辖权争议"。

36. 《宣言》签署后，中菲两国领导人又一再确认通过对话解决争端。2004 年 9 月 3 日，时任菲律宾总统格罗丽亚·马卡帕加尔·阿罗约对中国进行国事访问，双方发表了《中华人民共和国政府和菲律宾共和国政府联合新闻公报》，"双方一致认为尽快积极落实中国与东盟于 2002 年签署的《南海各方行为宣言》有助于将南海变为合作之海"（联合新闻公报第16 段）。

37. 2011 年 8 月 30 日至 9 月 3 日，菲律宾总统贝尼尼奥·阿基诺对中国进行国事访问。9 月 1 日，双方发表《中华人民共和国和菲律宾共和国联合声明》，"重申将通过和平对话处理争议"，并"重申尊重和遵守中国与东盟国家于 2002 年签署的《南海各方行为宣言》"（联合声明第 15段）。《联合声明》确认了《宣言》第四条关于谈判解决有关争端的规定。

38. 中菲双边文件在提及以谈判方式解决有关争端时反复使用了"同意"一词，确立两国之间相关义务的意图非常明显。《宣言》第四条使用了"承诺"一词，这也是协议中通常用以确定当事方义务的词语。国际法院在 2007 年波斯尼亚和黑塞哥维那诉塞尔维亚和黑山关于适用《防止和惩治灭种罪公约》案的判决中对"承诺"一词有以下明确的解释："'承诺'这个词的一般含义是给予一个正式的诺言，以约束自己或使自己受

到约束，是给予一个保证或诺言来表示同意、接受某一义务。它在规定
缔约国义务的条约中经常出现……它并非只被用来提倡或表示某种目标"
（判决第 162 段）。此外，根据国际法，一项文件无论采用何种名称和形
式，只要其为当事方创设了权利和义务，这种权利和义务就具有拘束力
（参见 1994 年卡塔尔‐巴林案判决第 22 段至第 26 段；2002 年喀麦隆‐尼
日利亚案判决第 258 段、第 262 段和第 263 段）。

39. 上述中菲两国各项双边文件以及《宣言》的相关规定一脉相承，
构成中菲两国之间的协议。两国据此承担了通过谈判方式解决有关争端
的义务。

40. 中菲双边文件和《宣言》第四条反复重申以谈判方式和平解决南
海争端，并且规定必须在直接有关的主权国家之间进行，显然排除了第
三方争端解决程序。前述 1995 年 8 月 10 日《中华人民共和国和菲律宾
共和国关于南海问题和其他领域合作的磋商联合声明》第三点指出"双方
承诺循序渐进地进行合作，最终谈判解决双方争议"，这里的"最终"一
词显然在强调"谈判"是双方唯一的争端解决方式，双方没有意向选择
第三方争端解决程序。中菲双边文件和《宣言》第四条虽然没有明文使
用"排除其他程序"的表述，但正如 2000 年南方蓝鳍金枪鱼仲裁案裁决
所称："缺少一项明示排除任何程序[的规定]不是决定性的"（裁决第 57
段）。如前所述，中国在涉及领土主权和海洋权利的问题上，一贯坚持
由直接有关国家通过谈判的方式和平解决争端。在上述中菲双边文件和
《宣言》的制订过程中，中国的这一立场始终是明确的，菲律宾及其他有
关各方对此也十分清楚。

41. 因此，对于中菲在南海的争端的所有问题，包括菲律宾提出的仲
裁事项，双方同意的争端解决方式只是谈判，排除了其他任何方式。

42. 即使菲律宾提出的仲裁事项涉及《公约》的解释或适用问题，在中菲之间已就通过谈判方式解决有关争端达成协议的情况下，《公约》第十五部分第二节的强制争端解决程序也不适用。

43.《公约》第二百八十条规定："本公约的任何规定均不损害任何缔约国于任何时候协议用自行选择的任何和平方法解决它们之间有关本公约的解释或适用的争端的权利。"《公约》第二百八十一条第一款规定："作为有关本公约的解释或适用的争端各方的缔约各国，如已协议用自行选择的和平方法来谋求解决争端，则只有在诉诸这种方法而仍未得到解决以及争端各方间的协议并不排除任何其他程序的情形下，才适用本部分所规定的程序。"

44. 如前分析，中菲两国已通过双边、多边协议选择通过谈判方式解决有关争端，没有为谈判设定任何期限，而且排除适用任何其他程序。在此情形下，根据《公约》上述条款的规定，有关争端显然应当通过谈判方式来解决，而不得诉诸仲裁等强制争端解决程序。

45. 菲律宾声称，1995 年之后中菲两国就菲律宾仲裁请求中提及的事项多次交换意见，但未能解决争端；菲律宾有正当理由认为继续谈判已无意义，因而有权提起仲裁。事实上，迄今为止，中菲两国从未就菲律宾所提仲裁事项进行过谈判。

46. 根据国际法，一般性的、不以争端解决为目的的交换意见不构成谈判。2011 年国际法院在格鲁吉亚 - 俄罗斯联邦案的判决中表示，"谈判不仅是双方法律意见或利益的直接对抗，或一系列的指责和反驳，或对立主张的交换"，"谈判……至少要求争端一方有与对方讨论以期解决争端的真诚的努力"（判决第 157 段），且"谈判的实质问题必须与争端的实质问题相关，后者还必须与相关条约下的义务相关"（判决第 161 段）。

47. 南海问题涉及多个国家，其解决绝非易事。有关各方至今仍在为最终谈判解决南海问题创造条件。在此背景下，中菲之间就有关争端交换意见，主要是应对在争议地区出现的突发事件，围绕防止冲突、减少摩擦、稳定局势、促进合作的措施而进行的。即使按照菲律宾列举的证据，这些交换意见也远未构成谈判。

48. 近年来，中国多次向菲律宾提出建立"中菲海上问题定期磋商机制"的建议，但一直未获菲律宾答复。2011 年 9 月 1 日，双方发表《中华人民共和国和菲律宾共和国联合声明》，双方再次承诺通过谈判解决南海争端。然而未待谈判正式开始，菲律宾却于 2012 年 4 月 10 日动用军舰进入中国黄岩岛海域抓扣中国的渔船和渔民。对于菲律宾的挑衅性行动，中国被迫采取了维护主权的反制措施。此后，中国再次向菲律宾建议重启中菲建立信任措施磋商机制，仍未得到菲律宾回应。2012 年 4 月26 日，菲律宾外交部照会中国驻菲律宾大使馆，提出要将黄岩岛问题提交第三方司法机构，没有表达任何谈判的意愿。2013 年 1 月 22 日，菲律宾即单方面提起了强制仲裁程序。

49. 中菲此前围绕南海问题所进行的交换意见，也并非针对菲律宾所提的仲裁事项。例如，菲律宾援引 1997 年 5 月 22 日中国外交部关于黄岩岛问题的声明，以证明中菲之间就黄岩岛的海洋权利问题存在争端并已交换意见；但菲律宾故意没有援引的是，中国外交部在声明中明确指出："黄岩岛的问题是领土主权问题，专属经济区的开发和利用是海洋管辖权问题，两者的性质和所适用的法律规则都截然不同，不能混为一谈。菲方试图以海洋管辖权侵犯中国领土主权的企图是完全站不住脚的。"这一声明的含义是，菲律宾不得借口黄岩岛位于其主张的专属经济区范围内，否定中国对该岛的领土主权。可见，上述交换意见的核心是主权问题。

50. 还需注意的是，菲律宾试图说明中菲两国自 1995 年起交换意见的事项是关于《公约》解释或适用的问题，但这是不符合事实的。历史上，菲律宾于 1961 年 6 月 17 日颁布第 3046 号共和国法案，将位于菲律宾群岛最外缘各岛以外、由 1898 年美西《巴黎条约》等国际条约所确定的菲律宾边界线以内的广阔水域纳入菲律宾领海，领海的宽度大大超过 12 海里。菲律宾于 1978 年 6 月 11 日颁布第 1596 号总统令，对所谓 "卡拉延岛群"（即中国南沙群岛部分岛礁）及其周边大范围的海域、海床、底土、大陆边及其上空主张主权。菲律宾自己也承认，直到 2009 年 3 月 10 日通过的第 9522 号共和国法令，菲律宾才开始使其国内法与《公约》相协调，以期完全放弃与《公约》不符的海洋权利主张。该法令首次规定，"卡拉延岛群"（即中国南沙群岛部分岛礁）和 "斯卡伯勒礁"（即中国黄岩岛）的海洋区域将与《公约》第一百二十一条（即 "岛屿制度"）保持一致。既然菲律宾自己都认为，其直到 2009 年才开始放弃以往与《公约》不符的海洋权利主张，那么何谈中菲两国自 1995 年起已就与本仲裁案有关的《公约》解释或适用的问题交换意见。

51. 菲律宾声称，由于中国自己已严重违反了《宣言》的规定，所以无权援引《宣言》第四条来排除仲裁庭对本案的管辖权。上述说法严重违背事实。菲律宾指责中国采取包括威胁使用武力的行动驱离在黄岩岛海域长期、持续作业的菲律宾渔民，以及中国阻止菲律宾对在仁爱礁坐滩的军舰和人员进行补给，试图说明中国违反了《宣言》的规定。但事实是，在黄岩岛问题上，菲律宾首先采取威胁使用武力的手段，于 2012 年 4 月 10 日非法派出军舰在黄岩岛海域强行扣留、逮捕中国渔船和渔民。在仁爱礁问题上，菲律宾一艘军舰于 1999 年 5 月以所谓 "技术故障" 为借口，在中国南沙群岛的仁爱礁非法坐滩。中国多次向菲律宾提出交涉，要求菲律宾立即拖走该舰。菲律宾也曾多次向中国明确承诺拖走因"技术故障"坐滩的军舰。然而15年来，菲律宾不仅违背此前承诺，拒不拖走有关军舰，反而试图在该礁上修建固定设施。2014年3月14日，菲律宾还公开宣称其在1999年是将该军舰作为永久设施部署在仁爱礁。针对菲律宾的上述挑衅行为，中国被迫采取了必要的措施。因此，菲律宾对中国的指责是毫无道理的。

52. 菲律宾一方面为支持其提起的仲裁而否认《宣言》第四条的效力，另一方面，却又在2014年8月1日外交部声明中提出解决南海问题的倡议，要求各方遵守《宣言》第五条的规定，并且"全面、有效执行《宣言》"。菲律宾对《宣言》所采取的这种自相矛盾、出尔反尔的做法，明显违反国际法上的诚信原则。

53. 诚信原则要求各国对相互达成的协议作出诚实的解释，不得为了获取不正当的利益，而对协议作出违反原意的曲解。诚信原则至关重要，它体现在《联合国宪章》第二条第二款中，涉及国际法的各个方面（参见罗伯特·詹宁斯和亚瑟·瓦茨1992年所编《奥本海国际法》第9版第一卷第38页）。国际法院在1974年澳大利亚-法国核试验案的判决中指出，"指导制订和履行国际义务的基本原则之一就是诚信原则，无论这种义务是基于什么渊源，信任与信心是国际合作的根本"（判决第46段）。

54. 中国愿借此机会强调，《宣言》是中国与东盟国家经过多年耐心的谈判，在相互尊重、互谅互让的基础上达成的重要文件。在《宣言》中，有关各方承诺由直接有关的主权国家通过友好磋商和谈判解决它们的领土和管辖权争议；各方重申以《联合国宪章》宗旨和原则、1982年《公约》、《东南亚友好合作条约》、和平共处五项原则以及其他公认的国际法原则作为处理国家间关系的基本准则；各方承诺根据上述原则，在平等和相互尊重的基础上，探讨建立信任的途径；各方重申尊重并承诺包括 1982 年《公约》在内的公认的国际法原则所规定的在南海的航行及飞越自由；各方承诺保持自我克制，不采取使争议复杂化、扩大化和影响和平与稳定的行动，包括不在现无人居住的岛、礁、滩、沙或其他自然构造上采取居住的行动，并以建设性的方式处理它们的分歧。此外，《宣言》还详细列出有关各方在和平解决它们的领土和管辖权争议之前，建立相互信任的途径和开展合作的领域。作为落实《宣言》的后续行动，各方承诺将磋商制定"南海行为准则"。

55.《宣言》对稳定南海局势、促进中国与东盟国家的海上合作和增信释疑起到了积极作用。《宣言》每项条款均构成该文件不可分割的组成部分。否定《宣言》的作用，将导致中国和东盟国家南海合作关系的严重倒退。

56. 菲律宾作为东盟成员，参与了《宣言》的整个磋商过程，应当十分清楚《宣言》对通过谈判和平解决南海问题的重要性。目前，中国和包括菲律宾在内的东盟国家已建立工作机制积极落实《宣言》，并就"南海行为准则"展开磋商，维护南海局势的稳定，为南海问题的最终和平解决创造条件。菲律宾现在提起强制仲裁程序，与中国和东盟国家的共同愿望和努力背道而驰，其目的并非像菲律宾所标榜的那样寻求和平解决南海问题，而是试图通过仲裁向中国施加政治压力，以通过对《公约》的所谓"解释或适用"来达到否定中国在南海的合法权利，并按其单方面主张和意愿解决南海问题的目的。对此，中国当然不能接受。

四、即使菲律宾提出的仲裁事项涉及有关《公约》解释或适用的问题，也构成海域划界不可分割的组成部分，已被中国2006年声明所排除，不得提交仲裁

57.《公约》第十五部分确认了缔约国可以书面声明就特定事项排除适用该部分第二节规定的强制争端解决程序。中国2006年作出此类声明，符合《公约》有关规定。

58. 2006年8月25日，中国根据《公约》第二百九十八条的规定向联合国秘书长提交声明。该声明称："关于《公约》第二百九十八条第1款（a）、（b）和（c）项所述的任何争端，中华人民共和国政府不接受《公约》第十五部分第二节规定的任何程序。"也就是说，对于涉及海域划界、历史性海湾或所有权、军事和执法活动以及安理会执行《联合国宪章》所赋予的职务等争端，中国政府不接受《公约》第十五部分第二节下的任何强制争端解决程序，包括强制仲裁。中国坚信，直接有关的主权国家进行友好磋商和谈判，是和平解决中国与周边邻国间的海洋争端最有效的方式。

59. 中国与菲律宾是海上邻国，两国属于《公约》第七十四条和第八十三条所指的"海岸相向或相邻的国家"，两国之间存在海域划界问题。由于中菲有关岛礁领土争端悬而未决，两国尚未进行海域划界谈判，但已开展合作为最终划界创造条件。

60. 2004年9月3日，中菲双方发表《中华人民共和国政府和菲律宾共和国政府联合新闻公报》，指出"双方重申将继续致力于维护南海地区的和平与稳定。在尚未全面并最终解决南海地区的领土和海洋权益争端前，双方将继续探讨共同开发等合作"（联合新闻公报第16段）。

61. 上述联合声明发表的前两天，经中菲两国政府批准并在两国元首的见证下，中国海洋石油总公司与菲律宾国家石油公司签署《南中国海部分海域联合海洋地震工作协议》。该协议于 2005 年 3 月 14 日扩大为中国、菲律宾、越南三方之间的协议。这是有关国家加强合作，为谈判解决南海争端创造条件的有益尝试。该协议适用范围就在菲律宾此次提起仲裁所涉海域之内。

62. 2005 年 4 月 28 日，时任中国国家主席胡锦涛对菲律宾进行国事访问期间，双方发表《中华人民共和国和菲律宾共和国联合声明》，"同意继续致力于维护南海地区的和平与稳定"，"对中国海洋石油总公司、越南油气总公司和菲律宾国家石油公司签订《南中国海协议区三方联合海洋地震工作协议》表示欢迎"（联合声明第 16 段）。

63. 2007 年 1 月 16 日，时任中国国务院总理温家宝对菲律宾进行正式访问期间，双方发表《中华人民共和国和菲律宾共和国联合声明》，再次表示，"南海三方联合海洋地震工作可以成为本地区合作的一个示范。双方同意，可以探讨将下一阶段的三方合作提升到更高水平，以加强本地区建立互信的良好势头"（联合声明第 12 段）。

64. 可见，中菲之间对于通过合作促进海域划界问题的最终解决已有共识。鉴于中国 2006 年作出的声明，菲律宾不得单方面将海域划界问题提交仲裁。

65. 为了掩盖中菲海域划界争端的实质，绕过中国 2006 年声明，菲律宾将海域划界争端拆分，抽取其中几个事项作为孤立的问题提交仲裁，要求仲裁庭分别进行所谓的"法律解释"。

66. 不难看出，菲律宾提出的各项仲裁事项，包括海洋权利主张、岛礁性质和海洋权利范围，以及海上执法活动等等，均是国际司法或仲裁机构在以往海域划界案中所审理的主要问题，也是国家间海域划界实践中需要处理的问题。这些问题属于海域划界不可分割的组成部分。

67. 海域划界是一项整体、系统工程。《公约》第七十四条和第八十三条规定，海岸相向或相邻国家间的海域划界问题，"应在《国际法院规约》第三十八条所指国际法的基础上以协议划定，以便得到公平解决"。国际司法判例和国家实践均确认，为使海域划界取得公平的结果，必须考虑所有相关因素。基于上述，适用于海域划界的国际法，既包括《公约》，也包括一般国际法。海域划界既涉及权利基础、岛礁效力等问题，也涉及划界原则和方法，以及为实现公平解决所必须考虑的所有相关因素。

68. 菲律宾提出的仲裁事项构成中菲海域划界不可分割的组成部分，只能在中菲海域划界的框架下，与有关当事方基于《公约》、一般国际法和长期历史实践所享有的相关权利和利益结合起来，予以综合考虑。菲律宾将中菲海域划界问题拆分并将其中的部分问题提交仲裁，势必破坏海域划界问题的整体性和不可分割性，违背海域划界应以《国际法院规约》第三十八条所指国际法为基础以及必须"考虑所有相关因素"的原则，将直接影响今后中菲海域划界问题的公平解决。

69. 菲律宾表面上不要求进行划界，但却请求仲裁庭裁定部分岛礁是菲律宾专属经济区和大陆架的一部分，裁定中国非法干涉菲律宾对其专属经济区和大陆架享有和行使主权权利，等等。上述仲裁请求显然是要求仲裁庭确认相关海域属于菲律宾的专属经济区和大陆架，菲律宾在该海域有权行使主权权利和管辖权，这实际上是在变相地要求仲裁庭进行海域划界。菲律宾提出的各项仲裁事项，实际上已涵盖了海域划界的主要步骤和主要问题，如果仲裁庭实质审议菲律宾的各项具体主张，就等于是间接地进行了海域划界。

70. 缔约国根据《公约》第二百九十八条作出的排除性声明理应受到尊重，菲律宾试图绕过中国排除性声明提起强制仲裁的做法是滥用《公约》规定的争端解决程序。

71. 中国 2006 年排除性声明一经作出即应自动适用，其效力是，根据《公约》第二百九十九条的规定，未经中方同意，其他国家不得针对中国就相关争端单方面提交强制争端解决程序。同时，中国也放弃了就同类争端针对其他国家单方面提起强制争端解决程序的权利，体现了权利与义务的对等。

72. 菲律宾辩称，中国作为《公约》的缔约国，按照《公约》第二百八十七条的规定，未在该条所列的四种强制争端解决程序中作出选择，应被视为已接受强制仲裁程序。这种观点是有意误导。中国 2006 年声明的目的和效果就是对于特定事项完全排除适用强制争端解决程序。无论中国对《公约》第二百八十七条所列的四种强制争端解决程序是否作出选择，只要是属于中国 2006 年声明所涵盖的争端，中国就已经明确排除了适用《公约》第十五部分第二节下的任何强制争端解决程序包括强制仲裁的可能性。

73. 尽管菲律宾认为其所提仲裁事项不属于中方 2006 年声明所涵盖的争端，但在中国对此持不同看法的情况下，菲律宾应先行与中国解决该问题，然后才能决定能否提交仲裁。如果按照菲律宾的逻辑，任何国家只要单方面声称有关争端不是另一国排除性声明所排除的争端，即可单方面启动强制仲裁程序，那么《公约》第二百九十九条的规定就变得毫无意义。

74. 自《公约》生效以来，本案是第一例在一国已作出排除性声明的情况下，另一国针对该声明所涵盖的争端单方面启动强制仲裁程序的案件。如果菲律宾这种"设计"的争端被认为可以满足强制仲裁管辖权的条件，那么可以设想，第二百九十八条所列的任何争端均可以按照菲律宾的方法与《公约》某些条款的解释或适用问题联系起来，都可以提起第十五部分第二节的强制争端解决程序。若可以如此适用《公约》，那么，《公约》第二百九十八条还有何价值？目前35个国家所作出的排除性声明还有何意义？中国认为，菲律宾单方面提起仲裁，是在滥用《公约》规定的强制争端解决程序，对《公约》争端解决机制的严肃性构成严重的挑战。

75. 综上所述，即使菲律宾提请仲裁的事项涉及有关《公约》的解释或适用的问题，也是海域划界争端不可分割的组成部分，已被中国2006年声明所排除，菲律宾不得就此提起强制仲裁程序。

五、中国自主选择争端解决方式的权利应得到充分尊重，中国不接受、不参与菲律宾提起的仲裁具有充分的国际法依据

76. 根据国际法，各国享有自主选择争端解决方式的权利。任何国际司法或仲裁机构针对国家间争端行使管辖权必须以当事国的同意为基础，即"国家同意原则"。基于这一原则，出席第三次联合国海洋法会议的各国代表经过长期艰苦的谈判，作为一揽子协议，达成了《公约》第十五部分有关争端解决机制的规定。

77.《公约》第十五部分规定的强制争端解决程序只适用于有关《公约》解释或适用的争端；缔约国有权自行选择第十五部分规定以外的其他争端解决方式；《公约》第二百九十七条和第二百九十八条还针对特定种类的争端规定了适用强制争端解决程序的限制和例外。

78.《公约》第十五部分这种平衡的规定，也是许多国家决定是否成为《公约》缔约国时的重要考虑因素。在1974年第三次联合国海洋法会

议第二期会议上，萨尔瓦多大使雷纳多·佳林多·波尔在介绍关于《公约》争端解决的第一份草案时强调，有必要将直接涉及国家领土完整的问题作为强制管辖的例外。否则，许多国家可能不会批准甚至不会签署《公约》（参见沙巴泰·罗森和路易斯·索恩 1989 年所编《1982 年〈联合国海洋法公约〉评注》第 5 卷第 88 页第 297.1 段）。因此，在解释和适用《公约》第十五部分的规定时，必须维护该部分的平衡和完整。

79. 中国重视《公约》强制争端解决程序在维护国际海洋法律秩序方面的积极作用。中国作为《公约》缔约国，接受了《公约》第十五部分第二节有关强制争端解决程序的规定。但是，中国接受该规定的适用范围不包括领土主权争端，不包括中国与其他缔约国同意以自行选择的方式加以解决的争端，也不包括《公约》第二百九十七条和中国 2006 年根据《公约》第二百九十八条所作声明排除的所有争端。对于菲律宾所提仲裁事项，中国从未接受《公约》第十五部分第二节规定的任何强制争端解决程序。

80. 根据国家主权原则，争端当事国可自行选择争端解决方式，《公约》对此予以确认。《公约》第二百八十条规定："本公约的任何规定均不损害任何缔约国于任何时候协议用自行选择的任何和平方法解决它们之间有关本公约的解释或适用的争端的权利。"

81. 当事国自行选择的争端解决方式优先于《公约》第十五部分第二节规定的强制争端解决程序。《公约》第十五部分第一节的第二百八十一条第一款规定："作为有关本公约的解释或适用的争端各方的缔约各国，如已协议用自行选择的和平方法来谋求解决争端，则只有在诉诸这种方法而仍未得到解决以及争端各方间的协议并不排除任何其他程序的情形下，才适用本部分所规定的程序。"《公约》第二百八十六条也规定："在

第三节限制下，有关本公约的解释或适用的任何争端，如已诉诸第一节而仍未得到解决，经争端任何一方请求，应提交根据本节具有管辖权的法院或法庭。"可见，只要当事方已经自行选择争端解决方式并且排除其他任何程序，《公约》规定的强制争端解决程序就完全不适用。

82. 缔约国自行选择争端解决方式的优先性和重要性在 2000 年南方蓝鳍金枪鱼仲裁案裁决中得到了进一步肯定。仲裁庭指出，"《公约》远未建立一个真正全面的、有拘束力的强制管辖制度"（裁决第 62 段），"《公约》第二百八十一条第一款允许缔约国将第十五部分第二节强制程序的适用限定在所有当事方均同意提交的案件"（裁决第 62 段）。如果第十五部分第一节的规定不能得到有效遵守，就会实质上剥夺缔约国基于国家主权自行选择争端解决方式的权利，从而违反国家同意原则，破坏《公约》第十五部分的平衡和完整。

83. 相关司法或仲裁机构在行使确定自身管辖权方面的权力时，也必须充分尊重缔约国自行选择争端解决方式的权利。《公约》第二百八十八条第四款规定："对于法院或法庭是否具有管辖权如果发生争端，这一问题应由该法院或法庭以裁定解决。"中国尊重相关司法或仲裁机构根据《公约》所享有的上述权力，但同时强调，相关司法或仲裁机构在行使其权力时不应损害缔约国自行选择争端解决方式的权利，不应损害国际司法或仲裁必须遵循的国家同意原则。中国认为，这是仲裁庭在适用第二百八十八条第四款的规定确定自身管辖权时所必须受到的限制。总而言之，"争端当事方是争端解决程序完全的主人"（沙巴泰·罗森和路易斯·索恩 1989 年所编《1982 年〈联合国海洋法公约〉评注》第 5 卷第 20 页第 280.1 段）。

84. 中国尊重所有缔约国依据《公约》的规定适用强制争端解决程序

的权利。同时，需要强调的是，《公约》第三百条规定："缔约国应诚意履行根据本公约承担的义务，并应以不致构成滥用权利的方式，行使本公约所承认的权利、管辖权和自由。"菲律宾明知其所提出的仲裁事项本质上是岛礁领土主权问题，明知中国从未同意就有关争端接受强制争端解决程序，明知中菲之间存在关于通过谈判方式解决有关争端的协议，还要单方面提起强制仲裁，违反了《公约》的相关规定，无助于争端的和平解决。

85. 鉴于上述，并基于仲裁庭对本案显然不具有管辖权，中国政府决定不接受、不参与仲裁程序，以捍卫中国自主选择争端解决方式的主权权利，确保中国依据《公约》于 2006 年作出的排除性声明起到应有的效力，维护《公约》第十五部分的完整性以及国际海洋法律制度的权威性和严肃性。中国的这一立场不会改变。

六、结论

86. 中国认为，仲裁庭对于菲律宾单方面就中菲在南海的争端提起的强制仲裁明显没有管辖权。

第一，菲律宾提请仲裁事项的实质是南海部分岛礁的领土主权问题，超出《公约》的调整范围，不涉及《公约》的解释或适用；

第二，以谈判方式解决在南海的争端是中菲两国通过双边文件和《宣言》所达成的协议，菲律宾单方面将中菲有关争端提交强制仲裁违反国际法；

第三，即使菲律宾提出的仲裁事项涉及有关《公约》解释或适用的问题，也构成中菲两国海域划界不可分割的组成部分，而中国已经根据《公约》的规定于 2006 年作出声明，将涉及海域划界等事项的争端排除适用仲裁等强制争端解决程序；

第四，中国从未就菲律宾提出的仲裁事项接受过《公约》规定的强制争端解决程序；仲裁庭应充分尊重缔约国自行选择争端解决方式的权利，在《公约》规定的限度内行使其确定管辖权方面的权力；菲律宾提起仲裁是对《公约》强制争端解决程序的滥用。中国不接受、不参与该仲裁具有充分的国际法依据。

87. 中国一贯奉行睦邻友好政策，主张在和平共处五项原则基础上，通过平等协商，公平合理地解决领土争端和海域划界问题。中国认为，谈判始终是国际法认可的和平解决国际争端最直接、最有效和最普遍的方式。

88. 经过长期的外交努力和谈判，中国与 14 个陆地邻国中的 12 个国家妥善解决了边界问题，划定和勘定的边界线长度达两万公里，占中国陆地边界总长度的 90%。在海上，2000 年 12 月 25 日中国与越南通过谈判签订了《中华人民共和国和越南社会主义共和国关于两国在北部湾领海、专属经济区和大陆架的划界协定》，划定了两国在北部湾的海上边界。中国还于 1997 年 11 月 11 日与日本签署了《中华人民共和国和日本国渔业协定》，2000 年 8 月 3 日与韩国签署了《中华人民共和国政府和大韩民国政府渔业协定》，2005 年 12 月 24 日与朝鲜签署了《中华人民共和国政府和朝鲜民主主义人民共和国政府关于海上共同开发石油的协定》，作为海域划界前的临时性安排。

89. 事实证明，只要相关国家秉持善意，在平等互利基础上进行友好协商谈判，就可以妥善地解决领土争端和海域划界问题。对于中国与菲律宾之间的有关争端，中国也坚持同样的原则和立场。

90. 中国不认为在当事方同意的基础上将争端提交仲裁是不友好的行为。但是，在涉及领土主权和海洋权利的问题上，明知他国已明确表示不接受仲裁，明知双方已承诺通过双边直接谈判解决争端，还要强行将争端诉诸仲裁，就不能被认为是友善的行为，更不能被认为是坚持法治的精神，因为这与国际法的基本原则背道而驰，违反国际关系基本准则。这种做法不仅不可能使两国争端得到妥善解决，反而会进一步损害两国之间的互信，使两国之间的问题进一步复杂化。

91. 近年来，菲律宾在黄岩岛和仁爱礁等问题上不断采取新的挑衅行动，不仅严重损害了中菲之间的政治互信，也破坏了中国与东盟国家共同落实《宣言》、磋商制订"南海行为准则"的良好氛围。事实上，过去几年来，在东南亚地区，不是菲律宾所描绘的"中国变得更强势"，而是菲律宾自己变得更具挑衅性。

92. 南海问题涉及多个国家，加上各种复杂的历史背景和敏感的政治因素，需要各方的耐心和政治智慧才能实现最终解决。中国坚持认为，有关各方应当在尊重历史事实和国际法的基础上，通过协商和谈判寻求妥善的解决办法。在有关问题得到彻底解决之前，各方应当开展对话，寻求合作，维护南海的和平与稳定，不断增信释疑，为问题的最终解决创造条件。

93. 菲律宾单方面提起仲裁的做法，不会改变中国对南海诸岛及其附近海域拥有主权的历史和事实，不会动摇中国维护主权和海洋权益的决心和意志，不会影响中国通过直接谈判解决有关争议以及与本地区国家共同维护南海和平稳定的政策和立场。

附件 11. 中华人民共和国外交部关于应菲律宾共和国请求建立的南海仲裁案仲裁庭关于管辖权和可受理性问题裁决的声明

（2015 年 10 月 30 日）

应菲律宾共和国单方面请求建立的南海仲裁案仲裁庭（以下简称"仲裁庭"）于 2015 年 10 月 29 日就管辖权和可受理性问题作出的裁决是无效的，对中方没有拘束力。

一、中国对南海诸岛及其附近海域拥有无可争辩的主权。中国在南海的主权和相关权利是在长期的历史过程中形成的，为历届中国政府长期坚持，为中国国内法多次确认，受包括《联合国海洋法公约》在内的国际法保护。在领土主权和海洋权益问题上，中国不接受任何强加于中国的方案，不接受单方面诉诸第三方的争端解决办法。

二、菲律宾滥用《公约》强制争端解决机制，单方面提起并执意推动南海仲裁，是披着法律外衣的政治挑衅，其实质不是为了解决争端，而是妄图否定中国在南海的领土主权和海洋权益。在 2014 年 12 月 7 日中国外交部受权发表的《中华人民共和国政府关于菲律宾共和国所提南海仲裁案管辖权问题的立场文件》中，中国政府已指出仲裁庭对菲律宾所提出的仲裁明显没有管辖权，并阐明了中国不接受、不参与仲裁案的法理依据。这一立场是清晰的、明确的，不会改变。

三、作为主权国家和《联合国海洋法公约》的缔约国，中国享有自主选择争端解决方式和程序的权利。中国始终坚持通过谈判和协商解决与邻国间的领土争端和海洋管辖权争端。上世纪 90 年代以来，中国和菲律宾多次在双边文件中确认通过谈判和协商解决双方之间的有关争端。《南海各方行为宣言》明确规定，由直接有关的主权国家通过友好磋商和谈判，以和平方式解决它们的领土和管辖权争端。这一系列文件表明，中国与菲律宾早已选择通过谈判和协商解决双方在南海的争端。菲律宾违背这一共识，损害国家之间互信的基础。

四、菲律宾和仲裁庭无视仲裁案的实质是领土主权和海洋划界及其相关问题，恶意规避中国于 2006 年根据《公约》第 298 条有关规定作出的排除性声明，否定中菲双方通过谈判和协商解决争端的共识，滥用程序，强行推进仲裁，严重侵犯中国作为《公约》缔约国的合法权利，完全背离了《公约》的宗旨和目的，损害了《公约》的完整性和权威性。作为《公约》缔约国，中国坚决反对滥用《公约》强制争端解决机制的行径，呼吁各方共同努力，维护《公约》的完整性和权威性。

五、菲律宾企图通过仲裁否定中国在南海的领土主权和海洋权益，不会有任何效果。中国敦促菲律宾遵守自己的承诺，尊重中国依据国际法享有的权利，改弦易辙，回到通过谈判和协商解决南海有关争端的正确道路上来。

附件 12. 中华人民共和国外交部关于坚持通过双边谈判解决中国和菲律宾在南海有关争议的声明

（2016 年 6 月 8 日）

中国和菲律宾是隔海相望的近邻，两国人民传统友谊深厚。中菲建交 40 多年来，两国关系总体健康稳定发展，各领域合作富有成效，为两国和两国人民带来了实实在在的利益。菲律宾 2013 年 1 月 22 日单方面就中菲有关南海问题提起仲裁以前，中菲在南海虽有争议，但南海形势总体稳定。在中国的推动下，中菲双方围绕建立对话机制、开展务实合作、推进共同开发等进行友好协商并取得积极成果。

菲律宾提起仲裁以来，单方面关闭了与中国通过谈判解决南海有关争议的大门，并违背双方达成的关于管控分歧的共识，采取一系列侵权和挑衅行动，导致中菲关系和南海局势的急剧恶化。中国坚决反对菲律宾的单方面行动，坚持不接受、不参与仲裁的严正立场，将坚持通过双边谈判解决中菲在南海的有关争议。

一、通过双边谈判解决在南海的有关争议是中菲共识和承诺

中国一贯主张与直接当事国在尊重历史事实的基础上，根据国际法，通过谈判和平解决领土和海洋划界争议。在领土主权和海洋划界问题上，中国从来不接受任何诉诸第三方的争端解决方式，不接受任何强加于中国的争端解决方案。领土主权问题不属于《联合国海洋法公约》的调整范围。对于海洋划界争议，中国已于 2006 年根据《公约》第 298 条作出排除性声明，将涉及海洋划界等方面的争议排除在《公约》规定的第三方争端解决程序之外。

通过双边谈判解决中菲在南海的有关争议，既是中国政府的一贯政策，也是中菲之间达成的明确共识。

1995 年 8 月 10 日，中菲共同发表的《中华人民共和国和菲律宾共和国关于南海问题和其他领域合作的磋商联合声明》规定，"有关争议应通过平等和相互尊重基础上的磋商和平友好地加以解决"；"双方承诺循序渐进地进行合作，最终谈判解决双方争议"。此后，中国和菲律宾通过一系列双边文件确认通过双边谈判协商解决南海有关争议的共识，例如：1999 年 3 月 23 日《中菲建立信任措施工作小组会议联合公报》，2000 年 5 月 16 日《中华人民共和国政府和菲律宾共和国政府关于 21 世纪双边合作框架的联合声明》等。

2002 年 11 月 4 日，中国同东盟 10 国共同签署《南海各方行为宣言》。各方在《宣言》中郑重承诺："根据公认的国际法原则，包括 1982 年《联合国海洋法公约》，由直接有关的主权国家通过友好磋商和谈判，以和平方式解决它们的领土和管辖权争议，而不诉诸武力或以武力相威胁。"

此后，中菲通过一系列双边文件确认各自在《宣言》中作出的郑重承诺，例如：2004 年 9 月 3 日《中华人民共和国政府和菲律宾共和国政府联合新闻公报》、2011 年 9 月 1 日《中华人民共和国和菲律宾共和国联合声明》等。

二、中菲之间从未就菲律宾提起仲裁的事项进行过谈判

菲律宾声称，1995 年之后中菲两国就菲律宾仲裁请求中提及的事项多次交换意见，但未能解决争端；菲律宾有正当理由认为继续谈判已无意义，因而有权提起仲裁。事实与菲方所述完全相反，迄今为止，中菲两国从未就菲律宾所提仲裁事项进行过谈判。

中菲曾就妥善处理海上争议进行多次磋商，但尚未举行旨在解决有关争议的任何谈判。中国多次向菲律宾提出建立"中菲海上问题定期磋商机制"的建议，但一直未获菲律宾答复。2011年9月1日，双方发表《中华人民共和国和菲律宾共和国联合声明》，再次承诺通过谈判解决有关争议。此后，中国多次向菲律宾建议重启中菲建立信任措施磋商机制，未得到菲律宾任何回应。菲律宾所谓继续谈判没有意义才提起仲裁的说法，毫无根据。

三、菲律宾单方面提起仲裁违背中菲通过谈判解决争议的共识，不符合《公约》规定

菲律宾单方面提起南海仲裁，违背中菲之间达成并多次确认的通过双边谈判解决有关争议的共识，违反其在《宣言》中作出的庄严承诺，是对"约定必须遵守"原则的破坏和对《公约》争端解决机制的滥用，不符合包括《公约》在内的国际法。

第一，菲律宾单方面提起仲裁，违反中菲通过双边谈判解决争议的协议。中菲在有关双边文件和《宣言》中已就通过谈判解决有关争议达成协议并多次予以确认。上述中菲两国各项双边文件以及《宣言》的相关规定相辅相成，构成中菲两国之间有拘束力的协议。两国据此选择了以谈判方式解决有关争议。菲律宾违背自己的庄严承诺，是严重的背信弃义行为。

第二，菲律宾单方面提起仲裁，侵犯《公约》规定的缔约国自主选择争端解决方式的权利。《公约》第15部分第280条规定，"本公约的任何规定均不损害任何缔约国于任何时候协议用自行选择的任何和平方法解决它们之间有关本公约的解释或适用的争端的权利"；第281条规定，"作为有关本公约的解释或适用的争端各方的缔约各国，如已协议用自行

选择的和平方法来谋求解决争端，则只有在诉诸这种方法仍未得到解决以及争端各方间的协议并不排除任何其他程序的情形下，才适用本部分所规定的程序"。由于中菲之间已就通过谈判解决争议作出明确选择，并排除了包括仲裁在内的第三方争端解决方式，《公约》第 15 部分规定的第三方争端解决程序不适用于中菲之间。

第三，菲律宾单方面提起仲裁，违反《公约》第 283 条有关交换意见义务的规定。菲律宾无视中菲从未就其仲裁事项进行任何谈判的事实，故意将其与中国就一般性海洋事务和合作进行的一些磋商曲解为就其仲裁事项进行的谈判，并以此为借口声称已穷尽双边谈判手段，与有关事实截然相反，完全是别有用心的。

四、中国将继续坚持通过谈判解决与菲律宾在南海的有关争议

中国是维护南海和平稳定的重要力量。中国一贯遵守《联合国宪章》的宗旨和原则，坚定维护和促进国际法治，尊重和践行国际法，将在坚定维护中国在南海的领土主权和海洋权益的同时，坚持通过谈判协商解决争议，坚持通过规则机制管控分歧，坚持通过互利合作实现共赢，致力于把南海建设成和平之海、友谊之海和合作之海。

在领土主权和海洋划界问题上，中国不接受任何诉诸第三方的争端解决方式，不接受任何强加于中国的争端解决方案。中菲双边谈判的大门始终是敞开的。中国将继续坚持在尊重历史事实基础上，根据国际法，通过双边谈判解决与菲律宾在南海的有关争议。中国敦促菲律宾立刻停止推进仲裁程序的错误举动，回到通过双边谈判解决中菲在南海的有关争议的正确道路上来。

附件 13. 中华人民共和国政府关于在南海的
领土主权和海洋权益的声明

（2016 年 7 月 12 日）

为重申中国在南海的领土主权和海洋权益，加强与各国在南海的合作，维护南海和平稳定，中华人民共和国政府声明：

一、中国南海诸岛包括东沙群岛、西沙群岛、中沙群岛和南沙群岛。中国人民在南海的活动已有 2000 多年历史。中国最早发现、命名和开发利用南海诸岛及相关海域，最早并持续、和平、有效地对南海诸岛及相关海域行使主权和管辖，确立了在南海的领土主权和相关权益。

第二次世界大战结束后，中国收复日本在侵华战争期间曾非法侵占的中国南海诸岛，并恢复行使主权。中国政府为加强对南海诸岛的管理，于 1947 年审核修订了南海诸岛地理名称，编写了《南海诸岛地理志略》和绘制了标绘有南海断续线的《南海诸岛位置图》，并于 1948 年 2 月正式公布，昭告世界。

二、中华人民共和国 1949 年 10 月 1 日成立以来，坚定维护中国在南海的领土主权和海洋权益。1958 年《中华人民共和国政府关于领海的声明》、1992 年《中华人民共和国领海及毗连区法》、1998 年《中华人民共和国专属经济区和大陆架法》以及 1996 年《中华人民共和国全国人民代表大会常务委员会关于批准〈联合国海洋法公约〉的决定》等系列法律文件，进一步确认了中国在南海的领土主权和海洋权益。

三、基于中国人民和中国政府的长期历史实践及历届中国政府的一贯立场，根据中国国内法以及包括《联合国海洋法公约》在内的国际法，中国在南海的领土主权和海洋权益包括：

（一）中国对南海诸岛，包括东沙群岛、西沙群岛、中沙群岛和南沙群岛拥有主权；

（二）中国南海诸岛拥有内水、领海和毗连区；

（三）中国南海诸岛拥有专属经济区和大陆架；

（四）中国在南海拥有历史性权利。

中国上述立场符合有关国际法和国际实践。

四、中国一向坚决反对一些国家对中国南沙群岛部分岛礁的非法侵占及在中国相关管辖海域的侵权行为。中国愿继续与直接有关当事国在尊重历史事实的基础上，根据国际法，通过谈判协商和平解决南海有关争议。中国愿同有关直接当事国尽一切努力作出实际性的临时安排，包括在相关海域进行共同开发，实现互利共赢，共同维护南海和平稳定。

五、中国尊重和支持各国依据国际法在南海享有的航行和飞越自由，愿与其他沿岸国和国际社会合作，维护南海国际航运通道的安全和畅通。

附件 14. 中国坚持通过谈判解决中国与菲律宾 在南海的有关争议

（2016 年 7 月）

中华人民共和国国务院新闻办公室

引 言

1. 南海位于中国大陆的南面，通过狭窄的海峡或水道，东与太平洋相连，西与印度洋相通，是一个东北－西南走向的半闭海。南海北靠中国大陆和台湾岛，南接加里曼丹岛和苏门答腊岛，东临菲律宾群岛，西接中南半岛和马来半岛。

2. 中国南海诸岛包括东沙群岛、西沙群岛、中沙群岛和南沙群岛。这些群岛分别由数量不等、大小不一的岛、礁、滩、沙等组成。其中，南沙群岛的岛礁最多，范围最广。

3. 中国人民在南海的活动已有 2000 多年历史。中国最早发现、命名和开发利用南海诸岛及相关海域，最早并持续、和平、有效地对南海诸岛及相关海域行使主权和管辖。中国对南海诸岛的主权和在南海的相关权益，是在漫长的历史过程中确立的，具有充分的历史和法理依据。

4. 中国和菲律宾隔海相望，交往密切，人民世代友好，原本不存在领土和海洋划界争议。然而，自 20 世纪 70 年代起，菲律宾开始非法侵占南沙群岛部分岛礁，由此制造了中菲南沙群岛部分岛礁领土问题。此外，随着国际海洋法的发展，两国在南海部分海域还出现了海洋划界争议。

5. 中菲两国尚未举行旨在解决南海有关争议的任何谈判，但确曾就妥善处理海上争议进行多次磋商，就通过谈判协商解决有关争议达成共识，并在双边文件中多次予以确认。双方还在中国和东盟国家 2002 年共同签署的《南海各方行为宣言》（以下简称《宣言》）中就通过谈判协商解决有关争议作出郑重承诺。

6. 2013 年 1 月，菲律宾共和国时任政府违背上述共识和承诺，单方面提起南海仲裁案。菲律宾把原本不属于《联合国海洋法公约》（以下简称《公约》）调整的领土问题，以及被中国 2006 年依据《公约》第 298 条作出的排除性声明排除的海洋划界等争议加以曲解和包装，构成对《公约》争端解决机制的滥用。菲律宾妄图借此否定中国在南海的领土主权和海洋权益。

7. 本文件旨在还原中菲南海有关争议的事实真相，重申中国在南海问题上的一贯立场和政策，溯本清源，以正视听。

一、南海诸岛是中国固有领土

（一）中国对南海诸岛的主权是历史上确立的

8. 中国人民自古以来在南海诸岛和相关海域生活和从事生产活动。中国最早发现、命名和开发利用南海诸岛及相关海域，最早并持续、和平、有效地对南海诸岛及相关海域行使主权和管辖，确立了对南海诸岛的主权和在南海的相关权益。

9. 早在公元前 2 世纪的西汉时期，中国人民就在南海航行，并在长期实践中发现了南海诸岛。

10. 中国历史古籍，例如东汉的《异物志》、三国时期的《扶南传》、宋代的《梦粱录》和《岭外代答》、元代的《岛夷志略》、明代的《东西洋考》和《顺风相送》、清代的《指南正法》和《海国闻见录》等，不仅记载了中国人民在南海的活动情况，而且记录了南海诸岛的地理位置和地貌特征、南海的水文和气象特点，以很多生动形象的名称为南海诸岛命名，如"涨海崎头"、"珊瑚洲"、"九乳螺洲"、"石塘"、"千里石塘"、"万里石塘"、"长沙"、"千里长沙"、"万里长沙"等。

11. 中国渔民在开发利用南海的历史过程中还形成一套相对固定的南海诸岛命名体系：如将岛和沙洲称为"峙"，将礁称为"铲"、"线"、"沙"，将环礁称为"匡"、"圈"、"塘"，将暗沙称为"沙排"等。明清时期形成的《更路簿》是中国渔民往来于中国大陆沿海地区和南海诸岛之间的航海指南，以多种版本的手抄本流传并沿用至今；记录了中国人民在南海诸岛的生活和生产开发活动，记载了中国渔民对南海诸岛的命名。其中对南沙群岛岛、礁、滩、沙的命名至少有 70 余处，有的用罗盘方位命名，如丑未（渚碧礁）、东头乙辛（蓬勃暗沙）；有的用特产命名，如赤瓜线（赤瓜礁）、墨瓜线（南屏礁）；有的用岛礁形状命名，如鸟串（仙娥礁）、双担（信义礁）；有的用某种实物命名，如锅盖峙（安波沙洲）、秤钩峙（景宏岛）；有的以水道命名，如六门沙（六门礁）。

12. 中国人民对南海诸岛的命名，部分被西方航海家引用并标注在一些 19 至 20 世纪权威的航海指南和海图中。如 Namyit（鸿庥岛）、Sin Cowe（景宏岛）、Subi（渚碧礁）来源于海南方言发音"南乙"、"秤钩"、"丑未"。

13. 大量历史文献和文物资料证明，中国人民对南海诸岛及相关海域进行了持续不断的开发和利用。明清以来，中国渔民每年乘东北信风南下至南沙群岛海域从事渔业生产活动，直至次年乘西南信风返回大陆。还有部分中国渔民常年留居岛上，站峙捕捞、挖井汲水、垦荒种植、盖房建庙、饲养禽畜等。根据中外史料记载和考古发现，南沙群岛部分岛礁上曾有中国渔民留下的作物、水井、房屋、庙宇、墓塚和碑刻等。

14. 许多外国文献记录了很长一段时间内只有中国人在南沙群岛生产生活的事实。

15. 1868 年出版的英国海军部《中国海指南》提到南沙群岛郑和群礁

时指出:"海南渔民,以捕取海参、介壳为活,各岛都有其足迹,也有久
居岛礁上的","在太平岛上的渔民要比其他岛上的渔民生活得更加舒适,
与其他岛相比,太平岛上的井水要好得多"。1906 年的《中国海指南》以
及 1912 年、1923 年、1937 年等各版《中国航海志》多处载明中国渔民在
南沙群岛上生产生活。

16. 1933 年 9 月在法国出版的《彩绘殖民地世界》杂志记载:南沙群
岛 9 岛之中,惟有华人(海南人)居住,华人之外并无他国人。当时西南
岛(南子岛)上计有居民 7 人,中有孩童 2 人;帝都岛(中业岛)上计有
居民 5 人;斯帕拉岛(南威岛)计有居民 4 人,较 1930 年且增加 1 人;罗
湾岛(南钥岛)上,有华人所留之神座、茅屋、水井;伊都阿巴岛(太平
岛),虽不见人迹,而发现中国字碑,大意谓运粮至此,觅不见人,因留
藏于铁皮(法文原文为石头)之下;其他各岛,亦到处可见渔人居住之踪
迹。该杂志还记载,太平岛、中业岛、南威岛等岛屿上植被茂盛,有水
井可饮用,种有椰子树、香蕉树、木瓜树、菠萝、青菜、土豆等,蓄养
有家禽,适合人类居住。

17. 1940 年出版的日本文献《暴风之岛》和 1925 年美国海军航道测
量署发行的《亚洲领航》(第四卷)等也记载了中国渔民在南沙群岛生产
生活的情况。

18. 中国是最早开始并持续对南海诸岛及相关海上活动进行管理的国
家。历史上,中国通过行政设治、水师巡视、资源开发、天文测量、地
理调查等手段,对南海诸岛和相关海域进行了持续、和平、有效的管辖。

19. 例如,宋代,中国在两广地区设有经略安抚使,总绥南疆。宋代
曾公亮在《武经总要》中提到中国为加强南海海防,设立巡海水师,巡视
南海。清代明谊编著的《琼州府志》、钟元棣编著的《崖州志》等著作都

把"石塘"、"长沙"列入"海防"条目。

20. 中国很多官修地方志，如《广东通志》、《琼州府志》、《万州志》等，在"疆域"或"舆地山川"条目中有"万州有千里长沙、万里石塘"或类似记载。

21. 中国历代政府还在官方地图上将南海诸岛标绘为中国领土。1755年《皇清各直省分图》之《天下总舆图》、1767年《大清万年一统天下图》、1810年《大清万年一统地理全图》、1817年《大清一统天下全图》等地图均将南海诸岛绘入中国版图。

22. 历史事实表明，中国人民一直将南海诸岛和相关海域作为生产和生活的场所，从事各种开发利用活动。中国历代政府也持续、和平、有效地对南海诸岛实施管辖。在长期历史过程中，中国确立了对南海诸岛的主权和在南海的相关权益，中国人民早已成为南海诸岛的主人。

（二）中国始终坚定维护在南海的领土主权和海洋权益

23. 中国对南海诸岛的主权在20世纪前未遭遇任何挑战。20世纪30年代至40年代，法国和日本先后以武力非法侵占中国南沙群岛部分岛礁。对此，中国人民奋起抵抗，当时中国政府采取一系列措施，捍卫对南沙群岛的主权。

24. 1933年，法国曾经一度侵入南沙群岛部分岛礁，发布政府公报宣告"占领"，制造了"九小岛事件"。中国各地各界反应强烈、群起抗议，纷纷谴责法国的侵略行径。居住在南沙群岛的中国渔民也在实地进行抵抗，符洪光、柯家裕、郑兰锭等人砍倒法国在太平岛、北子岛、南威岛、中业岛等岛上悬挂法国国旗的旗杆。

25. "九小岛事件"发生后，中国外交部发言人表示，南沙群岛有关岛屿"仅有我渔人居留岛上，在国际上确认为中国领土"，中国政府就法方侵入九小岛提出严正交涉。同时，广东省政府针对法国诱骗中国渔民悬挂法国国旗，命令各县长布告，禁止在南沙群岛及海域作业的中国渔船悬挂外国旗帜，并给渔民发放中国国旗，要求悬挂。

26. 由外交部、内政部、海军部等部门组成的水陆地图审查委员会，专门审定中国南海诸岛各岛、礁、滩、沙名称，并于 1935 年编印并公布了《中国南海各岛屿图》。

27. 日本在侵华战争期间曾非法侵占中国南海诸岛。中国人民对日本的侵略进行了英勇抵抗。随着世界反法西斯战争和中国人民抗日战争的推进，中、美、英三国于 1943 年 12 月发表《开罗宣言》郑重宣布，日本必须将所窃取的中国领土归还中国。1945 年 7 月，中、美、英三国发表《波茨坦公告》，其中第 8 条明确规定，"开罗宣言之条件必将实施"。

28. 1945 年 8 月，日本宣布接受《波茨坦公告》无条件投降。1946 年 11 月至 12 月，中国政府指派林遵上校等高级军政官员，乘坐"永兴"、"中建"、"太平"、"中业" 4 艘军舰，分赴西沙群岛和南沙群岛，举行仪式，重立主权碑，派兵驻守。随后，中国政府用上述 4 艘军舰名对西沙群岛和南沙群岛的 4 个岛屿进行重新命名。

29. 1947 年 3 月，中国政府在太平岛设立南沙群岛管理处，隶属广东省。中国还在太平岛设立气象台和电台，自 6 月起对外广播气象信息。

30. 在对南海诸岛重新进行地理测绘的基础上，中国政府于 1947 年组织编写了《南海诸岛地理志略》，审定《南海诸岛新旧名称对照表》，绘制标有南海断续线的《南海诸岛位置图》。1948 年 2 月，中国政府公布《中华民国行政区域图》，包括《南海诸岛位置图》。

31. 1949 年 6 月，中国政府颁布《海南特区行政长官公署组织条例》，把"海南岛、东沙群岛、西沙群岛、中沙群岛、南沙群岛及其他附属岛屿"划入海南特区。

32. 中华人民共和国 1949 年 10 月 1 日成立后，多次重申并采取立法、行政设治、外交交涉等措施进一步维护对南海诸岛的主权和在南海的相关权益。中国对南海诸岛及相关海域的巡逻执法、资源开发和科学考察等活动从未中断过。

33. 1951 年 8 月，中国外交部长周恩来发表《关于美英对日和约草案及旧金山会议的声明》指出，"西沙群岛和南威岛正如整个南沙群岛及中沙群岛、东沙群岛一样，向为中国领土，在日本帝国主义发动侵略战争时虽曾一度沦陷，但日本投降后已为当时中国政府全部接收"，"中华人民共和国在南威岛和西沙群岛之不可侵犯的主权，不论美英对日和约草案有无规定及如何规定，均不受任何影响"。

34. 1958 年 9 月，中国发布《中华人民共和国政府关于领海的声明》，明确规定中国领海宽度为 12 海里，采用直线基线方法划定领海基线，上述规定适用于中华人民共和国的一切领土，包括"东沙群岛、西沙群岛、中沙群岛、南沙群岛以及其他属于中国的岛屿"。

35. 1959 年 3 月，中国政府在西沙群岛的永兴岛设立"西沙群岛、南沙群岛、中沙群岛办事处"；1969 年 3 月，该"办事处"改称"广东省西沙群岛、中沙群岛、南沙群岛革命委员会"；1981 年 10 月，恢复"西沙群岛、南沙群岛、中沙群岛办事处"的称谓。

36. 1983 年 4 月，中国地名委员会受权公布南海诸岛部分标准地名，总计 287 个。

37. 1984 年 5 月，第六届全国人民代表大会第二次会议决定设立海南行政区，管辖范围包括西沙群岛、南沙群岛、中沙群岛的岛礁及其海域。

38. 1988 年 4 月，第七届全国人民代表大会第一次会议决定设立海南省，管辖范围包括西沙群岛、南沙群岛、中沙群岛的岛礁及其海域。

39. 1992 年 2 月，中国颁布《中华人民共和国领海及毗连区法》，确立了中国领海和毗连区的基本法律制度，并明确规定："中华人民共和国的陆地领土包括……东沙群岛、西沙群岛、中沙群岛、南沙群岛以及其他一切属于中华人民共和国的岛屿"。1996 年 5 月，第八届全国人民代表大会常务委员会第十九次会议决定，批准《联合国海洋法公约》，同时声明"中华人民共和国重申对 1992 年 2 月 25 日颁布的《中华人民共和国领海及毗连区法》第 2 条所列各群岛及岛屿的主权。"

40. 1996 年 5 月，中国政府宣布中国大陆沿海由山东高角至海南岛峻壁角 49 个领海基点和由直线相连的领海基线，以及西沙群岛 28 个领海基点和由直线相连的基线，并宣布将另行公布其余领海基线。

41. 1998 年 6 月，中国颁布《中华人民共和国专属经济区和大陆架法》，确立了中国专属经济区和大陆架的基本法律制度，并明确规定："本法的规定不影响中华人民共和国享有的历史性权利"。

42. 2012 年 6 月，国务院批准撤销海南省西沙群岛、南沙群岛、中沙群岛办事处，设立地级三沙市，管辖西沙群岛、中沙群岛、南沙群岛的岛礁及其海域。

43. 中国高度重视南海生态和渔业资源保护。自 1999 年起，中国实施南海伏季休渔制度。截至 2015 年底，中国在南海共建成国家级水生生物自然保护区 6 处，省级水生生物自然保护区 6 处，总面积达 269 万公顷；国家级水产种质资源保护区 7 处，总面积达 128 万公顷。

44. 自 20 世纪 50 年代以来，中国台湾当局一直驻守在南沙群岛太平岛，设有民事服务管理机构，并对岛上自然资源进行开发利用。

（三）中国对南海诸岛的主权得到国际社会广泛承认

45. 第二次世界大战结束后，中国收复南海诸岛并恢复行使主权，世界上许多国家都承认南海诸岛是中国领土。

46. 1951年，旧金山对日和约会议规定日本放弃对南沙群岛和西沙群岛的一切权利、权利名义与要求。1952年，日本政府正式表示放弃对台湾、澎湖列岛以及南沙群岛、西沙群岛之一切权利、权利名义与要求。同年，由时任日本外务大臣冈崎胜男亲笔签字推荐的《标准世界地图集》第十五图《东南亚图》，把和约规定日本必须放弃的西沙、南沙群岛及东沙、中沙群岛全部标绘属于中国。

47. 1955年10月，国际民航组织在马尼拉召开会议，美国、英国、法国、日本、加拿大、澳大利亚、新西兰、泰国、菲律宾、南越和中国台湾当局派代表出席，菲律宾代表为会议主席，法国代表为副主席。会议通过的第24号决议要求中国台湾当局在南沙群岛加强气象观测，而会上没有任何一个代表对此提出异议或保留。

48. 1958年9月4日，中国政府发布《中华人民共和国政府关于领海的声明》，宣布中国的领海宽度为12海里，明确指出："这项规定适用于中华人民共和国的一切领土，包括……东沙群岛、西沙群岛、中沙群岛、南沙群岛以及其他属于中国的岛屿。"9月14日，越南政府总理范文同照会中国国务院总理周恩来郑重表示，"越南民主共和国政府承认和赞同中华人民共和国政府1958年9月4日关于领海决定的声明"，"越南民主共和国政府尊重这项决定"。

49. 1956年8月，美国驻台机构一等秘书韦士德向中国台湾当局口头申请，美军人员拟前往黄岩岛、双子群礁、景宏岛、鸿庥岛、南威岛等中沙和南沙群岛岛礁进行地形测量。中国台湾当局随后同意了美方的申请。

50. 1960年12月，美国政府致函中国台湾当局，"请求准许"美军事人员赴南沙群岛双子群礁、景宏岛、南威岛进行实地测量。中国台湾当局批准了上述申请。

51. 1972年，在《中华人民共和国政府与日本国政府联合声明》中，日本重申坚持遵循《波茨坦公告》第8条规定。

52. 据法新社报道，1974年2月4日，时任印度尼西亚外长马利克表示，"如果我们看一看现在发行的地图，就可以从图上看到帕拉塞尔群岛（西沙群岛）和斯普拉特利群岛（南沙群岛）都是属于中国的"；由于我们承认只存在一个中国，"这意味着，对我们来讲，这些群岛属于中华人民共和国"。

53. 1987年3月17日至4月1日，联合国教科文组织政府间海洋学委员会第14次会议讨论了该委员会秘书处提交的《全球海平面观测系统实施计划1985—1990》（IOC/INF-663 REV）。该文件建议将西沙群岛和南沙群岛纳入全球海平面观测系统，并将这两个群岛明文列属"中华人民共和国"。为执行该计划，中国政府被委任建设5个海洋观测站，包括南沙群岛和西沙群岛上各1个。

54. 南海诸岛属于中国早已成为国际社会的普遍认识。在许多国家出版的百科全书、年鉴和地图都将南沙群岛标属中国。例如，1960年美国威尔德麦克出版社出版的《威尔德麦克各国百科全书》；1966年日本极东书店出版的《新中国年鉴》；1957、1958和1961年在联邦德国出版的《世界大地图集》；1958年在民主德国出版的《地球与地理地图集》；1968年在民主德国出版的《哈克世界大地图集》；1954至1959年在苏联出版的《世界地图集》；1957年在苏联出版的《外国行政区域划分》附图；1959年

在匈牙利出版的《世界地图集》；1974 年在匈牙利出版的《插图本世界政
治经济地图集》；1959 年在捷克斯洛伐克出版的《袖珍世界地图集》；1977
年在罗马尼亚出版的《世界地理图集》；1965 年法国拉鲁斯出版社出版的
《国际政治与经济地图集》；1969 年法国拉鲁斯出版社出版的《拉鲁斯现
代地图集》；1972 年和 1983 年日本平凡社出版的《世界大百科事典》中所
附地图和 1985 年出版的《世界大地图集》；以及 1980 年日本国土地理协
会出版的《世界与各国》附图等。

二、中菲南海有关争议的由来

55. 中菲南海有关争议的核心是菲律宾非法侵占中国南沙群岛部分岛
礁而产生的领土问题。此外，随着国际海洋法制度的发展，中菲在南海
部分海域还出现了海洋划界争议。

（一）菲律宾非法侵占行为制造了中菲南沙岛礁争议

56. 菲律宾的领土范围是由包括 1898 年《美西和平条约》（《巴黎条
约》）、1900 年《美西关于菲律宾外围岛屿割让的条约》（《华盛顿条约》）、
1930 年《关于划定英属北婆罗洲与美属菲律宾之间的边界条约》在内的
一系列国际条约确定的。

57. 中国南海诸岛在菲律宾领土范围之外。

58. 20 世纪 50 年代，菲律宾曾企图染指中国南沙群岛。但在中国坚
决反对下，菲律宾收手了。1956 年 5 月，菲律宾人克洛马组织私人探险
队到南沙群岛活动，擅自将中国南沙群岛部分岛礁称为"自由地"。随
后，菲律宾副总统兼外长加西亚对克洛马的活动表示支持。对此，中国
外交部发言人于 5 月 29 日发表声明，严正指出：南沙群岛"向来是中
国领土的一部分。中华人民共和国对这些岛屿具有无可争辩的合法主
权……绝不容许任何国家以任何借口和采取任何方式加以侵犯"。同时，

中国台湾当局派军舰赴南沙群岛巡弋,恢复在南沙群岛太平岛上驻守。此后,菲律宾外交部表示,克洛马此举菲律宾政府事前并不知情,亦未加以同意。

59. 自 20 世纪 70 年代起,菲律宾先后以武力侵占中国南沙群岛部分岛礁,并提出非法领土要求。1970 年 8 月和 9 月,菲律宾非法侵占马欢岛和费信岛;1971 年 4 月,菲律宾非法侵占南钥岛和中业岛;1971 年 7 月,菲律宾非法侵占西月岛和北子岛;1978 年 3 月和 1980 年 7 月,菲律宾非法侵占双黄沙洲和司令礁。1978 年 6 月,菲律宾总统马科斯签署第 1596 号总统令,将中国南沙群岛部分岛礁并连同周边大范围海域称为"卡拉延岛群"("卡拉延"在他加禄语中意为"自由"),划设"卡拉延镇区",非法列入菲律宾领土范围。

60. 菲律宾还通过一系列国内立法,提出了自己的领海、专属经济区和大陆架等主张。其中部分与中国在南海的海洋权益产生冲突。

61. 菲律宾为掩盖其非法侵占中国南沙群岛部分岛礁的事实,实现其领土扩张的野心,炮制了一系列借口,包括:"卡拉延岛群"不属于南沙群岛,是"无主地";南沙群岛在二战后是"托管地";菲律宾占领南沙群岛是依据"地理邻近"和出于"国家安全"需要;"南沙群岛部分岛礁位于菲律宾专属经济区和大陆架上";菲律宾"有效控制"有关岛礁已成为不能改变的"现状"等。

(二)菲律宾的非法主张毫无历史和法理依据

62. 从历史和国际法看,菲律宾对南沙群岛部分岛礁的领土主张毫无根据。

63. 第一,南沙群岛从来不是菲律宾领土的组成部分。菲律宾的领土范围已由一系列国际条约所确定。对此,菲律宾当时的统治者美国是非常清楚的。1933 年 8 月 12 日，美属菲律宾前参议员陆雷彝致信美国驻菲律宾总督墨菲，试图以地理邻近为由主张一些南沙岛屿构成菲律宾群岛一部分。有关信件被转交美国陆军部和国务院处理。1933 年 10 月 9 日，美国国务卿复信称，"这些岛屿……远在 1898 年从西班牙获得的菲律宾群岛的界限之外"。1935 年 5 月，美国陆军部长邓恩致函国务卿赫尔，请求国务院就菲律宾对南沙群岛部分岛屿提出领土要求的"合法性和适当性"发表意见。美国国务院历史顾问办公室一份由博格斯等签署的备忘录指出，"显然，美国毫无根据主张有关岛屿构成菲律宾群岛的一部分"。8 月 20 日，美国国务卿赫尔复函美国陆军部长邓恩称，"美国依据 1898 年条约从西班牙获得的菲律宾群岛的岛屿仅限于第三条规定的界限以内"，同时关于南沙群岛有关岛屿，"需要指出的是，没有任何迹象显示西班牙曾对这些岛屿中的任何一个行使主权或提出主张"。这些文件证明，菲律宾领土从来不包括南海诸岛，这一事实为包括美国在内的国际社会所承认。

64. 第二，"卡拉延岛群"是菲律宾发现的"无主地"，这一说法根本不成立。菲律宾以其国民于 1956 年所谓"发现"为基础，将中国南沙群岛部分岛礁称为"卡拉延岛群"，企图制造地理名称和概念上的混乱，并割裂南沙群岛。事实上，南沙群岛的地理范围是清楚和明确的，菲律宾所谓"卡拉延岛群"就是中国南沙群岛的一部分。南沙群岛早已成为中国领土不可分割的组成部分，绝非"无主地"。

65. 第三，南沙群岛也不是所谓的"托管地"。菲律宾称，二战后南沙群岛是"托管地"，主权未定。菲律宾的说法从法律和事实看，都没有根据。二战后的"托管地"，均在有关国际条约或联合国托管理事会相关文件中明确开列，南沙群岛从未出现在上述名单上，根本就不是"托管地"。

66. 第四，"地理邻近"和"国家安全"都不是领土取得的国际法依据。世界上许多国家的部分领土远离其本土，有的甚至位于他国近岸。美国殖民统治菲律宾期间，就菲律宾群岛附近一座岛屿的主权与荷兰产生争端，美国以"地理邻近"为由提出的领土主张被判定为没有国际法依据。以所谓"国家安全"为由侵占他国领土更是荒谬的。

67. 第五，菲律宾称，中国南沙群岛部分岛礁位于其专属经济区和大陆架范围内，因此有关岛礁属于菲律宾或构成菲律宾大陆架组成部分。这一主张企图以《公约》所赋予的海洋管辖权否定中国领土主权，与"陆地统治海洋"的国际法原则背道而驰，完全不符合《公约》的宗旨和目的。《公约》序言规定："在妥为顾及所有国家主权的情形下，为海洋建立一种法律秩序……"因此，沿海国必须在尊重他国领土主权的前提下主张海洋管辖权，不能将自己的海洋管辖权扩展到他国领土上，更不能以此否定他国主权，侵犯他国领土。

68. 第六，菲律宾所谓的"有效控制"是建立在非法侵占基础上的，是非法无效的。国际社会不承认武力侵占形成的所谓"有效控制"。菲律宾所谓"有效控制"是对中国南沙群岛部分岛礁赤裸裸的武力侵占，违背了《联合国宪章》（以下简称《宪章》）和国际关系基本准则，为国际法所明确禁止。菲律宾建立在非法侵占基础上的所谓"有效控制"，不能改变南沙群岛是中国领土的基本事实。中国坚决反对任何人试图把南沙群岛部分岛礁被侵占的状态视为所谓"既成事实"或"现状"，中国对此绝不承认。

（三）国际海洋法制度的发展导致中菲出现海洋划界争议

69. 随着《公约》的制订和生效，中国和菲律宾之间的南海有关争议逐步激化。

70. 基于中国人民和中国政府的长期历史实践及历届中国政府的一贯立场，根据国内法以及国际法，包括 1958 年《中华人民共和国政府关于领海的声明》、1992 年《中华人民共和国领海及毗连区法》、1996 年《中华人民共和国全国人民代表大会常务委员会关于批准〈联合国海洋法公约〉的决定》、1998 年《中华人民共和国专属经济区和大陆架法》和 1982 年《联合国海洋法公约》，中国南海诸岛拥有内水、领海、毗连区、专属经济区和大陆架。此外，中国在南海拥有历史性权利。

71. 根据菲律宾 1949 年第 387 号共和国法案、1961 年第 3046 号共和国法案、1968 年第 5446 号共和国法案、1968 年第 370 号总统公告、1978 年第 1599 号总统令、2009 年第 9522 号共和国法案等法律，菲律宾公布了内水、群岛水域、领海，专属经济区和大陆架。

72. 在南海，中国的陆地领土海岸和菲律宾的陆地领土海岸相向，相距不足 400 海里。两国主张的海洋权益区域重叠，由此产生海洋划界争议。

三、中菲已就解决南海有关争议达成共识

73. 中国坚决捍卫对南海诸岛的主权，坚决反对菲律宾非法侵占中国岛礁，坚决反对菲律宾依据单方面主张在中国管辖海域采取侵权行为。同时，从维护南海和平稳定出发，中国保持高度克制，坚持和平解决中菲南海有关争议，并为此作出不懈努力。中国就管控海上分歧以及推动海上务实合作等与菲律宾进行多次磋商，双方就通过谈判解决南海有关争议，妥善管控有关分歧达成重要共识。

（一）通过谈判解决南海有关争议是中菲共识和承诺

74. 中国一贯致力于在相互尊重主权和领土完整、互不侵犯、互不干

涉内政、平等互利、和平共处五项原则基础上与各国发展友好关系。

75. 1975 年 6 月，中菲关系实现正常化，两国在有关公报中明确指出，两国政府同意不诉诸武力，不以武力相威胁，和平解决所有争端。

76. 实际上，中国在解决南海问题上的"搁置争议，共同开发"倡议，首先是对菲律宾提出的。1986 年 6 月，中国领导人邓小平在会见菲律宾副总统萨尔瓦多·劳雷尔时，指出南沙群岛属于中国，同时针对有关分歧表示，"这个问题可以先搁置一下，先放一放。过几年后，我们坐下来，平心静气地商讨一个可为各方接受的方式。我们不会让这个问题妨碍与菲律宾和其他国家的友好关系"。1988 年 4 月，邓小平在会见菲律宾总统科拉松·阿基诺时重申"对南沙群岛问题，中国最有发言权。南沙历史上就是中国领土，很长时间，国际上对此无异议"；"从两国友好关系出发，这个问题可先搁置一下，采取共同开发的办法"。此后，中国在处理南海有关争议及同南海周边国家发展双边关系问题上，一直贯彻了邓小平关于"主权属我，搁置争议，共同开发"的思想。

77. 20 世纪 80 年代以来，中国就通过谈判管控和解决中菲南海有关争议提出一系列主张和倡议，多次重申对南沙群岛的主权、和平解决南海有关争议的立场和"搁置争议，共同开发"的倡议，明确表示反对外部势力介入，反对南海问题国际化，强调不应使争议影响两国关系的发展。

78. 1992 年 7 月，在马尼拉举行的第 25 届东盟外长会议发表《东盟关于南海问题的宣言》。中国表示，赞赏这一宣言所阐述的相关原则。中国一贯主张通过谈判和平解决南沙群岛部分岛礁有关领土问题，反对诉诸武力，愿在条件成熟时同有关国家谈判"搁置争议，共同开发"。

79. 1995 年 8 月，中菲共同发表的《中华人民共和国和菲律宾共和国关于南海问题和其他领域合作的磋商联合声明》表示，"争议应由直接有关国家解决";"双方承诺循序渐进地进行合作,最终谈判解决双方争议"。此后,中国和菲律宾通过一系列双边文件确认通过双边谈判协商解决南海问题的有关共识,例如:1999 年 3 月《中菲建立信任措施工作小组会议联合公报》、2000 年 5 月《中华人民共和国政府和菲律宾共和国政府关于 21 世纪双边合作框架的联合声明》等。

80. 2002 年 11 月,中国同东盟 10 国共同签署《宣言》。各方在《宣言》中郑重承诺:"根据公认的国际法原则,包括 1982 年《联合国海洋法公约》,由直接有关的主权国家通过友好磋商和谈判,以和平方式解决它们的领土和管辖权争议,而不诉诸武力或以武力相威胁。"

81. 此后,中菲通过一系列双边文件确认各自在《宣言》中作出的郑重承诺,例如:2004 年 9 月《中华人民共和国政府和菲律宾共和国政府联合新闻公报》、2011 年 9 月《中华人民共和国和菲律宾共和国联合声明》等。

82. 上述中菲两国各项双边文件以及《宣言》的相关规定,体现了中菲就解决南海有关争议达成的以下共识和承诺:一是有关争议应在直接有关的主权国家之间解决;二是有关争议应在平等和相互尊重基础上,通过谈判协商和平解决;三是直接有关的主权国家根据公认的国际法原则,包括 1982 年《联合国海洋法公约》,"最终谈判解决双方争议"。

83. 中菲双方多次重申通过谈判解决有关争议,并多次强调有关谈判应由直接有关的主权国家开展,上述规定显然已产生排除任何第三方争端解决方式的效果。特别是 1995 年的联合声明规定"最终谈判解决双方争议",这里的"最终"一词明显是为了强调"谈判"是双方已选择的唯一争端解决方式,并排除包括第三方争端解决程序在内的任何其他方式。上述共识和承诺构成两国间排除通过第三方争端解决方式解决中菲南海有关争议的协议。这一协议必须遵守。

（二）妥善管控南海有关争议是中菲之间的共识

84. 中国一贯主张，各方应通过制定规则、完善机制、务实合作、共同开发等方式管控争议，为南海有关争议的最终解决创造良好氛围。

85. 自 20 世纪 90 年代以来，中菲就管控争议达成一系列共识：一是在有关争议问题上保持克制，不采取可能导致事态扩大化的行动；二是坚持通过双边磋商机制管控争议；三是坚持推动海上务实合作和共同开发；四是不使有关争议影响双边关系的健康发展和南海地区的和平与稳定。

86. 中菲还在《宣言》中达成如下共识：保持自我克制，不采取使争议复杂化、扩大化和影响和平与稳定的行动；在和平解决领土和管辖权争议前，本着合作与谅解的精神，努力寻求各种途径建立互信；探讨或开展在海洋环保、海洋科学研究、海上航行和交通安全、搜寻与救助、打击跨国犯罪等方面的合作。

87. 中菲曾就管控分歧、开展海上务实合作取得积极进展。

88. 1999 年 3 月，中国和菲律宾举行关于在南海建立信任措施工作小组首次会议，双方发表的《中菲建立信任措施工作小组会议联合公报》指出，"双方承诺根据广泛接受的国际法原则包括联合国海洋法公约，通过协商和平解决争议，……双方同意保持克制，不采取可能导致事态扩大化的行动"。

89. 2001 年 4 月，中菲发表的《第三次建立信任措施专家组会议联合新闻声明》指出，"双方认识到两国就探讨南海合作方式所建立的双边磋商机制是富有成效的，双方所达成的一系列谅解与共识对维护中菲关系的健康发展和南海地区的和平与稳定发挥了建设性作用"。

90. 2004 年 9 月，在中国和菲律宾领导人的共同见证下，中国海洋石油总公司和菲律宾国家石油公司签署《南中国海部分海域联合海洋地震工作协议》。经中菲双方同意，2005 年 3 月，中国、菲律宾、越南三国国家石油公司签署《南中国海协议区三方联合海洋地震工作协议》，商定三国的石油公司在三年协议期内，在约 14.3 万平方千米海域的协议区内完成一定数量的二维和/或三维地震测线的采集和处理工作，对一定数量现有的二维地震测线进行再处理，研究评估协议区的石油资源状况。2007 年《中华人民共和国和菲律宾共和国联合声明》表示，"双方认为，南海三方联合海洋地震工作可以成为本地区合作的一个示范。双方同意，可以探讨将下一阶段的三方合作提升到更高水平，以加强本地区建立互信的良好势头"。

91. 令人遗憾的是，由于菲律宾方面缺乏合作意愿，中菲信任措施工作小组会议陷于停滞，中菲越三方联合海洋地震考察工作也未能继续。

四、菲律宾一再采取导致争议复杂化的行动

92. 自 20 世纪 80 年代以来，菲律宾一再采取导致争议复杂化的行动。

（一）菲律宾企图扩大对中国南沙群岛部分岛礁的侵占

93. 自 20 世纪 80 年代起，菲律宾就在非法侵占的中国南沙群岛有关岛礁上建设军事设施。90 年代，菲律宾继续在非法侵占的中国南沙群岛有关岛礁修建机场和海空军基地，以非法侵占的中国南沙群岛中业岛为重点，持续在相关岛礁建设和修整机场、兵营、码头等设施，以方便起降重型运输机、战斗机及容纳更多更大的舰船。菲律宾还蓄意挑衅，频繁派出军舰、飞机侵入中国南沙群岛五方礁、仙娥礁、信义礁、半月礁和仁爱礁，肆意破坏中国设置的测量标志。

94. 更有甚者，1999 年 5 月 9 日，菲律宾派出 57 号坦克登陆舰入侵中国仁爱礁，并以"技术故障搁浅"为借口，在该礁非法"坐滩"。中国当即对菲律宾提出严正交涉，要求立即拖走该舰。而菲律宾却称该舰"缺少零部件"无法拖走。

95. 就此，中国持续对菲律宾进行交涉，再三要求菲方拖走该舰。例如，1999 年 11 月，中国驻菲律宾大使约见菲律宾外长西亚松和总统办公室主任来妮海索斯，再次就该舰非法"坐滩"仁爱礁事进行交涉。菲律宾虽然再三承诺将把该舰从仁爱礁撤走，但一直拖延不动。

96. 2003 年 9 月，得知菲律宾准备在仁爱礁非法"坐滩"的军舰周围修建设施后，中国当即提出严正交涉。菲律宾代理外长埃卜达林表示，菲律宾无意在仁爱礁上修建设施，菲律宾是《宣言》的签署者，不会也不愿成为第一个违反者。

97. 但是菲律宾拒不履行拖走该舰的承诺，反而变本加厉，采取进一步挑衅行为。菲律宾于 2013 年 2 月在非法"坐滩"的该舰四周拉起固定缆绳，舰上人员频繁活动，准备建设固定设施。在中国多次交涉下，菲律宾国防部长加斯明声称，菲律宾只是在对该舰进行补给和修补，承诺不会在仁爱礁上修建设施。

98. 2014 年 3 月 14 日，菲律宾外交部发表声明，公然宣称菲律宾当年用 57 号坦克登陆舰在仁爱礁"坐滩"，就是为了"将该军舰作为菲律宾政府的永久设施部署在仁爱礁"，企图以此为借口，继续拒不履行拖走该舰的承诺，进而达到侵占仁爱礁的目的。中国当即对此表示震惊，并重申绝不允许菲方以任何形式侵占仁爱礁。

99. 2015 年 7 月，菲律宾公开声明，菲方正对在仁爱礁"坐滩"的军舰进行内部整固。

100. 菲律宾用军舰"坐滩"仁爱礁，承诺拖走却始终食言，直至采取加固措施，以自己的实际行动证明菲律宾就是第一个公然违反《宣言》的国家。

101. 长期以来，菲律宾非法侵占中国南沙群岛有关岛礁，并在岛礁上修筑各种军事设施，企图制造既成事实，长期霸占。菲律宾的所作所为，严重侵犯中国对南沙群岛有关岛礁的主权，严重违反《宪章》和国际法基本准则。

（二）菲律宾一再扩大海上侵权

102. 自 20 世纪 70 年代起，菲律宾依据其单方面主张，先后侵入中国南沙群岛礼乐滩、忠孝滩等地进行非法油气钻探，包括就有关区块进行对外招标。

103. 进入 21 世纪以来，菲律宾扩大对外招标范围，大面积侵入中国南沙群岛有关海域。2003 年，菲律宾将大片中国南沙群岛相关海域划为对外招标区块。2014 年 5 月，菲律宾进行了第 5 轮油气招标，其中 4 个招标区块侵入中国南沙群岛相关海域。

104. 菲律宾还不断侵入中国南沙群岛有关海域，袭扰中国渔民和渔船正常生产作业。据不完全统计，1989 年至 2015 年，在上述海域共发生菲律宾非法侵犯中国渔民生命和财产安全事件 97 件，其中枪击 8 件，抢劫 34 件，抓扣 40 件，追赶 15 件；共涉及中国渔船近 200 艘，渔民上千人。菲律宾还野蛮、粗暴对待中国渔民，施以非人道待遇。

105. 菲律宾武装人员经常无视中国渔民的生命安全，滥用武力。例如，2006 年 4 月 27 日，菲律宾武装渔船侵入中国南沙群岛南方浅滩海域，袭击中国"琼琼海 03012"号渔船，菲方一艘武装小艇及 4 名持枪人员向中国渔船靠近，并直接向渔船驾驶台连续开枪射击，造成陈奕超等

4 名渔民当场死亡、2 人重伤、1 人轻伤。随后，13 名持枪人员强行登上渔船进行抢劫，劫走船上卫星导航、通讯设备、生产工具、渔获等。

106. 菲律宾一再采取各种海上侵权行动，企图扩大其在南海的非法主张，严重侵犯中国在南海的主权及相关权益。菲律宾的侵权行为严重违背了其在《宣言》中关于保持自我克制，不采取使争议复杂化、扩大化行动的承诺。菲律宾枪击、抢劫中国渔船和渔民，非法抓扣中国渔民并施以非人道待遇，严重侵犯中国渔民的人身和财产安全以及人格尊严，公然践踏基本人权。

（三）菲律宾企图染指中国黄岩岛

107. 菲律宾还对中国黄岩岛提出领土要求并企图非法侵占。

108. 黄岩岛是中国固有领土，中国持续、和平、有效地对黄岩岛行使着主权和管辖。

109. 1997 年之前，菲律宾从未对黄岩岛属于中国提出异议，从未对黄岩岛提出领土要求。1990 年 2 月 5 日，菲律宾驻德国大使比安弗尼多致函德国无线电爱好者迪特表示："根据菲律宾国家地图和资源信息局，斯卡伯勒礁或黄岩岛不在菲律宾领土主权范围以内。"

110. 菲律宾国家地图和资源信息局 1994 年 10 月 28 日签发的《菲律宾共和国领土边界证明书》表示，"菲律宾共和国的领土边界和主权由 1898 年 12 月 10 日签署的《巴黎条约》第 3 条确定"，并确认"菲律宾环境和自然资源部通过国家地图和资源信息局发布的第 25 号官方地图中显示的领土界限完全正确并体现了真实状态"。如前所述，《巴黎条约》和另外两个条约确定了菲律宾的领土界限，中国黄岩岛明显位于这一界限以外。第 25 号官方地图反映了这一事实。在 1994 年 11 月 18 日致美国无线电协会的信中，菲律宾无线电爱好者协会写道，"一个非常重要的事实是，（菲律宾）有关政府机构申明，基于 1898 年 12 月 10 日签署的《巴黎条约》第 3 条，斯卡伯勒礁就是位于菲律宾领土边界之外"。

111. 1997 年 4 月，菲律宾一改其领土范围不包括黄岩岛的立场，对中国无线电运动协会组织的国际联合业余无线电探险队在黄岩岛的探险活动进行跟踪、监视和干扰，甚至不顾历史事实，声称黄岩岛在菲律宾主张的 200 海里专属经济区内，因此是菲律宾领土。对此，中国曾多次向菲律宾提出交涉，明确指出，黄岩岛是中国固有领土，菲律宾的主张是无理、非法和无效的。

112. 2009 年 2 月 17 日，菲律宾国会通过 9522 号共和国法案，非法将中国黄岩岛和南沙群岛部分岛礁划为菲律宾领土。就此，中国即向菲律宾进行交涉并发表声明，重申中国对黄岩岛和南沙群岛及其附近海域的主权，任何其他国家对黄岩岛和南沙群岛的岛屿提出领土主权要求，都是非法的、无效的。

113. 2012 年 4 月 10 日，菲律宾出动"德尔·皮拉尔"号军舰，闯入中国黄岩岛附近海域，对在该海域作业的中国渔民、渔船实施非法抓扣并施以严重非人道待遇，蓄意挑起黄岩岛事件。中国即在北京和马尼拉多次对菲律宾提出严正交涉，对菲律宾侵犯中国领土主权和伤害中国渔民的行径表示强烈抗议，要求菲律宾立即撤出一切船只和人员。与此同时，中国政府迅速派出海监和渔政执法船只前往黄岩岛，维护主权并对中国渔民进行救助。2012 年 6 月，经中国多次严正交涉，菲律宾从黄岩岛撤出相关船只和人员。

114. 菲律宾对中国黄岩岛提出的非法领土要求没有任何国际法依据。所谓黄岩岛在菲律宾 200 海里专属经济区内因而是菲律宾领土的主张，显然是对国际法蓄意和荒唐的歪曲。菲律宾派军舰武装闯入黄岩岛附近海域，严重侵犯中国领土主权，严重违背《宪章》和国际法基本原则。菲律宾鼓动并怂恿菲方船只和人员大规模侵入中国黄岩岛海域，严重侵犯中国在黄岩岛海域的主权和主权权利。菲律宾非法抓扣在黄岩岛海域正常作业的中国渔民并施以严重的非人道待遇，严重侵犯中国渔民的人格尊严，践踏人权。

（四）菲律宾单方面提起仲裁是恶意行为

115. 2013 年 1 月 22 日，菲律宾共和国时任政府违背中菲之间达成并多次确认的通过谈判解决南海有关争议的共识，违反其在《宣言》中作出的庄严承诺，在明知领土争议不属于《公约》调整范围，海洋划界争议已被中国 2006 年有关声明排除的情况下，蓄意将有关争议包装成单纯的《公约》解释或适用问题，滥用《公约》争端解决机制，单方面提起南海仲裁案。菲律宾此举不是为了解决与中国的争议，而是企图借此否定中国在南海的领土主权和海洋权益。菲律宾的行为是恶意的。

116. 第一，菲律宾单方面提起仲裁，违反中菲通过双边谈判解决争议的协议。中菲在有关双边文件中已就通过谈判解决南海有关争议达成协议并多次予以确认。中国和菲律宾在《宣言》中就通过谈判解决南海有关争议作出郑重承诺，并一再在双边文件中予以确认。上述中菲两国各项双边文件以及《宣言》的相关规定相辅相成，构成中菲两国之间的协议。两国据此选择了以谈判方式解决有关争端，并排除了包括仲裁在内的第三方方式。"约定必须遵守"。这项国际法基础规范必须得到执行。菲律宾违背自己的庄严承诺，是严重的背信弃义行为，不为菲律宾创设任何权利，也不为中国创设任何义务。

117. 第二，菲律宾单方面提起仲裁，侵犯中国作为《公约》缔约国自主选择争端解决方式的权利。《公约》第十五部分第 280 条规定，"本公约的任何规定均不损害任何缔约国于任何时候协议用自行选择的任何和平方法解决它们之间有关本公约的解释或适用的争端的权利";第281条规定，"作为有关本公约的解释或适用的争端各方的缔约各国，如已协议用自行选择的和平方法来谋求解决争端，则只有在诉诸这种方法仍未得到解决以及争端各方间的协议并不排除任何其他程序的情形下，才适用本部分所规定的程序"。由于中菲之间已就通过谈判解决争议作出明确选择，《公约》规定的第三方强制争端解决程序不适用。

118. 第三，菲律宾单方面提起仲裁，滥用《公约》争端解决程序。菲律宾提起仲裁事项的实质是南沙群岛部分岛礁的领土主权问题，有关事项也构成中菲海洋划界不可分割的组成部分。陆地领土问题不属于《公约》的调整范围。2006年，中国根据《公约》第298条作出排除性声明，将涉及海洋划界、历史性海湾或所有权、军事和执法行动等方面的争端排除在《公约》争端解决程序之外。包括中国在内的约30个国家作出的排除性声明，构成《公约》争端解决机制的组成部分。菲律宾通过包装诉求，恶意规避中方有关排除性声明和陆地领土争议不属《公约》调整事项的限制，单方面提起仲裁，构成对《公约》争端解决程序的滥用。

119. 第四，菲律宾为推动仲裁捏造事实，曲解法律，编造了一系列谎言：

——菲律宾明知其仲裁诉求涉及中国在南海的领土主权，领土问题不属于《公约》调整的事项，却故意将其曲解和包装成《公约》解释或适用问题；

——菲律宾明知其仲裁诉求涉及海洋划界问题，且中国已根据《公约》第298条作出声明，将包括海洋划界在内的争端排除出《公约》规定的第三方争端解决程序，却故意将海洋划界过程中需要考虑的各项因素抽离出来，孤立看待，企图规避中国有关排除性声明；

——菲律宾无视中菲从未就其仲裁事项进行任何谈判的事实，故意将其与中国就一般性海洋事务与合作进行的一些磋商曲解为就仲裁事项进行的谈判，并以此为借口声称已穷尽双边谈判手段；

——菲律宾声称其不寻求判定任何领土归属，或划定任何海洋边界，然而在仲裁进程中，特别是庭审中，却屡屡否定中国在南海的领土主权和海洋权益；

——菲律宾无视中国在南海问题上的一贯立场和实践，子虚乌有地声称中国对整个南海主张排他性的海洋权益；

——菲律宾刻意夸大西方殖民者历史上在南海的作用，否定中国长期开发、经营和管辖南海相关水域的史实及相应的法律效力；

——菲律宾牵强附会，拼凑关联性和证明力不强的证据，强撑其诉讼请求；

——菲律宾随意解释国际法规则，大量援引极具争议的司法案例和不具权威性的个人意见支撑其诉求。

120. 简言之，菲律宾单方面提起仲裁违反包括《公约》争端解决机制在内的国际法。应菲律宾单方面请求建立的南海仲裁案仲裁庭自始无管辖权，所作出的裁决是无效的，没有拘束力。中国在南海的领土主权和海洋权益在任何情况下不受仲裁裁决的影响。中国不接受、不承认该裁决，反对且不接受任何以仲裁裁决为基础的主张和行动。

五、中国处理南海问题的政策

121. 中国是维护南海和平稳定的重要力量。中国一贯遵守《宪章》的宗旨和原则，坚定维护和促进国际法治，尊重和践行国际法，在坚定维护中国在南海的领土主权和海洋权益的同时，坚持通过谈判协商解决争议，坚持通过规则机制管控分歧，坚持通过互利合作实现共赢，致力于把南海建设成和平之海、友谊之海和合作之海。

122. 中国坚持与地区国家共同维护南海和平稳定，坚定维护各国依据国际法在南海享有的航行和飞越自由，积极倡导域外国家尊重地区国家的努力，在维护南海和平稳定问题上发挥建设性作用。

（一）关于南沙群岛领土问题

123. 中国坚定地维护对南海诸岛及其附近海域的主权。部分国家对南沙群岛部分岛礁提出非法领土主张并实施武力侵占，严重违反《宪章》和国际关系基本准则，是非法的、无效的。对此，中国坚决反对，并要求有关国家停止对中国领土的侵犯。

124. 中国始终致力于与包括菲律宾在内的直接有关的当事国在尊重历史事实的基础上，根据国际法，通过谈判解决有关争议。

125. 众所周知，陆地领土问题不属于《公约》调整的事项。因此，南沙群岛领土问题不适用《公约》。

（二）关于南海海洋划界问题

126. 中国主张，同直接有关的当事国依据包括《公约》在内的国际法，通过谈判公平解决南海海洋划界问题。在划界问题最终解决前，各方应保持自我克制，不采取使争议复杂化、扩大化和影响和平与稳定的行动。

127. 1996 年，中国在批准《公约》时声明："中华人民共和国将与海岸相向或相邻的国家，通过协商，在国际法基础上，按照公平原则划定各自海洋管辖权界限。" 1998 年，《中华人民共和国专属经济区和大陆架法》进一步明确中国同海洋邻国之间解决海洋划界问题的原则立场，即"中华人民共和国与海岸相邻或者相向国家关于专属经济区和大陆架的主张重叠的，在国际法的基础上按照公平原则以协议划定界限"，"本法的规定不影响中华人民共和国享有的历史性权利"。

128. 中国不接受任何企图通过单方面行动把海洋管辖权强加于中国的做法，也不认可任何有损于中国在南海海洋权益的行动。

（三）关于争端解决方式

129. 基于对国际实践的深刻认识和中国自身丰富的国家实践，中国坚信，要解决任何国家间争议，无论选择哪种机制和方式，都不能违背主权国家的意志，应以国家同意为基础。

130. 在领土和海洋划界问题上，中国不接受任何强加于中国的争端解决方案，不接受任何诉诸第三方的争端解决方式。2006年8月25日，中国根据《公约》第298条的规定向联合国秘书长提交声明，称"关于《公约》第二百九十八条第1款（a）、（b）、（c）项所述的任何争端，中华人民共和国政府不接受《公约》第十五部分第二节规定的任何程序"，明确将涉及海洋划界、历史性海湾或所有权、军事和执法活动，以及联合国安全理事会执行《宪章》所赋予的职务等争端排除在《公约》强制争端解决程序之外。

131. 中华人民共和国成立以来，已与14个陆地邻国中的12个国家，本着平等协商、相互谅解的精神，通过双边谈判，签订了边界条约，划定和勘定的边界约占中国陆地边界长度的90%。中国与越南已通过谈判划定了两国在北部湾的领海、专属经济区和大陆架界限。中国对通过谈判解决争议的诚意和不懈努力是有目共睹的。不言而喻，谈判是国家意志的直接体现。谈判当事方直接参与形成最终结果。实践表明，谈判取得的成果更容易获得当事国人民的理解和支持，能够得到有效实施，并具有持久生命力。只有当事方通过平等谈判达成协议，有关争议才能获得根本长久解决，有关协议才能得到全面有效贯彻实施。

（四）关于在南海管控分歧和开展海上务实合作

132. 根据国际法和国际实践，在海洋争议最终解决前，当事国应保持克制，尽一切努力作出实际性的临时安排，包括建立和完善争议管控规则和机制，开展各领域合作，推动"搁置争议，共同开发"，维护南海地区的和平稳定，为最终解决争议创造条件。有关合作和共同开发不妨害最后界限的划定。

133. 中国积极推动与有关国家建立双边海上磋商机制，探讨在渔业、油气等领域的共同开发，倡议有关各国积极探讨根据《公约》有关规定，建立南海沿岸国合作机制。

134. 中国始终致力于与东盟国家一道全面有效落实《宣言》，积极推动海上务实合作，已取得了包括建立"中国－东盟国家海上联合搜救热线平台"、"中国－东盟国家应对海上紧急事态外交高官热线平台"以及"中国－东盟国家海上联合搜救沙盘推演"等"早期收获"成果。

135. 中国始终坚持倡导各方在全面有效落实《宣言》框架下，积极推进"南海行为准则"磋商，争取在协商一致基础上早日达成"准则"。为在"准则"最终达成前妥善管控海上风险，中国提议探讨制定"海上风险管控预防性措施"，并获得东盟国家一致认同。

（五）关于南海航行自由和安全

136. 中国一贯致力于维护各国根据国际法所享有的航行和飞越自由，维护海上通道的安全。

137. 南海拥有众多重要的航行通道，有关航道也是中国对外贸易和能源进口的主要通道之一，保障南海航行和飞越自由，维护南海海上通道的安全对中国十分重要。长期以来，中国致力于和东盟国家共同保障南海航道的畅通和安全，并作出重大贡献。各国在南海依据国际法享有的航行和飞越自由不存在任何问题。

138. 中国积极提供国际公共产品，通过各项能力建设，努力向国际社会提供包括导航助航、搜寻救助、海况和气象预报等方面的服务，以保障和促进南海海上航行通道的安全。

139. 中国主张，有关各方在南海行使航行和飞越自由时，应充分尊重沿岸国的主权和安全利益，并遵守沿岸国按照《公约》规定和其他国际法规则制定的法律和规章。

（六）关于共同维护南海和平稳定

140. 中国主张，南海和平稳定应由中国和东盟国家共同维护。

141. 中国坚持走和平发展道路，坚持防御性的国防政策，坚持互信、互利、平等、协作的新安全观，坚持与邻为善、以邻为伴的周边外交方针和睦邻、安邻、富邻的周边外交政策，践行亲、诚、惠、容周边外交理念。中国是维护南海和平稳定、推动南海合作和发展的坚定力量。中国致力于深化周边睦邻友好，积极推动与周边国家以及东盟等地区组织的务实合作，实现互利共赢。

142. 南海既是沟通中国与周边国家的桥梁，也是中国与周边国家和平、友好、合作和发展的纽带。南海和平稳定与地区国家的安全、发展和繁荣息息相关，与地区各国人民的福祉息息相关。实现南海地区的和平稳定和繁荣发展是中国和东盟国家的共同愿望和共同责任，符合各国的共同利益。

143. 中国愿继续为此作出不懈努力。

参考文献

[1] 安德鲁·克拉彭.布莱尔利万国公法[M].朱利江,译.北京:中国政法大学出版社,2018.

[2] 巴里·布赞.海底政治[M].时富鑫,译.北京:生活·读书·新知三联书店,1981.

[3] 白鸿叶,李孝聪.康熙朝《皇舆全览图》[M].北京:国家图书馆出版社,2014.

[4] 保罗·肯尼迪.大国的兴衰:1500—2000年的经济变革与军事冲突[M].王保存,王章辉,余昌楷,等译.北京:中信出版社,2013.

[5] 北京大学法律系国际法教研室.海洋法资料汇编[G].北京:人民出版社,1974.

[6] 本书编辑委员会.地图的见证[M].北京:中国地图出版社,2011.

[7] 滨下武志.近代中国的国际契机:朝贡贸易体系与近代亚洲贸易圈[M].朱荫贵,欧阳菲,译.北京:中国社会科学出版社,1999.

[8] 曹婷.日本藏中国古地图的整理与研究[M].北京:中国地图出版社,2023.

[9] 陈顾远.中国国际法溯源[M].上海:商务印书馆,1933.

[10] 陈鸿瑜.东南亚各国的政治与外交政策[M].台北:渤海堂文化公司,1992.

[11] 陈甦,田禾.中国法治发展报告(2019)[M].北京:社会科学文献出版社,2019.

［12］陈秀武.日本的"万国公法"受容与"霸权体系"构想[M].长春：东北师范大学出版社，2014.

［13］陈雁.北洋外交领军者颜惠庆[M].福州：福建教育出版社，2015.

［14］陈玉刚，袁建华.超越威斯特伐利亚：21世纪国际关系的解读[M].北京：时事出版社，2004.

［15］陈致中，李斐南.国际法案例选[M].北京：法律出版社，1986.

［16］邓小平.邓小平文选：第三卷[M].北京：人民出版社，1993.

［17］邓野.巴黎和会与北京政府的内外博弈：1919年中国的外交争执与政派利益[M].北京：社会科学文献出版社，2014.

［18］邓正来.王铁崖文选[M].北京：中国政法大学出版社，2003.

［19］段洁龙.中国国际法实践与案例[M].北京：法律出版社，2021.

［20］范毅，周敏.世界地图集：第2版[M].北京：中国地图出版社，2018.

［21］费正清，费维恺.剑桥中华民国史（1912—1949年）[M].刘敬坤，叶宗敔，曾景宗，等译.北京：中国社会科学出版社，1994.

［22］费正清，刘广京.剑桥中国晚清史（1800—1911年）[M].中国社会科学院历史研究所编译室，译.北京：中国社会科学出版社，1985.

［23］费正清.中国的世界秩序：传统中国的对外关系[M].杜继东，译.北京：中国社会科学出版社，2010.

［24］弗朗西斯·福山.历史的终结与最后的人[M].陈高华，译.桂林：广西师范大学出版社，2014.

［25］傅崐成.南海主权和矿产：历史和法律[M].台北：友氏文化事业公司，1981.

［26］傅崐成：南（中国）海法律地位之研究[M].台北：一二三咨询有限公司，1995.

［27］高健军.中国与国际海洋法：纪念《联合国海洋法公约》生效10周年[M].北京：海洋出版社，2004.

［28］葛剑雄.历史上的中国[M].上海：上海锦绣文章出版社，2007.

［29］顾维钧.顾维钧回忆录[M].中国社会科学院近代史研究所，译.北京：中华书局，2013.

［30］ 郭道辉，江平，陈光中，等．中国法治百年经纬[M]．北京：中国民主法制出版社，2015．

［31］ 郭琨．海洋手册[M]．北京：海洋出版社，1984．

［32］ 郭嵩焘．郭嵩焘日记：第三卷[M]．长沙：湖南人民出版社，1982．

［33］ 郭嵩焘．使西纪程[M]．北京：朝华出版社，2017．

［34］ 国家海洋局海域管理司．国外海洋管理法规汇编[G]．北京：海洋出版社，2001．

［35］ 国家海洋局政策法规办公室．中华人民共和国海洋法规选编[M]．3 版．北京：海洋出版社，2001．

［36］ 国家海洋局政策法规和规划司．中华人民共和国海洋法规选编[M]．4 版．北京：海洋出版社，2012．

［37］ 国家海洋局政策研究室．各国领海及毗连区法规选编[M]．北京：法律出版社，1985．

［38］ 国家海洋局政策研究室．国际海域划界条约集：续集[G]．北京：海洋出版社，1990．

［39］ 国家海洋局政策研究室．国际海域划界条约集[G]．北京：海洋出版社，1989．

［40］ 韩振华．南海诸岛史地研究[M]．北京：社会科学文献出版社，1996．

［41］ 韩振华．我国南海诸岛史料汇编[G]．北京：东方出版社，1988．

［42］ 汉斯·凯尔森．国际法原理[M]．王铁崖，译．北京：华夏出版社，1989．

［43］ 何春超，张季良，张志．国际关系史（一九四五——一九八〇年）[M]．北京：法律出版社，1986．

［44］ 何勤华，李秀清．民国法学论文精粹：第六卷　国际法律篇[M]．北京：法律出版社，2004．

［45］ 何勤华，张顺，廖晓颖，等．中华法系之精神[M]．上海：上海人民出版社，2022．

［46］ 侯中军．近代中国的不平等条约：关于评判标准的讨论[M]．上海：上海书店出版社，2012．

［47］ 胡代聪．晚清时期的外交人物和外交思想[M]．北京：世界知识出版

社，2012.

[48] 胡绳. 从鸦片战争到五四运动 [M]. 上海：华东师范大学出版社，2014.

[49] 华友根. 20 世纪中国十大法学名家 [M]. 上海：上海社会科学院出版社，2006.

[50] 黄安余. 新中国外交史 [M]. 北京：人民出版社，2005.

[51] 黄刚. 中华民国的领海及其相关制度 [M]. 台北：台湾商务印书馆，1973.

[52] 黄惠康. 中国特色大国外交与国际法 [M]. 北京：法律出版社，2019.

[53] 黄进. 宏观国际法学论 [M]. 北京：法律出版社，2022.

[54] 黄瑶. 陈致中国际法专论 [M]. 北京：法律出版社，2009.

[55] 惠顿. 万国公法 [M]. 丁韪良，译. 北京：中国政法大学出版社，2003.

[56] 蒋廷黻. 近代中国外交史资料辑要 [M]. 长沙：湖南教育出版社，2008.

[57] 鞠德源. 日本国窃土源流　钓鱼列屿主权辨 [M]. 北京：首都师范大学出版社，2001.

[58] 劳特派特. 奥本海国际法 [M]. 王铁崖，陈体强，译. 北京：商务印书馆，1989.

[59] 雷崧生. 国际法论丛 [M]. 台北：台湾商务印书馆，1958.

[60] 李杰，方堃，苏读史. 中国钓鱼岛资料选辑 [M]. 北京：海潮出版社，2000.

[61] 李金明. 中国南海疆域研究 [M]. 哈尔滨：黑龙江教育出版社，2014.

[62] 李明倩.《威斯特伐利亚和约》与近代国际法 [M]. 北京：商务印书馆，2018.

[63] 李秀清，陈颐. 朝阳法科讲义 [M]. 上海：上海人民出版社，2013.

[64] 李云泉. 万邦来朝：朝贡制度史论 [M]. 北京：新华出版社，2014.

[65] 联合国海洋法公约 [M]. 北京：海洋出版社，1992.

[66] 廉正保，王景堂，黄韬鹏. 解密外交文献：中华人民共和国建交档案（1949—1955）[M]. 北京：中国画报出版社，2006.

[67] 梁二平，郭湘玮. 中国古代海洋文献导读 [M]. 北京：海洋出版社，2012.

[68] 梁二平. 谁在地球的另一边：从古代海图看世界 [M]. 香港：三联书店

（香港）有限公司，2010.

[69] 梁二平 . 中国古代海洋地图举要 [M]. 北京：海洋出版社，2011.

[70] 林学忠 . 从万国公法到公法外交 [M]. 上海：上海古籍出版社，2009.

[71] 刘达材 . 兴邦张海权：刘达材将军海权论文集 [M]. 台北：海军学术月刊社，1996.

[72] 刘达人，袁国钦 . 国际法发达史 [M]. 北京：中国方正出版社，2006.

[73] 刘刚 . 古地图密码：1418 年中国发现世界的玄机 [M]. 台北：联经出版事业股份有限公司，2010.

[74] 刘华清 . 刘华清回忆录 [M]. 北京：解放军出版社，2005.

[75] 刘利民 . 不平等条约与中国近代领水主权问题研究 [M]. 长沙：湖南人民出版社，2010.

[76] 刘楠来，周子亚，王可菊，等 . 国际海洋法 [M]. 北京：海洋出版社，1986.

[77] 刘泽荣 . 领海法概论 [M]. 北京：世界知识出版社，1965.

[78] 卢麟斯 . 国际公法要略 [M]. 钟建闳，译 . 上海：上海社会科学院出版社，2017.

[79] 吕德 . 国际公法与国际关系 [M]. 邓公玄，译 . 上海：上海社会科学院出版社，2017.

[80] 吕经熊，华懋生 . 法学文选 [M]. 北京：中国政法大学出版社，2003.

[81] 吕一燃 . 中国海疆历史与现状研究 [M]. 哈尔滨：黑龙江教育出版社，1995.

[82] 吕一燃 . 中国海疆史研究 [M]. 成都：四川人民出版社，2016.

[83] 吕一燃 . 中国近代边界史 [M]. 成都：四川人民出版社，2007.

[84] 马德润 . 中国合于国际公法论 [M]. 上海：商务印书馆，1907.

[85] 马尔科姆·N. 肖 . 国际法：第六版 [M]. 白桂梅，高健军，朱利江，等译 . 北京：北京大学出版社，2011.

[86] 马汉 . 海权对历史的影响（1660—1783 年）[M]. 李少彦，董绍峰，徐朵，等译 . 北京：海洋出版社，2013.

[87] 马克·撒迦利亚 . 海洋政策：海洋治理和国际海洋法导论 [M]. 邓云成，

司慧，译. 北京：海洋出版社，2019.

[88] 马士. 中华帝国对外关系史 [M]. 张汇文，姚曾庚，杨志信，等译. 上海：上海书店出版社，2000.

[89] 曼斯缪·奎尼，米歇尔·卡斯特诺威. 天朝大国的景象：西方地图中的中国 [M]. 安金辉，苏卫国，译，上海：华东师范大学出版社，2015.

[90] 美国海军部. 美国海上行动法指挥官手册 [M]. 宋云霞，尹丹阳，赵福林，等译. 北京：海洋出版社，2021.

[91] 倪征噢. 淡泊从容莅海牙 [M]. 北京：法律出版社，1999.

[92] 戚其章. 国际法视角下的甲午战争 [M]. 北京：人民出版社，2001.

[93] 戚其章. 甲午战争新讲 [M]. 北京：中华书局，2009.

[94] 丘汉平. 罗马法 [M]. 北京：中国方正出版社，2004.

[95] 丘宏达. 关于中国领土的国际法问题论集 [M]. 台北：台湾商务印书馆，2004.

[96] 丘宏达. 书生论政：丘宏达教授法政文集 [M]. 台北：三民书局，2011.

[97] 丘宏达. 现代国际法 [M]. 台北：三民书局，2014.

[98] 屈文生，万立. 不平等与不对等：晚清中外旧约章翻译史研究 [M]. 北京：商务印书馆，2021.

[99] 容闳. 西学东渐记 [M]. 徐凤石，恽铁樵，译. 北京：生活·读书·新知三联书店，2011.

[100] 施昌学. 军司令刘华清 [M]. 北京：长征出版社，2013.

[101] 施觉怀，倪乃先，高积顺. 倪征噢法学文集 [M]. 北京：法律出版社，2006.

[102] 史春林. 中国共产党与中国海权问题研究 [M]. 大连：大连海事大学出版社，2007.

[103] 寺田四郎. 国际法学界之七大家 [M]. 韩逋仙，译. 北京：中国政法大学出版社，2002.

[104] 松井芳郎. 国际法：第四版 [M]. 辛崇阳，译. 北京：中国政法大学出版社，2004.

[105] 孙湘平，姚静娴，黄易畅，等. 中国沿岸海洋水文气象概况 [M]. 北

京：科学出版社，1981.

[106] 孙玉荣. 古代中国国际法研究 [M]. 北京：中国政法大学出版社，1999.

[107] 谭其骧. 简明中国历史地图集 [M]. 北京：中国地图出版社，1991.

[108] 唐启华. 被"废除不平等条约"遮蔽的北洋修约史（1912 ～ 1928）[M].
北京：社会科学文献出版社，2010.

[109] 陶樾. 现代国际法史论 [M]. 北京：北京大学出版社，2012.

[110] 田涛，李祝环. 接触与碰撞：16 世纪以来西方人眼中的中国法律 [M].
北京：北京大学出版社，2007.

[111] 田涛. 国际法输入与晚清中国 [M]. 济南：济南出版社，2001.

[112] 托马斯·巴菲尔德. 危险的边疆：游牧帝国与中国 [M]. 袁剑，译. 南
京：江苏人民出版社，2011.

[113] 完颜绍元. "废约"外交家王正廷 [M]. 福州：福建教育出版社，2015.

[114] 王栋. 中国的不平等条约：国耻与民族历史叙述 [M]. 王栋，龚志伟，
译，上海：复旦大学出版社，2011.

[115] 王尔敏. 中国近代思想史论 [M]. 北京：社会科学文献出版社，2003.

[116] 王健. 西法东渐：外国人与中国法的近代变革 [M]. 北京：中国政法大
学出版社，2001.

[117] 王绳祖，何春超，吴世民. 国际关系史（十七世纪中叶——一九四五年）
[M]. 北京：法律出版社，1986.

[118] 王铁崖，周忠海. 周鲠生国际法论文选 [M]. 深圳：海天出版社，1999.

[119] 王铁崖. 国际法 [M]. 北京：法律出版社，1981.

[120] 王铁崖. 国际法引论 [M]. 北京：北京大学出版社，1998.

[121] 王铁崖. 中外旧约章汇编 [G]. 上海：上海财经大学出版社，2019.

[122] 王铁崖. 中外旧约章汇编 [G]. 北京：生活·读书·新知三联书店，1957.

[123] 魏静芬. 海洋法 [M]. 台北：五南图书出版股份有限公司，2008.

[124] 魏敏. 海洋法 [M]. 北京：法律出版社，1987.

[125] 魏源. 海国图志 [M]. 长沙：岳麓书社，2011.

[126] 我国代表团出席联合国有关会议文件集：续集（1973）[G]. 北京：人民
出版社，1974.

[127] 我国代表团出席联合国有关会议文件集（1972）[G]. 北京：人民出版社，1972.

[128] 夏东元. 郑观应集·救时揭要：外八种 [M]. 北京：中华书局，2013.

[129] 夏剑钦. 中国近代思想家文库：魏源卷 [M]. 北京：中国人民大学出版社，2013.

[130] 肖天亮. 战略学 [M]. 北京：国防大学出版社，2015.

[131] 小寺彰，岩泽雄司，森田章夫. 国际法讲义 [M]. 梁云祥，译. 南京：南京大学出版社，2021.

[132] 熊月之. 西学东渐与晚清社会 [M]. 北京：中国人民大学出版社，2010.

[133] 徐传保. 先秦国际法之遗迹 [M]. 上海：商务印书馆，1933.

[134] 薛福成. 出使四国日记 [M]. 北京：社会科学文献出版社，2007.

[135] 杨焯. 丁译《万国公法》研究 [M]. 北京：法律出版社，2015.

[136] 杨鸿烈. 中国法律对东亚诸国之影响 [M]. 北京：中国政法大学出版社，1999.

[137] 杨鸿烈. 中国法律思想史 [M]. 北京：中国政法大学出版社，2004.

[138] 杨洁勉. 中国特色大国外交的理论探索和实践创新 [M]. 北京：世界知识出版社，2019.

[139] 杨金森，范中义. 中国海防史 [M]. 北京：海洋出版社，2005.

[140] 杨浪. 地图的发现 [M]. 北京：生活·读书·新知三联书店，2006.

[141] 杨浪. 地图的发现·续 [M]. 北京：生活·读书·新知三联书店，2008.

[142] 杨文鹤. 中国海岛 [M]. 北京：海洋出版社，2000.

[143] 杨泽伟. 国际法史论 [M]. 北京：高等教育出版社，2011.

[144] 杨志本. 中华民国海军史料 [M]. 北京：海洋出版社，1987.

[145] 姚大力. 追寻"我们"的根源：中国历史上的民族与国家意识 [M]. 北京：生活·读书·新知三联书店，2018.

[146] 易强. 帝国即将溃败：西方视角下的晚清图景 [M]. 北京：中国书店出版社，2011.

[147] 尹章华. 国际海洋法 [M]. 台北：文笙书局股份有限公司，2003.

[148] 俞宽赐. 国际法新论 [M]. 台北：起英文化事业有限公司，2007.

[149] 郁志荣. 东海维权 [M]. 上海：文汇出版社，2012.

[150] 约翰·米尔斯海默. 大国政治的悲剧 [M]. 王义桅，唐小松，译. 上海：上海人民出版社，2021.

[151] 约瑟夫·赛比斯. 耶稣会士徐日升关于中俄尼布楚谈判的日记 [M]. 王立人，译. 北京：商务印书馆，1973.

[152] 曾纪泽. 曾纪泽集 [M]. 长沙：岳麓书社，2008.

[153] 曾纪泽. 出使英法俄国日记 [M]. 长沙：岳麓书社，1985.

[154] 詹宁斯，瓦茨. 奥本海国际法 [M]. 王铁崖，陈公焯，杨宗舜，等译. 北京：中国大百科全书出版社，1995.

[155] 张生，陈海懿. 英国外交档案与日藏美国文件 [M]. 南京：南京大学出版社，2016.

[156] 张序三. 海军大辞典 [M]. 上海：上海辞书出版社，1993.

[157] 张泽南，张璐. 海疆纵览：中国海域地理变迁和资源开发 [M]. 北京：海潮出版社，2013.

[158] 张忠绂. 中华民国外交史 [M]. 北京：华文出版社，2011.

[159] 赵焕庭. 接收南沙群岛：卓振雄和麦蕴瑜论著集 [M]. 北京：海洋出版社，2012.

[160] 赵佳楹. 中国近代外交史 [M]. 北京：世界知识出版社，2007.

[161] 赵理海. 国际公法 [M]. 北京：商务印书馆，1947.

[162] 郑若曾. 筹海图编 [M]. 北京：中华书局，2007.

[163] 郑泽民. 南海问题中的大国因素：美日印俄与南海问题 [M]. 北京：世界知识出版社，2010.

[164] 郑资约. 南海诸岛地理志略 [M]. 北京：商务印书馆，1947.

[165] 中国代表团出席联合国有关会议文件集（1982.1—6）[G]. 北京：世界知识出版社，1983.

[166] 中国第二历史档案馆. 中华民国史档案资料汇编：第五辑　第二编　外交 [G]. 南京：江苏古籍出版社，1997.

[167] 中国第二历史档案馆. 中华民国史档案资料汇编：第五辑　第三编　外交 [G]. 南京：江苏古籍出版社，2000.

[168] 中国第二历史档案馆. 中华民国史档案资料汇编: 第五辑　第一编　外交 [G]. 南京: 江苏古籍出版社, 1994.

[169] 中国国际法学会. 南海仲裁案裁决之批判 [M]. 北京: 外文出版社, 2018.

[170] 中国海军百科全书编审委员会. 中国海军百科全书 [M]. 北京: 海潮出版社, 1998.

[171] 中华人民共和国外交部. 中华人民共和国对外关系文件集: 第 5 集 [G]. 北京: 世界知识出版社, 1959.

[172] 中华人民共和国外交部边界与海洋事务司. 中国应对南海仲裁案文件汇编 [G]. 北京: 世界知识出版社, 2016.

[173] 中华人民共和国外交部条约法律司. 领土边界事务国际条约和法律汇编 [G]. 北京: 世界知识出版社, 2005.

[174] 中华人民共和国外交部条约法律司. 中国国际法实践案例选编 [M]. 北京: 世界知识出版社, 2017.

[175] 中华书局编辑部, 李书源. 筹办夷务始末 (同治朝) [M]. 北京: 中华书局, 2008.

[176] 周鲠生. 国际法 [M]. 北京: 商务印书馆, 1983.

[177] 周鲠生. 国际法大纲 [M]. 北京: 中国方正出版社, 2004.

[178] 朱奇武. 中国国际法的理论与实践 [M]. 北京: 法律出版社, 1988.

[179] 祝曙光. 法官外交家王宠惠 [M]. 福州: 福建教育出版社, 2015.

[180] 总参谋部测绘局. 世界地图集 [M]. 北京: 星球地图出版社, 2006.